高校国語

〈比べ読みの力〉を育む実践アイデア

思考ツールで比べる・重ねる・関連付ける

幸田国広 編著

KUNIHIRO KODA

大修館書店

目次

〈本書の構成について〉

本書の各実践は、次のような項目で構成されている。

Ⅰ単元の概要　単元における〈比べ読み〉のねらいや意義、使用教材と学習活動との関連などを示した。

Ⅱ指導と評価の実際　単元全体の概要を示した指導計画表を示し、各時の指導や評価のポイントについて解説を加えた。

Ⅲズームアップ　思考ツールを用いた〈比べ読み〉の実際、指導目標・評価規準と関連した実践の振り返り、〈比べ読み〉の効果と課題等について詳しく示した。

Ⅳ広がるアイデア　単元を振り返り、同様の指導事項を意識した〈比べ読み〉を行う場合の様々なアイデアを提示した。

【その他の項目】

○**ここがポイント！**　実践のポイントとなる部分について、編者のコメントを本文の下に示した。

○**補足**　本文の補足となる内容を本文の下に示した。

○**注**　各稿末に、本文中に登場する文章・作品等の出典情報や、あらすじ等を示した。

総論 思考ツールを活かした〈比べ読み〉の意義と方法

1 〈比べ読み〉の授業実践史

本書では、複数の教材を、比べたり、重ねたり、関連付けたりして読む学習のことを広く〈比べ読み〉と呼ぶ。高等学校国語科では、二〇一八年改訂の前後から、〈比べ読み〉への関心が高まっている。一方で、〈比べ読み〉の実践には興味があっても、「どのように展開すればよいのかわからない」、「時間の確保が難しい」といった声も聞こえる。本書は、こうした疑問や、〈比べ読み〉を取り入れようとする教室の期待に応えることを目指している。

〈比べ読み〉は何も今始まったわけではなく、これまでも相応の実践の積み重ねがある。特に、小学校、中学校の文学的な文章を扱った〈比べ読み〉は歴史が古い。有名なところでは、大村はまの「重ね読み」がある。

大村は、登場人物の気持ちや心情の変化を捉え、「主題」を考えさせる読解指導が固定化していった高度経済成長期、文学を扱う授業が教師にとっても生徒にとっても、時として「苦しい時間」になっている実態を指摘し、「もっと文学を心から楽しむ」「それぞれに文学に浸らせる」時間にしたいという思いから、「重ね読み」を提案した(注1)。「一つの作品に対して他の作品を重ねて読むことによって、それぞれの作品がはっきりわかってくる」方法である。「ああ、こういう所がまるで同じだなあ」という類似・共通点と、「同じだが、違うところがあるなあ」という相違点を生徒に気付かせ、読者としての生徒自身に文学の読みを成立させようとした(注2)。

また、一九七〇年代には西郷竹彦の文芸教育研究協議会（以下、文芸研）も読書指導の視座から「つづけよみ」と「くらべよみ」を提案する(注3)。通読・精読・味読に代表される読解指導過程がいきわたった頃、一方では読書指導が大きな課題となっていた。文芸研は読解指導と読書指導とを有機的に接続しようとした。授業で取り上げた作品から発展させる形で、「つづけよみ」は「テーマを一つえらんで、そのえらんだテーマでつづけて何冊かの本を読んでいく」ことであり、「くらべよみ」はその「一つの特殊なかたち」で、「あるテーマについてまったく反対の考え方をする作家なり作品なりをくらべ合わせて読む」ことである。これらは後に、文芸研の指導過程における「整理の段階」に位置付けられ、作品の筋、思想性や文体等、多角的な視座からの比較によるものの見方の深化を図る方法としても重視されていく(注4)。

二〇〇〇年代以降、〈比べ読み〉の単元は、義務教育における実践ではしばしば試みられ、以降、〈比べ読み〉は決して真新しいものではなくなった。〈比べ読み〉の実践・研究を積み上げてきた船津啓治は、課題や問題点を含む〈比べ読み〉の現状を整理した(注5)。国語教育関係雑誌や書籍に掲載されている〈比べ読み〉実践を見ると、すぐれたもの、よく工夫されたものもある中で、何のために〈比べ読み〉をするのかがよくわからないものや、比べること自体が自己目的化しているような実践も少なくない。要するに、珍しいものではなくなった〈比べ読み〉の現在地は、同時に課題を多く含んでいるということである。

一方、義務教育に比べると高等学校の〈比べ読み〉の蓄積は多いとはいえない。一九八〇年代に加藤宏文が行った主題単元学習に代表される、一つのテーマに関する複数教材の読解と表現活動等は、広い意味での〈比べ読み〉といってもいいだろう（注6）。近年も意欲的な実践は学会・研究会の場で散発的にみられるものの一般化しているとは言い難い。

高等学校で〈比べ読み〉というとき、すぐに思い浮かべる例に、「羅生門」と『今昔物語集』の比較など、近代文学と古典作品の〈比べ読み〉がある。例としてはわかりやすいが、実際のところ実践の食指は動かないといったところではないだろうか。かつて「現古融合」などと言われ、古典と近現代文学が別々に学習されていることを課題視して、「国語Ⅰ」や「国語総合」の頃から、教科書に両教材が並置される光景は見慣れたものとなっている。多くの「言語文化」教科書にも「羅生門」と『今昔物語集』は採録され、「手引き」の紙面等も従来より充実している。しかし、一方で、各教科書指導書の計画案によくみられるように、「羅生門」の場面に沿って精読してきた最後のまとめの段階で、〈比べ読み〉がおまけのように添えられている（注7）。結局はすでに学習済みの、近代文学としての特性や芥川の創作性、人物造詣や表現の妙味等の再確認にとどまるだろう。そうであれば、強いて行うほどの意義も見出しにくいのも頷ける。

つまり、〈比べ読み〉の目的をより明確にすること、そして、〈比べ読み〉の指導過程を明らかにすることが、これから〈比べ読み〉を効果的に進めていく場合に必要なことになる。

また、〈比べ読み〉実践は文学的な文章だけを対象としているわけではない。特に、二〇〇〇年代に入るとＰＩＳＡ型読解力が登場し、それ以降、説明的な文章や、図表などを含む実用的な文章等も対象とする実践や研究が旺盛になっている。しかし、この場合も、多くは義務教育のものが中心だった。

ＰＩＳＡ調査では、そもそも社会的な文脈において必要となる読解力が問われており、読む対象も図表や地図、イラスト等（非連続型テクスト）と幅広く、形式の異なる複数の文章や資料を関連付けて評価したり、比較して考えを述べたりすること（熟考・評価）も読解力として重視している。もっとも、それ以前からＮＩＥの実践等で新聞社説の〈比べ読み〉などもしばしば行われてきた。折からのメディアリテラシーの潮流とともに、批判的に受容する力は、二一世紀の学力、コンピテンシーとして注目されることとなった。翻って二〇〇〇年代以降ＰＩＳＡに代表されるＯＥＣＤのコンピテンシー・ベイスの考えが世界的な教育改革の軸として波及し、日本でもこの二〇年をかけて浸透してきたことになる。〈比べ読み〉への関心はそのわかりやすい指標であろう。

こうした流れを受けて、全国学力学習状況調査では、複数の資料から情報と情報を関連付けて適切な判断をする問題や、必要な情報を取り出し考えの根拠とする問題などが出題されるようになっていった。国語教科書も、従来以上に学習者の活動が具体的に例示され、複数の教材や資料との関連を踏まえた手引きが増えていった。こうして義務教育では、二〇一〇年代以降、新たな〈比べ読み〉として、複数の文章や資料を比べたり、関連付けたりする学習が身近なものとなっていった。

高等学校では二〇一八年改訂による「現代の国語」や「論理国語」における〔思考力・判断力・表現力等〕「読むこと」の指導事項「目的に応じて、文章や図表などに含まれている情報を相互に関係付けながら、内容や書き手の意図を解釈したり、文章の構成や論理の展開などについて評価したりするとともに、自分の考えを深めること」（現代の国語）、「関連する文章や資料を基に、書き手の立場や目的を考えながら、内容の解釈を深めること」（論理国語）に反映されていく。

また、この改訂によって、「言語文化」「文学国語」「古典探究」も含めて

「読むこと」の資質・能力は、小学校から高等学校まで「構造と内容の把握」「精査・解釈」「考えの形成・共有」の学習過程に沿って系統性が確保され、従来、「教材の読み取り」といった表現で指摘されてきた読解授業の固定化と偏りにメスが入れられるようになった。後に詳しく述べるが、〈比べ読み〉は「精査・解釈」「考えの形成・共有」の段階に取り入れられている。このことは、先に指摘した、どのような目的で〈比べ読み〉を行うのかがわからないという課題に対して、示唆を与えるものとなっている。大学入試センター試験から衣替えした大学入学共通テストでも、一つの大問に複数の資料が登場する形式が登場している(注8)。

こうして〈比べ読み〉は高等学校においても喫緊の課題として前景化するようになった。

〈比べ読み〉は、字義通り「比較」という思考に支えられる。国語教育における思考力や批判的思考の研究においても、右のような〈比べ読み〉の隆盛とその背景を踏まえた整理やさまざまな提言も進んでいる。澤口哲弥が二〇一九年に上梓した『国語科クリティカル・リーディングの研究』はそうした成果の一つである(注9)。小学校から高等学校までを対象に、国語科クリティカルリーディングという枠組みの中で〈比べ読み〉の教材や調査問題の分析を行い、理論的な研究の土台を示すとともにこれからの教材化や実践の在り方について展望を述べている。

小学校から高等学校までの「読むこと」の学習指導において、〈比べ読み〉は「これから」の姿を端的に示す目印となるかもしれない。

2 「読むこと」の課題と新科目の特徴

○「読むこと」の課題

高校国語では長年の間、「言語の教育」としての役割に課題を抱えていることが指摘されてきた。今回の改訂に際しても、次のような指摘がなされた。

教材の読み取りが指導の中心になることが多く、国語による主体的な表現等が重視された授業が十分行われていないこと、話合いや論述などの「話すこと・聞くこと」、「書くこと」の領域の学習が十分に行われていないこと。(注10)

「話すこと・聞くこと」「書くこと」の不振についてはここでは触れない。今、注意したいのは、「読むこと」領域への集中ではなく、「教材の読み取り」への偏りという点である。「読むこと」と「教材の読み取り」は同義ではない。

児童・生徒の「読解力」に課題があることについては二〇〇〇年代以降、PISA型読解力や近年のリーディングスキルテストの結果等によって、広く世間に周知されることとなった。国語科の中で最も時間をかけてきたはずの学習に大きな課題が存するのはなぜなのか。そのことと「教材の読み取り」といわれている事態とはおそらく強い関連が想定される。

教師の意識において定期考査は明確な「しきり」となり、そこに向けて指導計画・内容が予定される。生徒に告げられる、定期考査間のいわゆる「試験範囲」は、これまで教材名によって示されることが多く、結果としてその「試験範囲」を授業で扱うことが暗黙の前提となる。つまり、皮肉にも、ある意味の「逆向き設計」が成り立ってしまっているのが現状であり、「読むこと」の学習過程のうち、一つの教材を単位として「構造と内容の把握」に多くの時間を費やす結果となっている。無意識にせよ、定期考査が前提となっている以上、授業内容もそれに制約を受け、考査に出題されないようなことやペーパーテストでは問いにくい質の学習は埒外に置かれるか優先順位は下位に置かれることになる。しかも、多くの時間を費やして「教材の読み取り」を行っているので、同じ文章を出題していれば、そこで問われているのは学習者の「読解力」というより、授業内容の理解度といった方が実態に近いだろう。教師が時間をかけて丁寧に解説すればするほど、教材文についての集団の理解は均質にはなるだろうが、学習者個々の読解力そのものの鍛錬や向上にどの程度有効に働くのかは、一度立ち止まって考えるべきだろう。

「構造と内容の把握」自体は、読む能力において必要不可欠だが、もとより、その力自体の育成は教師による教材解説とその理解だけでは対処できない。しかも、読み取ったことをもとに文章や作品を評価したり、批評したりする「精査・解釈」や、自分の考えを深めたり広げたりしながら発信していく「考えの形成」には手が及ばない。こうした「読むこと」領域の学習そのものに大きな課題があることを、「教材の読み取りが指導の中心になる」という文言は含んでいる。

ページや場面展開ごとに教師が手引きをしながら解説していくことは容易い。もちろん、その途中、立ち止まって発問や課題を投げかけて、学習者自身に読むことを促すことなども含まれるだろう。しかし、チャイムが鳴るまでの時間的制約による解釈の速度と方向は、事前に想定されている教師の解釈枠組みに基づき頁や行に沿って教材文を読み進めながら、教室全体に均質な理解を促すように設計されている。その場合、発問や課題も限定された能動性を強いる学習となる。それらは、習慣化していくと一見能動的に見えながらも、まず教師の発問があって、それに応答するという受動的な身振りを反復しながら身に付けていくことになる。

もちろん、こうしたガイダンス型の授業が全く不要だとも思わないが、年間を通して同様の授業が繰り返されていくとしたら、立ち止まって見る必要がある。今後、ガイダンス型の授業は、ＩＣＴの定着とともにオンデマンドへと移行していく可能性もある。学習の個別最適化とも相俟って、必要な学習者は何度も見返すことができるし、教師の導きに沿って理解するだけであれば、正規授業の時数外で活用した方が国語科各領域の教育活動全体を充実させることができる。

では、リアルな教室空間では何を行うのか。ここでは「構造と内容の把握」に的を絞って、小説を扱う単元を例に考えてみよう。ここで取り上げるのは、教師が作品を解説するのではなく、生徒同士で解説し合う授業である。

○学習者自身が頭と身体を使って読む

江國香織の「晴れた空の下で」は、ページに沿って読んでいけばその順序で解釈が固まっていくような作品ではない。読みつつある現在において解釈を立ち止まらせ、ページに沿って読み進めるごとに遡及的に解釈し直しを迫る仕掛けをふんだんに含み持っている。この小説は、「わしらは最近、ごはんを食べるのに二時間もかかりよる。いれ歯のせいではない。食べることと生きることとの、区別がようつかんようになったのだ。」という「わし」の語り出しに始まり、ほぼ同じ末尾で閉じられる。違いは、冒頭の「わしら」が「わし」になっているだけである。

読み始めると、そこには老夫婦の穏やかな日常の場面が続いていることがわかる。婆さんの作った手毬麩のおつゆと玉子焼きを時間をかけて食べる「わし」は、過去の出来事と現在を行き来しながら婆さんの姿を語り続ける。ただし、記憶と現実とが綯交ぜになる「わし」の自己言及に対して、読者はときどき立ち止まらざるを得なくなる。

> ひょいと顎で婆さんを促そうとすると、そこには誰もいなかった。
> 妙子さんはほんの束のま同情的な顔になり、それからことさらにあか

るい声で、
「それよりお味、薄すぎませんでした。」
と訊く。（注11）

引用は、後半部分の散歩から戻った場面である。「わし」を待つ妙子さんとのやりとり、妙子さんの表情の描写から、前半部分の婆さんとの会話や散歩の場面を捉え返していくことになる。食卓での食事の様子や「わし」の感慨、そして、何よりも手毬麩のやわらかさから若いころの婆さんの「やさしい味」を想起する「わし」と、「わし」の目に映る浴衣を着た婆さんの描写、その二人のやり取りの意味が、後半部に至るとフラッシュバックしながら、朧気だった景色とその意味を次第に鮮明にさせていく。学習者自身が読みつつ、気付き、頁を行きつ戻りつする、という読書行為とそれに伴う文学体験がなければ、この文学教材を学習する意味はとたんに薄れていくだろう。

そこで、学習者自身がこの小説の面白さを見つけ、解説する学習として白紙に図を書き、それをグループで共有していく活動を展開する。

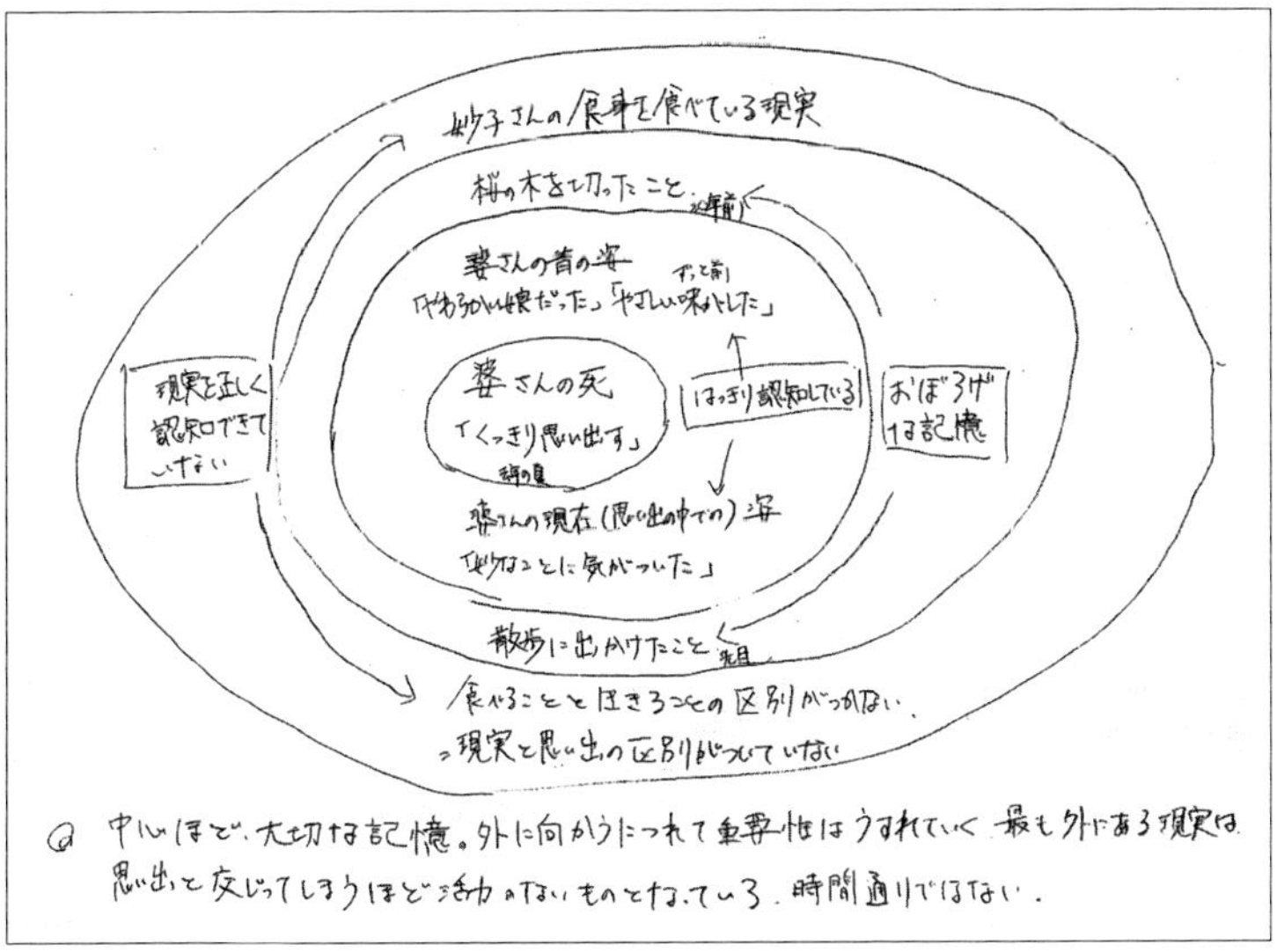

図１：学習者Ａの図

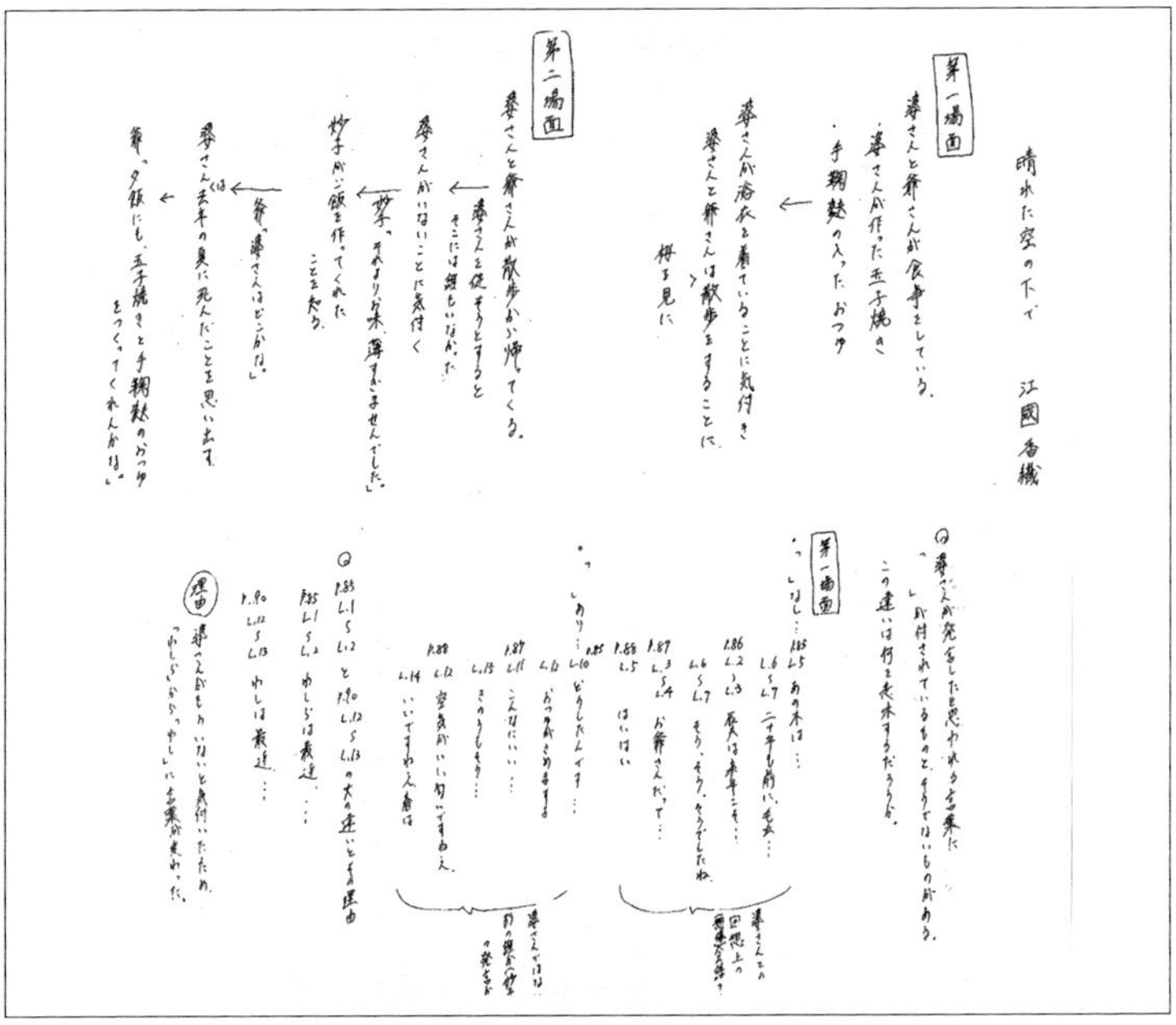

図２：学習者Ｂ　一回目の図

主な学習課題（言語活動）は、「『わしら』が『わし』になっている冒頭と末尾の意味が分かるように、この作品のストーリー展開や内容の面白さを図に描いて説明してみよう」とする。

個人作業としての図解以上に、グループワークにおける相互交流は、この小説への新たな気付きをそれぞれの学習者にもたらす契機となる。図1はこの作品の構造的な特徴を同心円で説明しようとした学習者Aのものである。図2は同じグループの学習者Bの一回目。同じ小説にもかかわらず、ポスターの図は様々である。Bの一回目は図というよりも教師のまとめる板書を模したような図になっている。場面による区分けと同一方向に

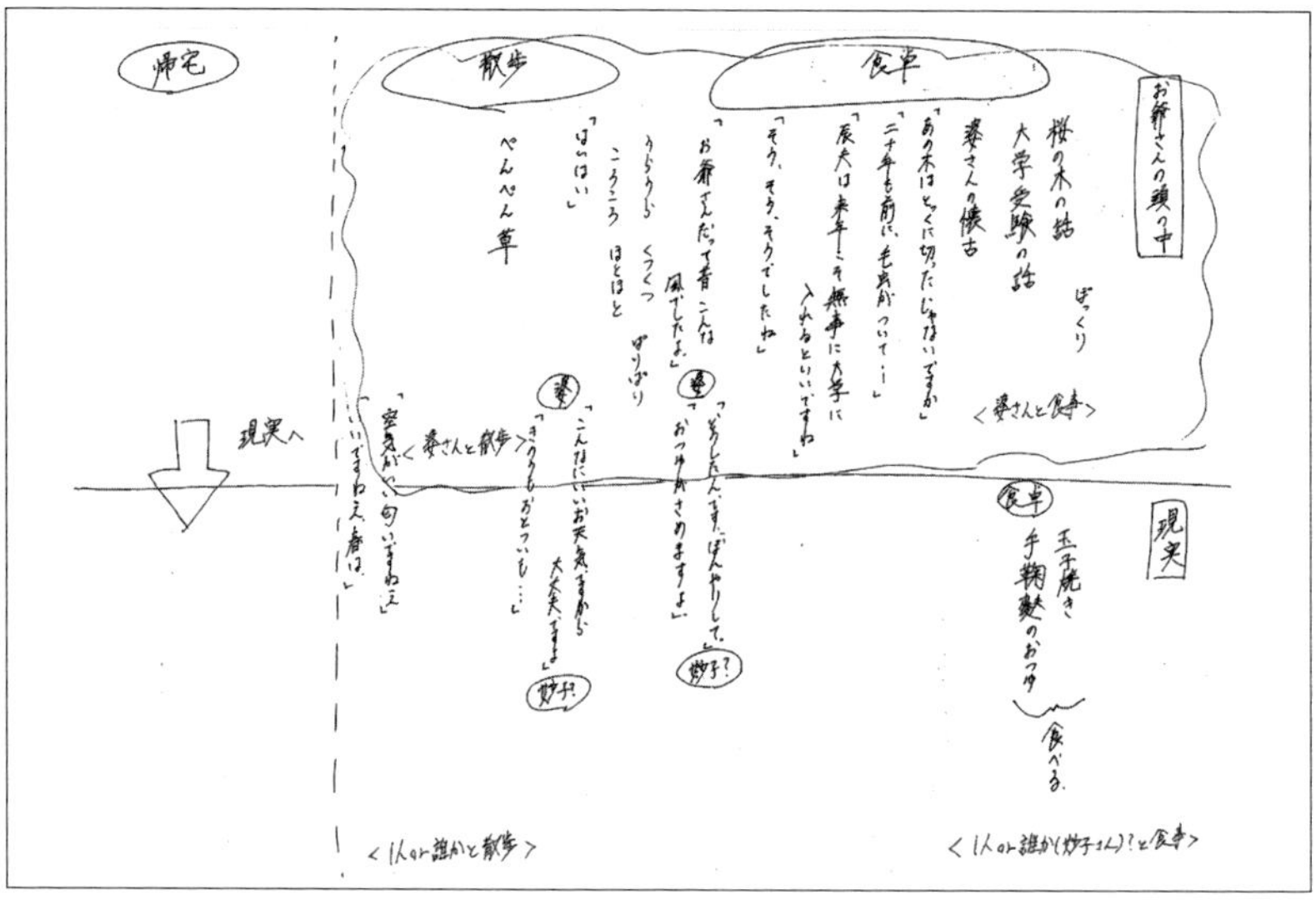

図３：学習者Ｂ　二回目の図

向く矢印によって展開が示されていることが分かる。数名のグループ内で相互に各自が描いた図を提示しながら、「晴れた空の下で」の展開や内容を説明していくと、多様な図の描き方に触発されながら、他者の捉え方や解釈から様々な気づきを与えられる。自分が気付けなかった小説の仕掛けや表現の意味を知り、今一度、作品に戻って確かめたり、新たな意味を見つけようとしたりと、学習者はそれぞれに能動的に読もうとする。学習者Ｂの二回目の図が図３である。Ｂの中での作品の「構造と内容の把握」が、学習者同士の交流をもとに読み直すことによって、どのように変容したかが一目瞭然である。作品の構造把握はより重層的になり、より詳細な表現の書き込みも増えている。

繰り返すが、同じ小説にもかかわらず、図は様々である。しかし、それこそが文学を読む学習のベースに求められる相互承認の土台となる。

○新科目「読むこと」の特徴

先に述べたとおり、二〇一八年改訂によって各科目の「読むこと」は、学習過程に沿って指導事項が整えられた。表１のように〈比べ読み〉が想定される指導事項はいずれも「精査・解釈」か「考えの形成」に位置付けられており、「構造と内容の把握」には見当たらない。

表１：〈比べ読み〉が想定される指導事項の例

科目	指導事項
現代の国語	イ　目的に応じて，文章や図表などに含まれている情報を相互に関係付けながら，内容や書き手の意図を解釈したり，文章の構成や論理の展開などについて評価したりするとともに，自分の考えを深めること。
言語文化	エ　作品や文章の成立した背景や他の作品などとの関係を踏まえ，内容の解釈を深めること。
論理国語	キ　設定した題材に関連する複数の文章や資料を基に，必要な情報を関係付けて自分の考えを広げたり深めたりすること。
文学国語	ウ　他の作品と比較するなどして，文体の特徴や効果について考察すること。
古典探究	キ　関心をもった事柄に関連する様々な古典の作品や文章などを基に，自分のものの見方，感じ方，考え方を深めること。

「精査　解釈」とは、「作品の内容や形式について着目して読み、目的に応じて意味づけたり考えたり評価したりすること」（解説）であり、文章の部分的な解釈・理解のことではない。文章・作品への評価や批評を意味する。例えば、二つのものを比べることで一方の特徴が鮮明になり、評価・批評〈どちらが、どのような点において○○である等〉しやすくなる。そして、「読むこと」の三つ目の過程に位置するのが「考えの形成」である。例えば、いくつかの対象を比較することによって、ある課題や問題について多面的・多角的に考えることができる。

こうして考えると、新科目における〈比べ読み〉の効果的な位置付けとは、それ自体を単元の中心に据え、対象となる文章・作品への批評・評価や、各文章や作品を捉えた上での自分の考えの拡充や深化を目的とすることにあるといえよう。

では、〈比べ読み〉とそれを具体的に行うための学習活動とはどのように結び付ければよいのだろうか。比べることによる学習者の思考の活性化のための方途として思考ツールの活用を取り上げたい。

3 思考ツールの活かし方

○「考える」ことを可視化する

「晴れた空の下で」の学習者が描いた図のように、頭の中の考えを外化させることによって、解釈や思考を対象化し、相互の検討材料にすることが可能となる。裏を返せば、学習者は図を描くことによって、ぼんやりとしていたり、バラバラに散らばっていたりしたままの考えを、結束性の原理で意味を生成・整序していったともいえる。

もちろん、初発の感想文がこうした機能を担うこともある。戦後の文学教育論でも初発の感想は重視されてきた。しかし、感想文という文章ジャンルのあいまいさや、いきなり「感想」を求められる学習者の忌避感、教師の求める「正解」を見越して記述する感想の問題、あらすじのオンパレードや似たような感想の続出等、様々な課題や難しさも指摘されてきた。何より、一定程度のまとまりと分量のある文章にする過程で漏れ落ちていったり、文章化はしにくいイメージは言語化されにくかったり、という難点を考えれば、イメージぐるみの解釈や思考の可視化という点で、描図・描画を伴う作業はよりねらいを具体化しやすい学習活動といえよう。

このように、学習者の頭の中にあることを表に出して学習を進めていくことは、「主体的・対話的で深い学び」を目指す授業改善にとっては一つの有効な手立てとなろう。そうした点から、思考を可視化し、活性化するためのツールとして、近年の教育現場では思考ツールがよく用いられている。総合・探究の時間における課題解決に向けた思考の整理やアイデアの発見等では特に有効性が指摘されている(注12)。

本書の巻末には、よく使われている思考ツールの一覧を示した。これらは新科目の教科書等にも広く見られるようになっている。

○つなぐ・囲む・わける

思考ツールの原理は、結局のところ、描線によってつないだり、囲ったり、わけたりして、関係や構造を図示することである。

例えば、ベン図はいくつかの円の重なり部分を設けることで、共通点と相違点とを示す図となる。座標軸であれば、二本の直線を直角に交差させて四つのスペースを設けて考えることができる。

いずれも、どのような思考をするかという目的から、必要な思考ツールを活用することになる。

思考ツールの活用は、以上述べた学習者の思考を活性化したり、対象化したりするだけでなく、相互交流や話し合い等で用いればお互いに見て確認し合えるので、交流そのものを促進する材料になる。さらには、学習者の学びの具体がモノとして残るため、教師の評価資料としても活用できる。特に「指導と評価の一体化」の命ともいえる形成的評価を具体的に進めるため、学びを見取り、フィードバックしていく材料として極めて重要な意義を持つだろう。

4 「精査・解釈」の場合

次に、「晴れた空の下で」と「デューク」の〈比べ読み〉を例に、「精査・解釈」に焦点を当てた学習指導を検討してみよう。「デューク」は同じ作家、江國香織による小説教材で、これまでも中学校と高校で教科書に掲載されてきた。愛犬のデュークを失った若い女性と彼女を慰める謎のハンサムな少年とのひとときの交流を描いた作品である。先の例は、「晴れた空の下で」を教材にした「構造と内容の把握」のための単元だったが、ここでは同じ教材を用いて、「精査・解釈」「ウ　他の作品と比較するなどして、文体の特徴や効果について考察すること」を目標に位置付けた単元を紹介する。

「晴れた空の下で」の「わし」の喪失感や悲しみの表現について、その仕掛けや効果を考え、学習者が批評文を書く活動を展開する。

どちらも江國香織という作家の手になるのだが、一方は、認知症が始まっていると思しき老人の日常であり、他方は、二〇歳そこそこの若い女性と謎の少年との一日である。ストーリー上の対比ではまったく異なった世界が対置されるように見える。しかし、すぐに気付くのは、どちらも「喪失」をめぐる物語だという点である。長年連れ添った愛妻と愛犬との違いはあるが、かけがえのない存在を失ったものの悲しみが描かれている作品だということには高校生もすぐに気が付くだろう。

しかし、その「喪失」を比較してみるとまた両者が異質であることにも考えが及ぶはずである。では、「わし」の喪失感や悲しみはどのように表現されているのか。「晴れた空の下で」の表現の工夫や効果を指摘し、どのような意味づけができるのか、批評文を書いてみよう、といった学習目標を共有させる。

図4のように、ピラミッドチャートで両作品を比べると、老人と若者、男性と女性、人間と犬などアイテムやキャラクターのレベルはもとより、大切な存在を喪ってからの時間や喪うまでの時間など、作品にちりばめられた微細な表現を手がかりにして想像を広げたり、それらの手がかり同士を関連付けて解釈を深めたりすることで、「晴れた空の下で」という文学作品を批評するための道具を手にし

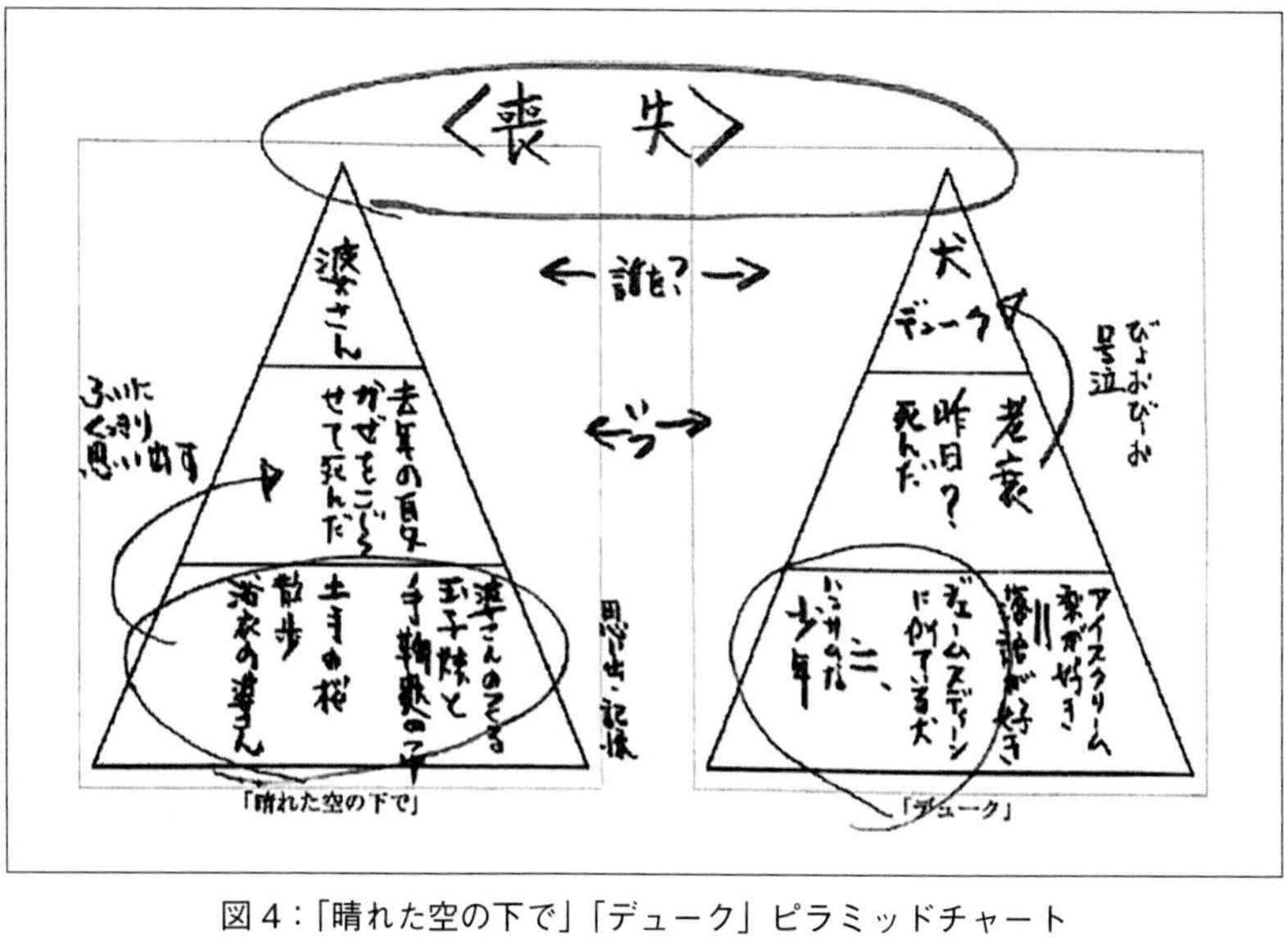

図4：「晴れた空の下で」「デューク」ピラミッドチャート

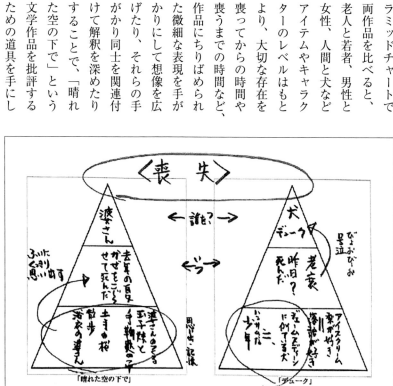

ていくことができる。

　では、両作品の「喪失」はどのように異なるのか。デュークを亡くし号泣する「私」をそっと慰めながら、無邪気に、明るく振る舞う少年は、愛犬の化身か、生まれ変わりか。いずれにせよ、少年と半日共に過ごすうちに「私」は悲しみからわずかでも解き放たれて、これからを生きることに向かって顔をあげようとしている。一方、老妻を亡くした「わし」は号泣などしない。だが、穏やかな食卓での語らいや心地よい散歩の光景はすべて記憶の中の幻で、現実に引き戻されたときの「わし」の「声の弱々しさ」には、回復と明日への光が見える「デューク」とは対照的な諦念さえ窺える。そして、「わし」のその静かな深い悲しみに気付くとき、作品前半部分で語られている、二十年前の庭の桜木の記憶や、白いご飯をゆっくり食べる婆さんの姿の向こうに「手毬麩のようにやわらかい娘だった」ころの姿を重ねて見る眼差しなど、伏線となる表現がいたるところに散りばめられていることにも気付くのである。

　両作品の比較の結果は、このように、「わし」の抱える「喪失」の意味をより鮮明に浮かび上がらせることになる。

5 「考えの形成」の場合

　最後に、「考えの形成」をねらいとする〈比べ読み〉の実践イメージについて述べよう。「論理国語」の「キ　設定した題材に関連する複数の文章や資料を基に、必要な情報を関係付けて自分の考えを広げたり深めたりすること」を目標に位置付けた「探究的な学び」の単元である。「十八歳成人について考える」を共通大テーマとし、学習者個々により具体的な課題設定を行う。

　各自の課題に基づき、資料収集と分析を繰り返し、最後にプレゼンテーションを行うという流れである。ここでは、集めた資料の分析に関わる場面での〈比べ読み〉を示す。十八歳成人をめぐる論点を整理するために三つの新聞社説を集め、表2のようなマトリクスに整理する。観点として各社の「立場」を端的に要約して示し、どのあたりに「課題」を見ているかを抽出し、そして、どのような「展望」を語っているかを抜き出す。ここでは、論点を整理するという「目的」のために必要な情報を取り出す読み方が必要になる。

表2：「新聞社説」マトリクス整理例

18歳成人について	立場	課題	展望
社説A	国際社会と肩を並べるためにも必要な改正だ。	社会が若者の自立を促せるか次第だ。	若者が政治に関心を持つ良いきっかけになるだろう。
社説B	民主主義の成熟が試されるとき。課題はあるが必要だ。	関連法の整備と、社会全体の意識改革が求められる。	まず親の世代が「大人」の見本を示すことが大切だ。
社説C	理念は良いが、他の法の整備も必要となり、実効性に疑問。	社会に20歳と18歳の二つの規準ができることによる混乱。	投票権が与えられるだけでは、若者の意識は変わらないだろう。

　社会的な文脈における読解力は、「目的に応じて」「必要な情報」を取り出す、という、読み手のコンテクストによってその正誤や適否が決まってくる。これまでの読解は、文章の書き手の主張に代表される、製作者の側に「正しさ」基準が置かれ、読み手が何を求めて読むのか、何を判断する材料として読むのか、といった読み手の文脈を脇に置いて学習指導がなされてきた。〈比べ読み〉が必要になるのは、「目的に応じて」とい

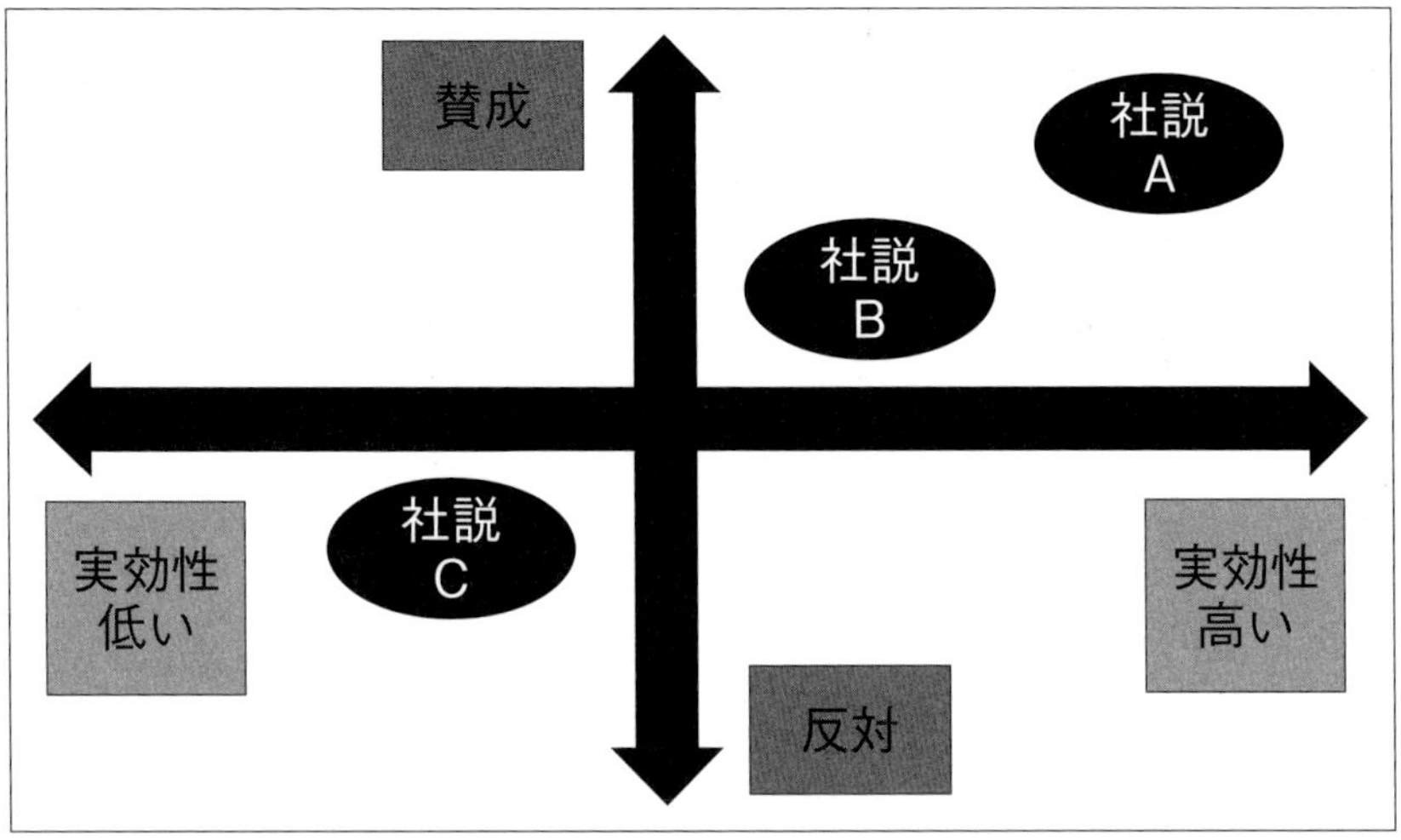

図５：「新聞社説」座標軸整理例

う読み手の必要性に基づく行為を根拠とするためである。

マトリクスに整理した後は、より各社の位置付けが明確になるように、図５のような座標軸に配置することでＡ・Ｂ・Ｃ社の位置取りを視覚化する。すると、三社の距離感は明瞭になり、マトリクスと併せて論点の整理と具体的な課題への照準も見通せるようになってくる。そうすると、次に「必要になる」情報は、「関連法」にはどのようなものがあり、どこにボトルネックがあるか、若者の政治参加を促すための意識改革を謳う論者の論考にはどのようなものがあるか、といった疑問に応えられるものになる。

こうした情報収集と分析を往復していくことで、学習者の「考えの形成」は深化し、そこに〈比べ読み〉が有効に働いていくのである。

以上のように、思考ツールを用いた〈比べ読み〉の学習は、学習者自身が読み、読解力を鍛え、「思考力・判断力・表現力等」を伸長していくに有効な方法といえよう。そして、こうした複数の文章や資料を比べたり、重ねたり、関連付けたりしながら、考えを深めたり広げたりして、表現していく「読むこと」の学習は、「探究的な学び」を展開していく上でも必要になる内容であり、国語科を超えて求められる方法である。

（幸田国広）

〈注〉

(1) 大村はま「文学を味わわせるために」(『大村はま国語教室　第四巻』筑摩書房、一九八三年二月)。初出は、木下学園国語科教育研究会での講演(一九六七年一二月)。

(2) 1に同じ。

(3) 西郷竹彦「〈つづけよみ〉と〈くらべよみ〉」(『西郷竹彦文芸教育著作集　第8巻』明治図書出版、一九七七年四月)

(4) 大久保典夫 他編『文学教育基本用語辞典』(『教育科学 国語教育 No.362』明治図書出版、一九八八年四月)

(5) 船津啓治『比べ読みの可能性とその方法』溪水社、二〇一〇年七月

(6) 加藤宏文『高等学校　私の国語教室――主題単元学習の構築』(右文書院、一九八八年六月)

(7) 松井萌々子「「羅生門」と『今昔物語集』を比較する授業実践の史的考察――新科目「言語文化」ではどう扱うか」これからの高校国語教育研究会第二五回例会発表資料

(8) 大学入試センター「令和七年度試験の問題作成の方向性、試作問題等」(二〇二二年一一月九日公表)参照。

(9) 澤口哲弥『国語科クリティカル・リーディングの研究』(溪水社、二〇一九年一二月)

(10) 中央教育審議会「幼稚園、小学校、中学校、高等学校及び特別支援学校の学習指導要領等の改善及び必要な方策等について(答申)(中教審第197号)」

(11) 「晴れた空の下で」の本文は、江國香織『つめたいよるに』(新潮文庫、一九九六年五月)による。

(12) 田村学・黒上晴夫『教育技術MOOK考えるってこういうことか！「思考ツール」の授業』(小学館、二〇一三年八月)等に代表される、小学校の総合的な学習の時間や各教科の探究的な学習のための「思考ツール」の活用の仕方を紹介した書籍等を参照。

※付記　本稿は、拙稿「創造性を培い、批評する力を育てる「文学国語」」(『日本語学　二〇二三年春号』明治書院、二〇二三年二月)と一部重複があることをお断りします。

1 現代の国語

新聞投書を読み比べて自分の意見を持つ

教材

【新聞投書】

A「無償で働くことの喜び」

B「ボランティアは無償でいいのか」

【思考ツール】マップ法

Ⅰ 単元の概要

1 単元観

本単元は「読むこと」における「考えの形成」に重点を置き、新聞投書の文章から読み取ったことをもとに、自分の考えを深める学習活動を行う。比べ読みが単元の軸だが、反対の立場からの意見文を書くことや、生徒同士で話し合う場面も設定している。本単元を経ることで考えの形成が豊かになり、これに続いていく「読む」「書く」「話す・聞く」活動による学びが深まると期待できる。

2 本単元における〈比べ読み〉のねらいと意義

新聞投書の比べ読みを通して、二つの異なる意見を区別して理解し、選んだ投書の反対意見を述べるために批判的に読みながら、自分の考えを表現できることをねらいとしている。また、批判的に読むことを意識させ、冷静に筆者の主張を吟味することによって、その主張を的確に読み取れるようにするねらいもある。本単元における比べ読みの意義は、一つのテーマに対して多様な考えがあることを知り、それらを参考にして自分の考えを広げて深める学習活動にすることである。話し合いや反対意見を書く活動も行うが、それらは比べ読みによる思考を協働でさらに深めたり、深めたことを成果物で表現したりするための活動として、本単元の目標達成のための手段に位置付けた。

3 教材と学習活動について

今回は目的に応じて書かれた文章として、「社会の動きやニュースなどについて読者が自分の意見や感想などを述べて新聞に送る文書」である新聞投書を扱って、比べ読みの授業を実践した。教材には、教科書『新編 現代の国語』(大修館書店)所収の「新聞投書を比べて読む」に掲載された二つの新聞投書の例を用いた。学習指導要領「現代の国語」の「3 内容の取扱い」(4)アでは、教材について「現代の社会生活に必要とされる論理的な文章及び実用的な文章とすること」と記されており、新聞投書を扱うことは実用的な文章の教材として適している。

二つの新聞投書はボランティアについて異なる考えを述べたものであり、A「無償で働くことの喜び」、B「ボランティアは無償でいいのか」という対比的な内容の意見文である。その比べ読みをして内容を整理し、マップ法で考えを深めて、選んだ投書に対する反対意見を書き、生徒同士で読み合って相互交流するという流れである。

なお、現状の高校生を取り巻く環境について本校生徒に尋ねてみると、紙媒体で新聞を読む代わりに、インターネットを通じた情報から好みの内容を選んで読む機会が増えているようであった。それゆえ、生徒自身で意識的に新聞投書を読むことは少ないと思われる。その点で本単元は、生徒にとって普段なかなか接しない種類の文章に触れる機会にもなると考えた。

Ⅱ 指導と評価の実際

次に記す①～④の番号は、ワークシートで生徒に示した学習活動の順序と対応している。授業では、オンライン上で、ワークシートの配付・記述・提出を行った。

第一次では、二つの新聞投書A・Bを読んで、「①それぞれボランティアをどのような行為だととらえているかを整理してまとめる」ことから始めた。①の記述例として、A「対価を求めず無私の精神で働く行為」、B「有償で高い責任感に支えられて働く行為」を生徒に示した。その際に、AとBの内容（主張、根拠、限定・条件、理由づけ、裏づけ）を矢印で整理した図も示して（図1・2）、テクスト内の文言や情報を関連付ける思考例の一つとした。生徒には「読後に頭の中やメモ書きでこのようなまとめ方もできるように参考にしてほしい。」と伝えて、今後の文章読解で応用できることをねらった。評価はワークシートの記述の点検で行った。

第二次では、「②気づいたことや考えたことを書き出す」「③マップ法を用いて、ボランティアから連想される言葉を書き出し、グループ化も考える」「④どちらか一つの新聞投書を選んで、それに対する反対意見を新聞投書風に書く」という活動を展開した。③のマップ法の記入シートの形式は、次項「Ⅲ ズームアップ」内の生徒記入例を参考されたい。④では「新聞投書風に書かせることで目的に応じて表現する」という目標の達成をねらうとともに、同じ投書を選んだ生徒同士で批判的な読み方を深めるために話し合う活動も取り入れている。★① この話し合いをしながら、③のマップ法に書き足してよいと伝え、他者の記述内容も参考にさせた。選んだ投書に対する反対意見は、③での発想も使って体験や事実を根拠にして書くように指示した。評価は話し合う行動の観察およびワークシートの記述の点検で行った。

第三次では、「反対意見として書いたものを読み合って相互交流する」という流れで、学習した内容を振り返りながら単元のまとめとした。評価は相互交流をする行動の観察で行った。

本単元の評価規準における具体的な三段階の観点別評価例は、次項「Ⅲ ズームアップ」で示す。

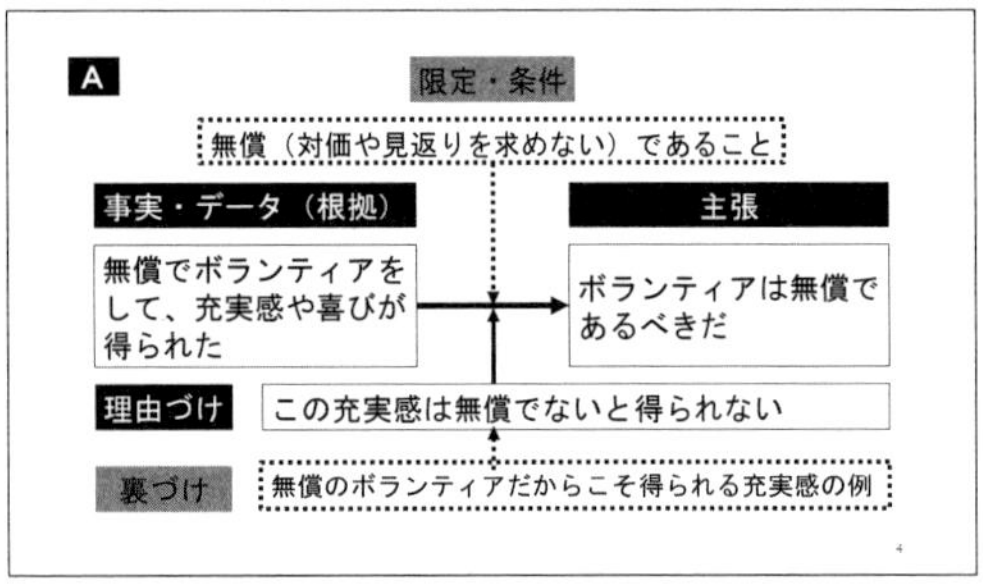

図1：「対価を求めず無私の精神で働く行為」まとめ

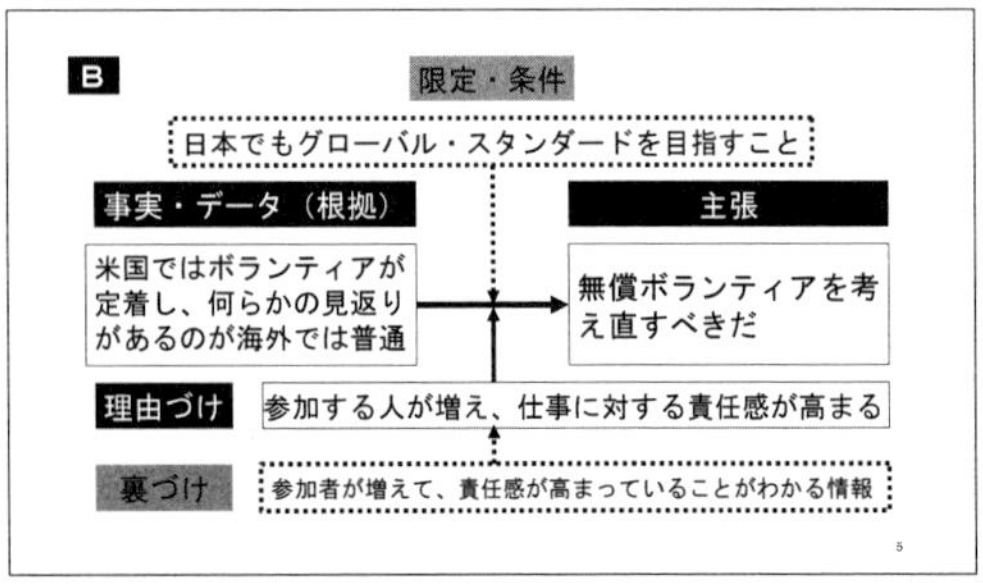

図2：「有償で高い責任感に支えられて働く行為」まとめ

★① ここがポイント！

一つの話題について異なる考えが述べられている新聞投書を読み比べて、自分の考えを持つ単元です。慣れていない先生方にとっては〈比べ読み〉学習のイメージを具体的につかみやすい実践といえるでしょう。また、「読むこと」における「考えの形成」に焦点をあて、話し合ったり、意見文を書いたり、といった言語活動の位置付け方も分かりやすく、手段が目的に対して有効に働いていることが分かります。

【単元指導計画表】

1 単元名

自分の考えを深めながら読もう

2 単元の目標

(1) 主張と論拠など情報と情報との関係について理解することができる。〔知識及び技能〕(2) ア
(2) 目的に応じて、文章や図表などに含まれている情報を相互に関係付けながら、自分の考えを深めることができる。〔思考力、判断力、表現力等〕C (1) イ
(3) 言葉がもつ価値への認識を深めるとともに、生涯にわたって読書に親しみ自己を向上させ、我が国の言語文化の担い手としての自覚をもち、言葉を通して他者や社会に関わろうとする。「学びに向かう力、人間性等」

3 本単元における言語活動

新聞投書を比べて読み、選んだ投書の反対意見を新聞投書風に書く。

4 単元の評価規準

知識・技能	思考・判断・表現	主体的に学習に取り組む態度
①主張と論拠など情報と情報との関係について理解している。((2) ア)	①「読むこと」において、目的に応じて、文章や図表などに含まれている情報を相互に関係付けながら、自分の考えを深めている。(C (1) イ)	①新聞投書の読み比べを通して、主張と論拠の関係について理解し、自分の考えを広げたり深めたりすることに向けて粘り強い取り組みを行う中で、自らの学習を調整している。

5 指導と評価の計画(全4単位時間想定)

次	時	主たる学習活動	評価する内容	評価方法
1	1	• 新聞投書A「無償で働くことの喜び」を読み、筆者の主張とその根拠をとらえる。 • 新聞投書B「ボランティアは無償でいいのか」を読み、筆者の主張とその根拠をとらえる。	[技能・知識] ①	「記述の点検」
2	2	• マップ法を用いて、ボランティアから連想される言葉を書き出し、グループ化も考える。 • どちらか一つの新聞投書を選んで、同じ投書を選んだ生徒同士で、批判的な読み方を深めるために話し合う。	[技能・知識] ① [思考・判断・表現] ① [主体的に学習に取り組む態度] ①	「行動の観察」 「記述の点検」
	3	• 選んだ投書に対する反対意見を新聞投書風に書く。		
3	4	• 反対意見として書いたものを読み合って相互交流する。 • 単元の振り返りを行う。	[思考・判断・表現] ① [主体的に学習に取り組む態度] ①	「行動の観察」

Ⅲ ズームアップ

1 学習成果物（ワークシート）と評価の解説

生徒三名分（学習者①〜③）のワークシート記入例を、それぞれ「マップ法」と「反対意見」（「Ⅱ 指導と評価の実際」参照）の順に掲載した。①・②・③の番号の後に記したA・B・Cは、〔知識・技能〕・〔思考・判断・表現〕・〔主体的に学習に取り組む態度〕の順で各生徒につけた評価である。

●学習者①：評価A・A・A

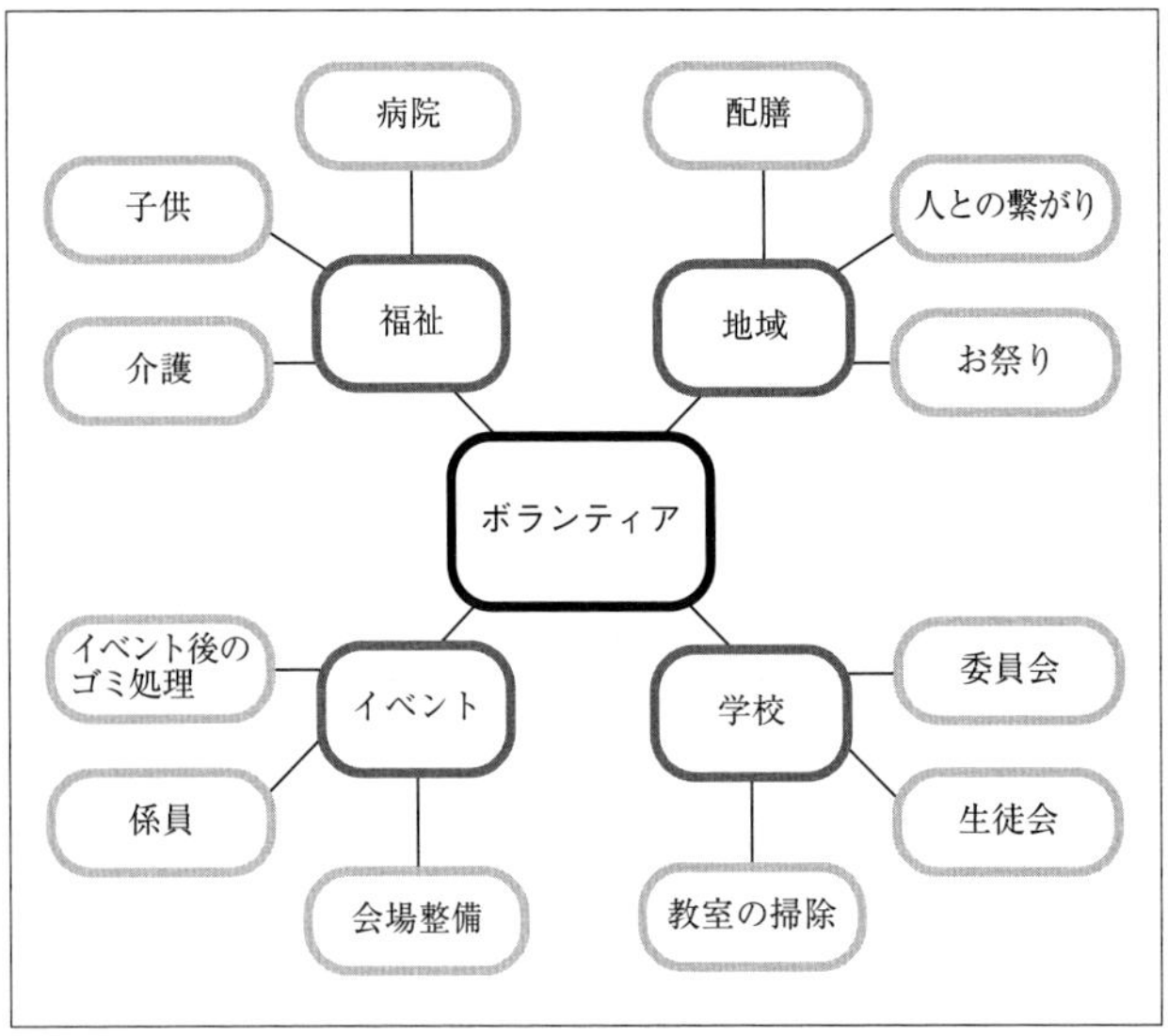

図３：学習者①「マップ法」記入例

【新聞投書Bの反対意見】

ボランティアに対して、まず自分自身の視点から考えたときに、交通費や実費を含め報酬が出るという条件があるならば、私はボランティアに参加しているかもしれない。ボランティアへの興味はある。しかし、ただでさえ多忙な日々の中で、報酬が得られないボランティアへの時間を割く意義は見いだせないのだ。ボランティアの優先順位は高くない。

そこで気が付いたのは、そうやって参加したボランティア活動は、「社会に貢献したい」という純粋な気持ちがあってか、はたまた報酬目当てか、ということだ。

Bの投書において、「無償だからこの程度でいいだろうとか、無償なのだから責任はないといった、安易な気持ちでボランティアに関わる人も少なくないように思える」とあるが、私は寧ろ、対価がある方がそれを目当てに責任感の無い人が集まってくるのではないかと思うのだ。責任感を感じられぬ人は、そもそも「達成感」や「充実感」といった形ないものしか得られぬボランティアには参加しないだろう。「報酬がなくとも社会に貢献したい」。そんな純粋な気持ちの人の方が多く、無償のボランティアには集まってくるように思えるのだ。

無償ではボランティア活動に集まる人数は少ないかもしれない。けれど、そのほとんどが、活動に責任をもって取り組みに来ている人ではないだろうか。

だから、ボランティアは無償のままの方がよいと考える。現状のまま、ボランティア活動へ参加する人を増やしていければ、なおよいだろう。（以上）

【評価の解説】

マップ法で思考した内容が意見文に反映されているわけではないが、ボランティア参加の対価について、「対価がある方がそれを目当てに責任感の無い人が集まってくるのではないか」という考えを根拠に意見が述べられている点を高く評価した。今後の指導として、末尾の「現状のまま、ボランティア活動へ参加する人を増やして」いくための、具体的で現実的な方法の提案を考えさせる学習に発展させたい。

●学習者②：A・B・A

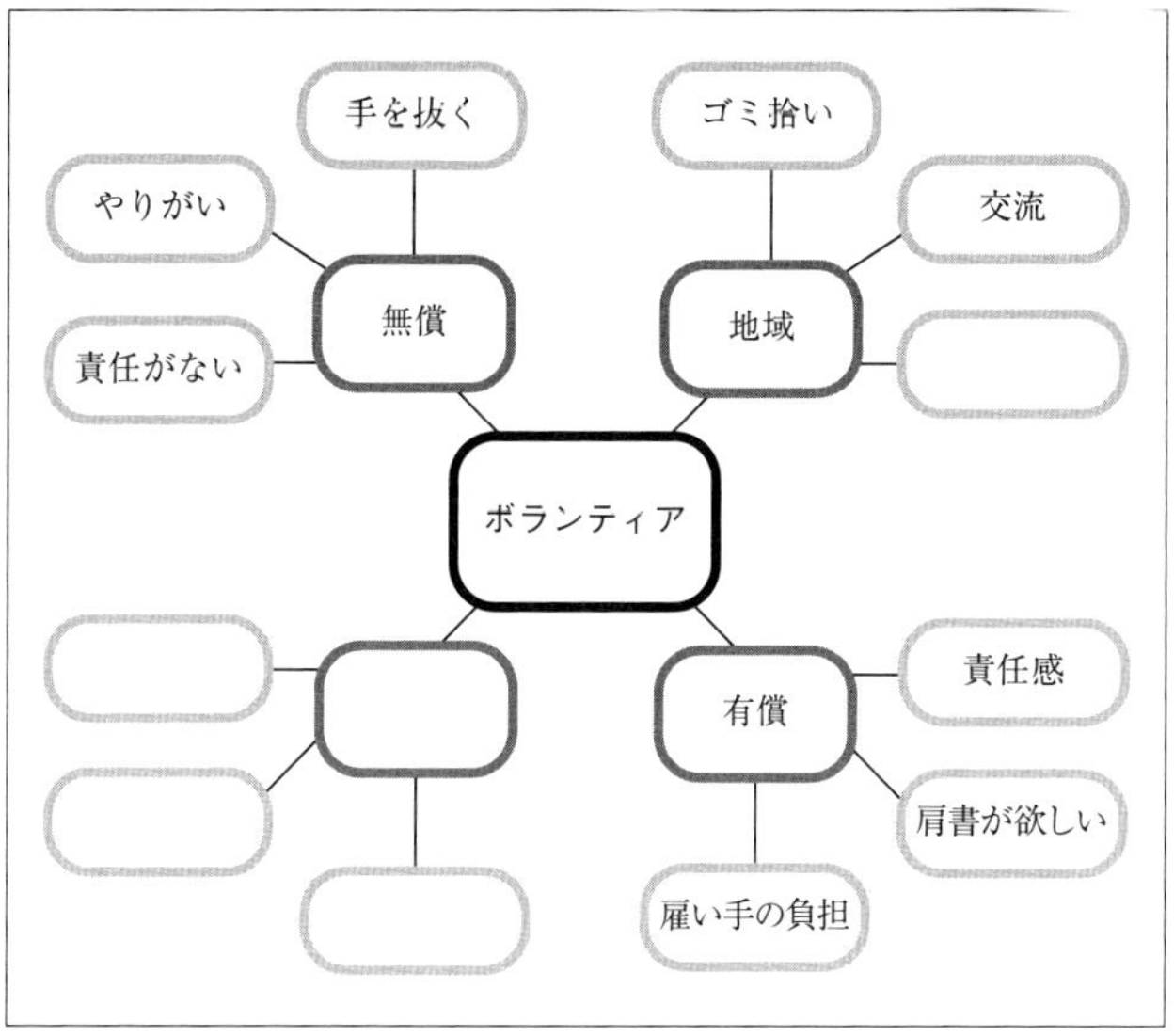

図４：学習者②「マップ法」記入例

【新聞投書Bの反対意見】

Bは、有償ボランティアにすることで参加者が増えることが期待できると述べているが、私はそうは思わない。なぜなら、ボランティア参加者が少ない原因だと思われる理由は、日本人には「ノブレスオブリージュ」の考え方が根付いていないため、ボランティア精神が低いことと、日本人は無償である＝尊いという考え方、及び、自己犠牲の精神が強いことであると考えられているからだ。私自身、周りに目を向けてみても、ボランティア活動をすることで利益を得られるとして、参加するという選択肢を取る人間がいるようには思えない。

他にも、有償にすることによって、むしろ仕事の質が下がる可能性がある。例えば、対価が金銭であるならば「貰える金額は変わらないのだから」という理由で仕事を疎かにすることもあるだろう。もしも対価が学校での単位や今後のアピールポイントになるなどであれば「参加したという事実が欲しいから」という理由で参加し、手を抜くこともあるだろう。

対価があるから、という理由で参加する人材が増えたところで仕事の質は変わらず、責任感をもって働く人の仕事量が増えるかもしれない、そうして、ボランティア活動希望者が減ることなども考えられる。このように良い結果が得られず、雇い手の負担となる可能性があるのにもかかわらず、有償にする意味ははたしてあるのだろうか。

ボランティア活動を活発にさせ、なおかつ、質のいい仕事をさせるには、そういった人間としての性質・思想を重んじることが一番だ。有償にするのではなく、見返りを求めない無私の精神と無償だからこそ得られる喜びと達成感を知ってもらいたい。

だから、私はボランティア活動を有償にすることに反対する。（以上）

【評価の解説】

ボランティア参加における無償か有償かという対立点を、マップ法で自分なりに整理して、有償によって生じる「雇い手の負担」を挙げることで「有償にする意味ははたしてあるのだろうか」という問題提起に繋げた点を高く評価した。また、「ノブレスオブリージュ」を意見文の中に書いていて、学習者②の知識・技能の高さも評価した。この単語を用いた点について後日に尋ねてみたところ、「前に読んだ本で知っていたので、今回使ってみた」とのことであった。この生徒は日頃から学習への取り組みが熱心であり、授業以外の場面でも、例えば全校生徒対象の進路講演会で積極的にメモを取りながら講演を聴く姿勢が見られた。本単元の学習を通じて、自発的に読書もしていることがわかり、読書による語彙や知識のインプットを活かしながら、さらなるコンピテンシーの向上が期待できる生徒だと感じた。

●学習者③：評価B・A・A

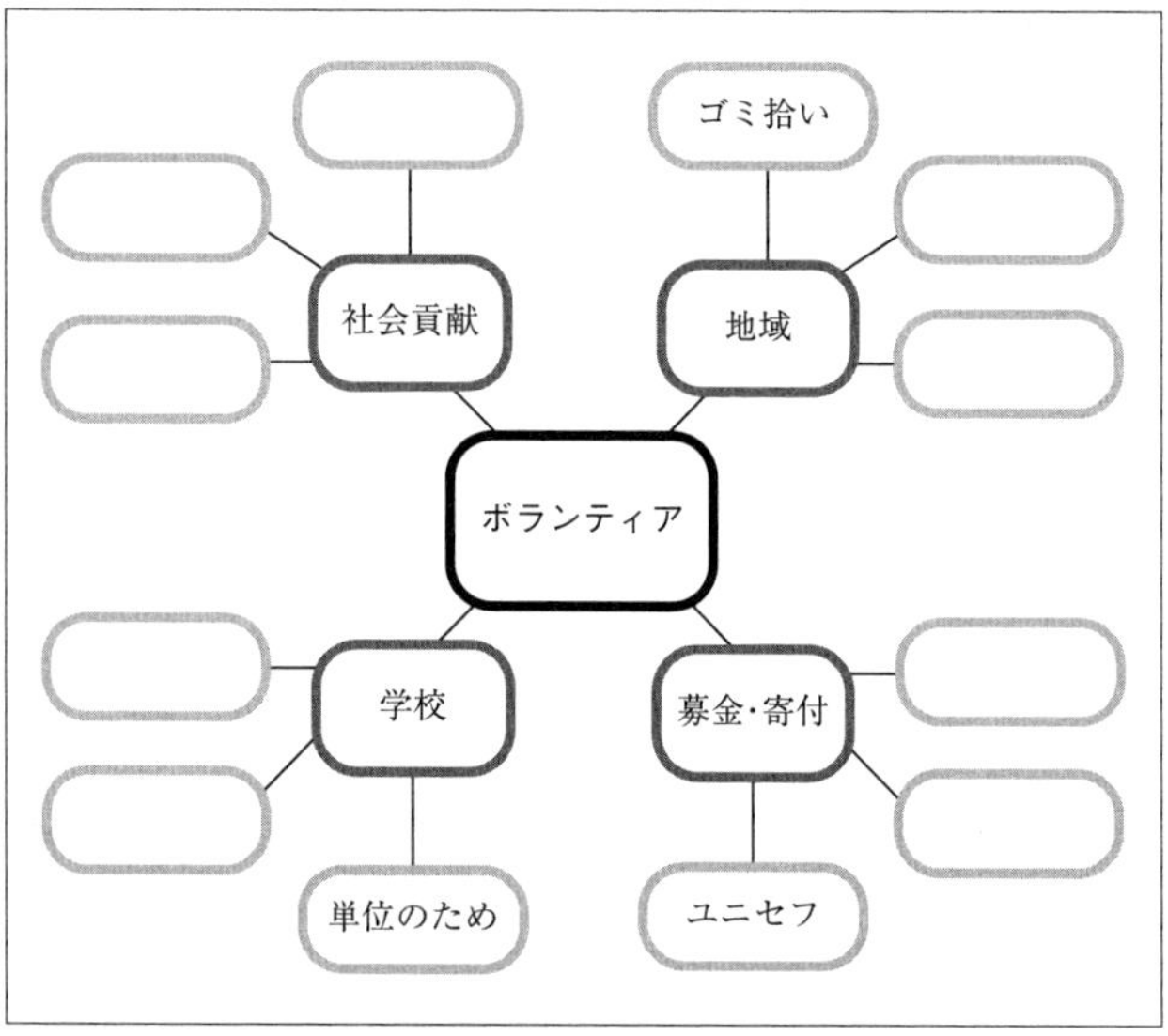

図5：学習者③「マップ法」記入例

【新聞投書Aの反対意見】

ボランティアの活動は、無償と有償のどちらがよいだろうか。私は、有償がいいと思う。

なぜなら、有償だと、無償よりも多くの人材が確保でき、責任感を持って活動することができるからだ。無償だとどうしても参加する人が少なく、責任感も減ってしまうと思う。対して有償では、対価を求めて参加する人が増え、対価に対する責任に支えられて意欲的に活動してくれると思う。

たしかに、無償であることでしか得られない気持ちや充実感はあるかもしれないが、世界の大多数がそうではない。その証拠に、無償ボランティアが主流の日本では、ボランティア活動に興味があると答えた人は約33％と少なく、有償ボランティアが主流のアメリカでは、ボランティア活動に興味があると答えた人は約65％と多くいた。また、活動に参加しても、無償であるがゆえに、手を抜くだとか、責任を持たない人もいると思う。実際に、私の友人に「対価がないならやる意味はあるのか？」という意見を持った人がいた。私もそうだ。学校行事でボランティアに参加した時にもやる気が起きなかった。

したがって、ボランティア活動は有償がいいと思う。（以上）

【評価の解説】

まずは、ボランティアに対する意識調査の数値を根拠に述べている点が評価できる（25ページの図6も参照）。そして、マップ法での記入自体は少ないものの、「学校→単位のため」という校内制度（単位制である本校では課外活動の内容と時間数によって単位に読み替える独自制度がある）を思考の材料にして、それを自分自身の体験談として、「学校行事でボランティアに参加した時にも（無償では）やる気が起きなかった」という記述に繋げており、この点も評価した。

2 実際の学習活動について

ワークシートの記述および話し合いや相互交流の行動の観察から、観点別に評価していったところ、全体の傾向として「単元の目標」の(1)と(3)は半数以上の生徒がAに到達していた。比べ読みをすることによって、一つのテーマに対して多様な考えがあることを具体的に理解できる学びになっていた。批判的な読み方を深める目的やマップ法を相互確認するための話し合いでは、同じ投書を選んだ生徒同士という関係性であったことも功を奏して、「投書のAもBも極端なことを言っている」「Bは会社役員で高い報酬を得て暮らしている立場だからこその意見なのだと思う」などと話し合っているグループ活動が見られ、中には休み時間でも続けて話し合う生徒達までいた。

ワークシートには話し合いの内容をメモする項目も設けていた。その記述の一例として、学習者①がワークシートに箇条書きでメモしていた内容を次に示す。なお、この生徒は日頃から意欲的に学習に取り組んでおり、本単元での話し合いでもグループ内を活性化させる姿勢が見られた。

【学習者①メモ】

・対価があれば責任を持つのが絶対ではない。
・海外基準が全てではない。
・お金ではないものの方が良い。
・無償だからこの程度でいいだろうと書いてあるが、寧ろ対価がある方が、それを目当てに責任感の無い人が集まってきそう。
・だから、報酬は最小限に（お金じゃない食べ物など）にしたほうが良い。
・労働力を増やしたいのなら、報酬というよりかは参加する人々の不都合を埋めるような形で最小限の支援を与えるのが良いと思う。

話し合いのグループの人数については、場合によっては投書A・Bで多寡に差が生じることもあるだろう。この点は、各校の生徒の実態や構成に応じた対応をうまく行いたい。

また、本単元の中で話し合いの活動を取り入れたが、ここでの目的は「話すこと・聞くこと」の技能向上ではないので、あくまでも自分の意見を書くのに生徒相互で考えを深めるために実施した。それでも今回の実践を通じて、同教科書内の「伝わるように話そう」「聞き取りのレッスン」「対話のレッスン」といった単元で、話す・聞く力に関する領域の学習をしてきたことが、有機的に活かされていると感じられた。★②

生徒にとっては新聞投書そのものに馴染みの少ない、あるいは新聞投書という存在を知らない状況を授業準備の段階から想定していたので、授業を展開する中で新聞投書についても説明して、教科書所収の例を参考に意見文を書くように指導した。反対意見を書き始める際には、「マップ法での発想も使い、自身の体験や事実を根拠にして書こう」と指示して、「不特定多数の読者がいる新聞に載ることを意識して書こう」ということも伝えた。

しかし、生徒が書いたワークシートの中には、単にボランティア体験活動に対する思い出を述べるに留まった内容や、

無償と有償のどちらにも良し悪しがあるという賛否の立場を示さずに終えたものもあった。さらには、新聞投書という形式そのものの理解が浅いままに、二つの新聞投書を読んだ感想文に終始したものもあった。今後の学習活動に向けた改善を心掛けたい。

「批判的に読む」ことに関しては、教科書の同単元内で次のように説明されている。「批判的に読むとは、単に筆者に文句をつけながら読むことではない。一度、感情的な反発などは抑えて、冷静に筆者の主張を吟味してみよう。主張の内容、根拠、その主張の背景などを丁寧に読み取ることが大切だ。そのうえで、自分の意見を言葉にしてみよう。なぜそう考えるのか、常に根拠を意識するようにしてみよう。」生徒には、まずAとBの投書を読ませた後に、この説明の内容を教え、それから投書の読み直しをさせながらワークシートに取り組ませるようにした。さらに、同じ投書を選んだ生徒同士で話し合う場面では、「批判的な読み方を深めるために話し合おう」というねらいを伝えて、批判的な読み方がさらに身につくように図った。

授業内で「教科書に掲載されているグラフ（図6。各国の若者を対象にボランティア活動に対する意識を調査したグラフ）も参照して、各国の違いや日本の特徴も読み取ろう。」ということも指示したところ、その観点で書いた事例もあった。

前掲のワークシート例の学習者③は「無償ボランティアが主流の日本では、ボランティア活動に興味があると答えた人は約33％と少なく、有償ボランティアが主流のアメリカでは、

ボランティア活動に興味があると答えた人は約65％と多くいた。」とグラフの数値を文中に挙げて、これを根拠に「たしかに、無償であることでしか得られない気持ちや充実感はあるかもしれないが、世界の大多数がそうではない。」と述べることができていた。これは、以前の授業で扱った「レポートを書こう」という単元での、グラフを用いた説得力のある表現について考える学習内容が活かされていた成果でもあった。★2

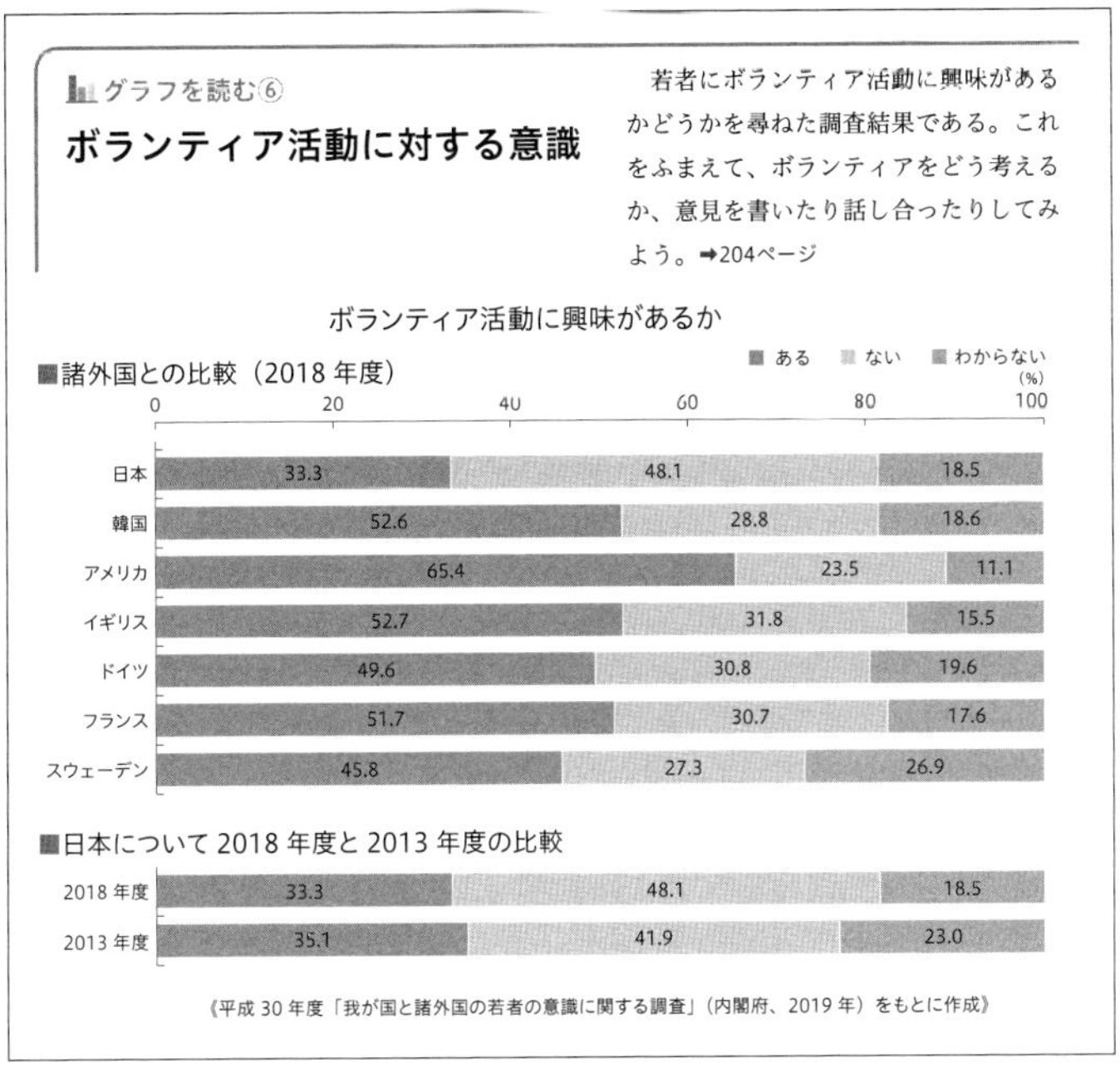

図6：教科書掲載グラフ（ボランティア活動に対する意識）

3 本単元の観点別評価について

本単元の評価規準における具体的な三段階の観点別評価例を、「A…十分満足できる、B…おおむね満足できる、C…努力を要する（指導の手立て）」に分けて次に示す。

○〔知識・技能〕

A：筆者の主張とその根拠の関係について的確に理解している。

B：筆者の主張とその根拠の関係についておおむね理解している。

C：主張に線を引かせてその根拠を考えさせたり、図式化した説明で整理させたりすることで、筆者の主張と根拠をとらえて理解させる。

○〔思考・判断・表現〕

A：目的に応じて、文章に含まれている情報を相互に関係付けながら的確に読み取って、書き手の意図を解釈したり、主張に対する賛否や論理の妥当性を判断したりして、自分の考えを深めて表現している。

B：文章に含まれている情報を相互に関係付けながら読み取って、書き手の意図を解釈したり、主張に対する賛否や論理の妥当性を判断したりして、自分の考えを表現している。

C：文章の内容を簡潔に示したうえで、それについてどのように考えるか問いかける。

★2 ここがポイント！

本単元が、年間指導計画における他の単元と有機的に結びついていることが分かります。各領域の系統性とともに、領域間の連関を意識して、年間指導計画を作成しましょう。

○〔主体的に学習に取り組む態度〕

A：論理的に考える力や深く共感したり豊かに想像したりする力を伸ばし、他者との関わりの中で伝え合う力を高め、意欲的に自分の思いや考えを広げたり深めたりしようとしている。

B：論理的に考える力や共感したり想像したりする力を伸ばし、他者と伝え合う力を高め、自分の思いや考えを深めようとしている。

C：論理的な考え方の例を示したり他者との関わり方の意義を考えさせたりしながら、自分の思いや考えを広げて深めるための支援をする。

4 ICT機器の活用について

授業では学習活動にタブレット端末を活用し、横書き形式で作成したワークシートに入力させていった。一般的に国語科の教科書や教材は縦書き形式であり、学習者にとって縦書きと横書きとでは、思考方法（脳の使い方）や論述の仕方に違いが生じるのかもしれない。高校生を取り巻く現状の社会生活では横書き表記が多いこともふまえて、また、縦書きには対応していないデジタルアプリケーションをワークシート作成に用いた関係で、国語科の授業の中ではあるが横書きの学習活動に取り組ませた。

ワークシートは、一人一台端末を利用したオンライン上で配付から提出まで取り組ませた。ＧＩＧＡスクール構想が広まった学校環境の中で現状の生徒にとっては、紙のワークシートに書き込むことよりも、タブレット端末に入力するほうがスムーズで学習効率の上がる場面も多々見られる。それは定時制課程である本校に通う生徒も同様である。ちなみに本校生徒の実態の一つに授業出席率の面で課題があるのだが、このようなオンライン提出であれば、たとえ提出期日に欠席であってもワークシートを家から提出できるという利点が生まれる。

ＩＣＴ機器の活用によって、例えば学習歴の乏しい生徒には語彙力不足の課題があっても、漢字変換や言葉のネット検索で補うことができ、文章を書くことへの心理的ハードルも下げられる。授業中でのＩＣＴ機器の使い方や学習に際してのネット利用は適切に行うよう注意を要するが、大切なのは学習手段の道具としてどのように活用していくかである。もちろん、手書きをすることの学習意義もあるので、生徒の実態や学習の到達度をふまえつつ、その都度より良い学習手段を弾力的に選ぶべきである。授業での端末利用も学習の個別最適化に向けた活動の一手段として前向きな導入を考えたい。

教師側の観点からも、オンライン形式の利点として、事前の配信準備を整えれば全てペーパーレスで進めることができて、事後処理や評価までオンライン上で済ませられ、別クラスや次年度以降の授業でも同様に使えるという業務のスリム化を行えるといった点が挙げられる。今回の授業実践では、本校で導入されているMicrosoft 365 の Teams を使い、OneNote を活用したワークシートの配信で取り組ませて提出させたが、Teams の Whiteboard を使えば生徒相互の協働作業や共有がよりスムーズであったのではないかと、事後に改善点を感じた。どのアプリケーションを利用するにしても、生徒の実態や学校の環境に合わせた学習活動の一手段として取り組みたい。学習に活用できるアプリケーションが様々なプラットフォームで次々に開発・提供されている状況下であるため、ＩＣＴ機器に対する教員側の情報収集や活用スキルのアップデートも求められる。その分の負担や大変さは生じるが、教師の働き方改革の状況をふまえながら、業務全般の具体的で現実的なスリム化につなげられる活用の普及が今後も望まれる。

Ⅳ　広がるアイデア

1 教科書の別箇所を用いる活動

意見文や反対意見を書くことを目的とした学習に際し、同教科書の別単元にある「意見文の基礎」や「反対意見を想定した意見文」も参照するように指示したところ、意見文の書き方や書くための考え方を改めて確認させることができた。このように扱いたい単元とそれに関連する単元を有機的につなげて、学習効果を高めていけるとよい。その意味では、教科書内や副教材内、あるいはワークシート内で学んだ内容同士をつなげて思考を深めさせることも、「比べ読み」の一つとして応用できるだろう。

同教科書には今回の単元に続けて二つの文章が掲載されている（姜尚中「何のために『働く』のか」と内山節「自分の考えをつくるために」）。これらの比べ読みをし、二つの文章から読み取ったことをふまえて、「どのように生きていきたいと考えるか」「生きている実感をどのように得るか」「何を重視して働いたり生きたりするべきか」といったテーマで、話し合ったり意見文を書いたりする活動が設定できる。

2 生徒が学習材を見つけて行う活動

比べ読みができる具体的な学習材を生徒に見つけさせる活動もできるだろう。例えば新聞投書を扱ったことを利用して、学習材を、学校の図書室に置かれた新聞から探させたり、インターネット上の新聞の情報から探させたりすることができる。

3 思考ツールの活用方法

思考ツールに用いたマップ法は「マインドマップ」としても知られているが、本校では入学してすぐに行う「交流プログラム」という総合的な授業での学習活動の一環でも、生徒にマインドマップを学ばせている。マインドマップを活用する意義について、本校で用いる教師用指導案では「思考が整理され、自分の意見をよどみなく伝えられるようになる。」「記憶力が高まる。」「発想力が飛躍的に向上する。」「地頭力がつき、自ら答えを導き出せるようになる。」「チーム作業が驚くほど生産的かつスムーズになる。」「知的作業のすべてのプロセスが楽しくなる。」と記して、指導する意義を授業者同士で共有している。さらに、マインドマップの具体的な活用方法については、「学習ノートに使って記憶力を向上させる。」「普段の勉強以外に、プレゼンテーションやレポート作成のために情報を整理してやるべきことを可視化する。」「アイデアを出したいときに関連付けして整理する。」といったことを授業内で紹介している。

思考ツールの例として「マップ法」以外に「ツリー法」「マンダラート」「フィッシュボーン」等が載っている教科書もある。それらの中から生徒自身に選んで思考させる活動を別の単元で取り入れることで、思考手段の検討から考えを深める学習も可能になるだろう。

（山口正澄）

交流プログラム

本校では、生徒の人間関係つくりを円滑にするための「交流プログラム」を、入学後すぐに実施している。これは本校が特に力を入れている「心の健康面」を支える取り組みの一環でもある。

例えば「感情をマネジメントする」「人の話に耳を傾ける」「様々な思考法を知る」「望ましい習慣を身につける」といったスキルを身につけ、コミュニケーションを向上させる体験的な活動を教科の特性に紐づけて行う。

活動をとおして人間関係を適切につくる力や意識が身につくと、相互に支え合ったり助け合ったりできるようにもなる。自分だけでは気がつかない発見や驚きを、周囲が見つけてくれて共有する環境もつくっていける。身につけたスキルが校外学習の班別グループ行動や学校独自のゼミ学習などで成果を出せるように本校では計画している。

2 現代の国語

評論文と法令文を関連付けて解釈を深める

教材

「動的平衡としての生物多様性」（福岡伸一）
「生物多様性基本法」（平成二十年法律五十八号）

【思考ツール】ベン図／表

Ⅰ 単元の概要

1 単元観

実社会における「読むこと」の活動の一つとして、論理的な文章と実用的な文章を題材とした実践である。本単元では評論文と実用的な文章として「法令文」を取り上げ、二つの文章を関連付けて内容を解釈し、自分のものの見方、考え方を深めることを目指した。

2 本単元における〈比べ読み〉のねらいと意義

実用的な文章、とりわけ「法令文」は生徒にとって日常的に関わる機会がほとんどなく、また恣意性や主観が排除された文章であるため、「法令文」のみを題材とすることは生徒の興味・関心を引き付けるには不十分であると判断し、「法令文」で話題となっている事柄に関係の深い評論文と併せて題材とすることとした。

情報通信技術の発展・普及に伴って個人情報の保護を目的とした法令が整備されたように、法令にはその法令が法令として整備される「背景」が存在する。こうした「背景」に関連する評論文を〈比べ読み〉の題材として取り上げることで、取り上げる法令に対する興味や関心が高まるだけでなく、法令文や評論文の内容の理解が深まり、ひいてはものの見方、考え方の深まりにもつながることを期待した。

3 教材と学習活動について

本単元の実践にあたり、使用した教材は次の二つである。

○「動的平衡としての生物多様性」（福岡伸一）
○「生物多様性基本法」（平成二十年法律五十八号）

福岡伸一氏による「動的平衡としての生物多様性」(注1)は「動的平衡」という筆者が独自に定義する用語を用いつつ、一貫した論理の展開が見られる文章である。文脈に沿って用語の意味を正確に捉えたり、主張と論拠の関係について把握したりする力を身に付けさせるのにふさわしい教材である。また、「生物多様性基本法」(注2)は、生物多様性が損なわれつつある現状についての言及や生物多様性の持続可能な利用に向けてその保全を促す前文をはじめ、法律の目的や用語の定義、それぞれの主体に求められる役割などについて規定した条文を有する法令である。「動的平衡としての生物多様性」の内容とも重複する部分が多く、両者の内容を正しく理解することは、相互補完的にそれぞれの文章の理解を深めることにもつながる。

まずは「動的平衡としての生物多様性」の内容を正しく理解し、そこでの理解をもとにして法令文を読み、最後にベン図などの思考ツールを用いて二つの文章で共通して用いられている言葉に注目させることとした。

Ⅱ 指導と評価の実際

●第一次

　第一次は主に評論文である「動的平衡としての生物多様性」の内容理解を中心としたまとまりである。本単元の前に、筆者は「論理的な文章を読む際の目の付け所を理解しよう」という単元を行い、「キーワードとは何か」という問いを軸に、キーワードの定義について考えさせる実践をした。この学習を生かして「繰り返し使われている言葉」や「筆者が独自に用いている言葉」、『重要』『大切』などの言葉とともに使われている言葉」などに注目させて理解を深めるべき言葉や表現に注目させた。その上で、「筆者の主張は何か。また、その論拠は何か」という発問を投げかけ、生徒に考えさせた。その際、主張の根拠とともにその根拠を裏付ける理由も含めて「論拠」とすることを改めて説明した。そして、この問いへの生徒の解答の状況を〔知識・技能〕の観点として評価した。生徒Aは筆者の主張として「世界に動的平衡を回復すること」を挙げた上で、論拠として「生物多様性によって保たれてきた動的平衡のバランスを人間が崩しているから」と解答したが、主張と論拠の関係を正しく理解している解答であると判断してB評価とした。

●第二次

　第二次は「生物多様性基本法」を読むにあたり、法令文の読み方を確認した後に、法令の目的などの内容について理解を深めた。その上で、使用されている言葉について、第1次の文章との共通点や相違点をベン図を用いて整理させ、二つの文章の特徴を考察させ、第三次の表の取り組みと併せて〔思考・判断・表現〕の観点として評価した。生徒Bはベン図で両者の共通点や相違点を適切に指摘した上で、「福岡氏の文章はなぜ生物多様性が大切なのか、ということが書かれ、法令文はどうやって生物多様性を守っていくのかということが書かれ、共通点として生物多様性と人間との関わりに関係することが書かれている。」と指摘したが、文章の内容の特徴を正しく理解している解答であると判断してB評価とした。

●第三次

　第三次は二つの文章の理解を踏まえた上で、「二つの文章を踏まえて生物多様性の保全のために私たちができることを表にまとめて整理する」という課題を出し、考えの深まりを評価することとした。生徒Cは「自然・種の保全」と「温暖化対策」について、「身近にできること」と「社会全体でできること」の四象限に分けて整理して考察していたが、文章を踏まえて自分の考えを深めていると判断してB評価とした。

　毎時間の授業の終わりに学習履歴表に取り組み、授業で学んだことや質問、グループ活動で他者の役に立った自分の意見や支援を記録させ、これらの内容に授業時における観察などを加味して〔主体的に学習に取り組む態度〕を評価した。評価については学習履歴表で粘り強く学習に取り組んでいると判断できる記述や課題への取り組み、グループワークにおける活動の状況の各観点いずれにおいても満足できるものが確認できる生徒をB評価とした。

〔知識・技能〕の評価について

　今回の実践では主張と論拠の両方を生徒に書かせたものを評価したが、例えば、筆者の主張と捉えられる本文の一部に傍線を付し、「傍線部にあるように筆者が考えるのはなぜか。五〇字以内で説明せよ。」という問いを発して、その解答を部分点も含めて数値化したものを評価として用いることもできるだろう。

【単元指導計画表】

1 単元名

論理的な文章と実用的な文章とを関連付けて読もう

2 単元の目標

(1) 主張と論拠など情報と情報との関係について理解することができる。〔知識及び技能〕(2) ア
(2) 目的に応じて、文章や図表などに含まれている情報を相互に関係付けながら、文章の構成や論理の展開などについて評価するとともに、自分の考えを深めることができる。〔思考力、判断力、表現力等〕C (1) イ
(3) 言葉がもつ価値への認識を深めるとともに、生涯にわたって読書に親しみ自己を向上させ、我が国の言語文化の担い手としての自覚をもち、言葉を通して他者や社会に関わろうとする。「学びに向かう力、人間性等」

3 本単元における言語活動

異なる形式で書かれた複数の文章を読み、理解したことや解釈したことをまとめて発表する活動。

4 単元の評価規準

知識・技能	思考・判断・表現	主体的に学習に取り組む態度
①主張と論拠など情報と情報との関係について理解している。((2) ア)	①「読むこと」において、目的に応じて、文章や図表などに含まれている情報を相互に関係付けながら、文章の構成や論理の展開などについて評価するとともに、自分の考えを深めている。(C (1) イ)	①評論文と法令文とを関連付けて読むことを通して、主張と論拠の関係について理解し、文章を評価したり、考えを広げたり深めたりすることに向けて粘り強い取り組みを行う中で、自らの学習を調整している。

5 指導と評価の計画(全6単位時間想定)

次	時	主たる学習活動	評価する内容	評価方法
1	1・2	•単元の目標や進め方を確認し、学習の見通しを持つ。 •「動的平衡としての生物多様性」(福岡伸一) を読み、筆者が用いる用語の定義やその内容について理解を深める。 •「動的平衡としての生物多様性」を読み、筆者の主張と論拠を「生物多様性基本法」の前文も踏まえてまとめる。	[知識・技能] ①	「記述の点検」
2	3・4	•「生物多様性基本法」の前文から第十条までを読み、法律の内容について理解を深める。 •「動的平衡としての生物多様性」と「生物多様性基本法」でよく用いられている言葉を拾ってベン図でまとめ、二つの文章の特徴について考察する。(個人→グループ)	[思考・判断・表現] ①	「記述の点検」
3	5・6	•「動的平衡としての生物多様性」と「生物多様性基本法」から「生物多様性の保全のために私たちができること」について考察し、自分で設定した観点に基づいて表にまとめる。 •上記の取組をグループ及びクラスで共有する。 •単元全体を通した学習の振り返りを行い、自らの考えを深める。	[思考・判断・表現] ① [主体的に学習に取り組む態度] ①	「記述の点検」

Ⅲ ズームアップ

1 ベン図でまとめる学習

福岡氏による「動的平衡としての生物多様性」と「生物多様性基本法」の内容を一通り理解した第二次の後半で、それぞれの文章の共通点や相違点を把握して文章の特徴を考えさせるために、本文中で複数回用いられている言葉を取り出し、ベン図に整理して考察する学習を行った。

「福岡伸一氏の文章」と「生物多様性基本法」の二項目を中心でクロスさせ、どちらかの文章で用いられている言葉と共通して用いられている言葉をまとめ、ふさわしい見出しを考えさせた。そして最後に「まとめてみて気づいたこと」を書かせ、両者の文章の特徴について考察させることとした。活動はまず個人で取り組ませ、その後グループ活動と全体での共有を行い、新たな視点や気づきについてはペンの色を変えて記述させることとした。

●生徒の記述より

生徒Dは個人やグループの取り組みを経て、中心的な内容として福岡氏の文章は「生物の関わりと循環」、法令文は「生物多様性を保つ上で必要なこと」共通する内容は「今の世界の状況」と整理している。

生徒Eは福岡氏の文章は「地球環境を保つしくみ」、法令文は「規模の大きい言葉」、共通する内容としては「問題として捉えられていること。」と整理している。この生徒は法令文で「規模の大きい言葉」と指摘しているが、その内容が不明瞭であったため、詳しい説明を求めたところ、「問題としている内容が単に環境問題だけでなく、経済や国際協調など、その問題の対象とする範囲が福岡氏の文章と比較して広い」ということであった。

生徒Fは福岡氏の文章は「カタカナ語が多い。生態系のつり合い、現状」とまとめ、「自然」と見出しを付けている。法令文は「自分たちがすべきこと」として「人工」と見出しをつけている。そして共通する内容として「生物多様性と地球の関わり、現状の問題点・課題」とまとめている。

全体の共有場面においては、共通する要素として生徒D・E・Fも指摘しているように、現状の課題や問題点が挙げられるということを生徒と確認した。その上で、こうした生物多様性の課題と福岡氏の文章や法令文はどのように関わっているのか、またそれらからわかる文章の特徴は何か、ということについて再度グループで考えるように指示した。

あるグループからは、「現状の課題について、福岡氏の文章は専門的な用語を用いながら、そもそもなぜ二つの文章に共通する課題が問題となり得るのか、どこが問題なのかということを専門的な立場で論じられているのに対して、法令文は、共通する課題の真偽は措かれていて、それらの課題の拡大をいかにして防いでいき、最終的には人類が引き続き生物多様性の恩恵を受けることができるのか、実践的な対策について示されている。そして特徴としては、人類の諸活動で失われつつある生物多様性について、独自の用語を使いながら自分の考えを中心にまとめている福岡氏に対して、法令文は事実や取り組むべき事柄が、主観を排して整理されていることが挙げられる」というまとめが全体で共有された。この意見は広く生徒たちから支持されることとなったため、授業者は文章の内容として共通する「生物多様性における現状の課題」に対して福岡氏の文章は科学者の視点で現状を分析する「理論知」であり、法令文はそれらの課題に対して我々が実際にどのように関わっていくべきか、ということについて触れている「実践知」といえる内容であるという補足を加えた。

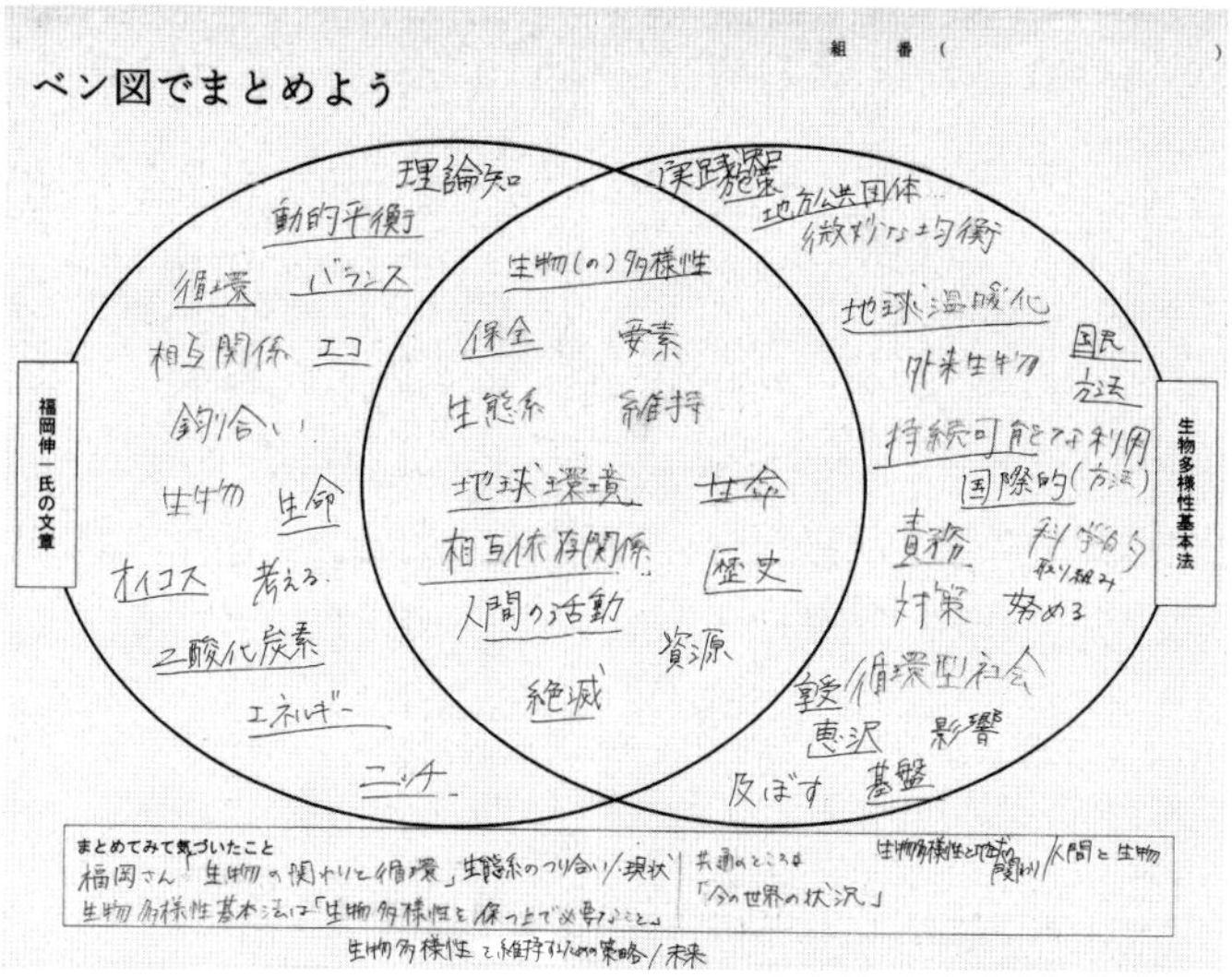

図１：生徒Ｄの取り組み

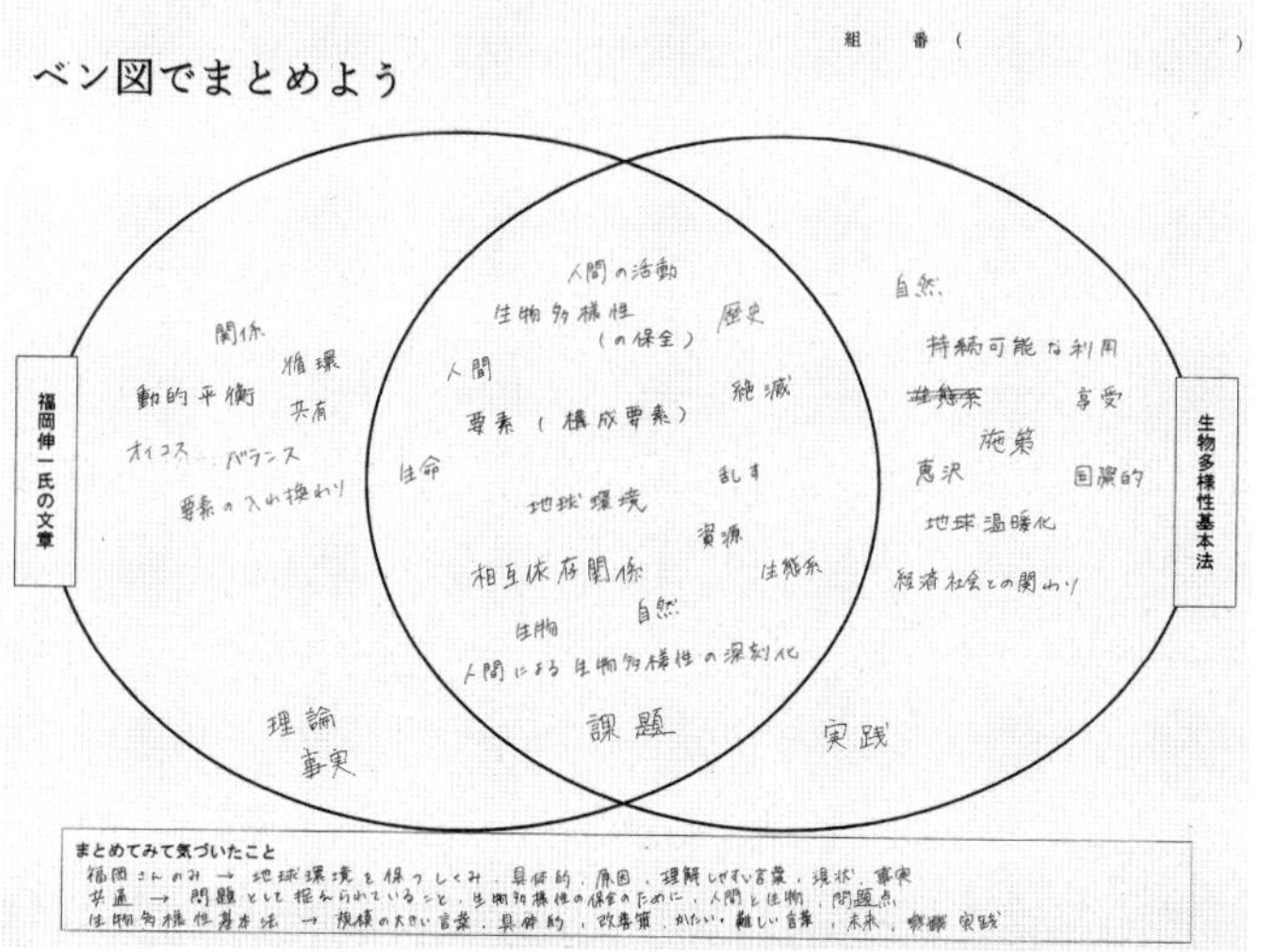

図２：生徒Ｅの取り組み

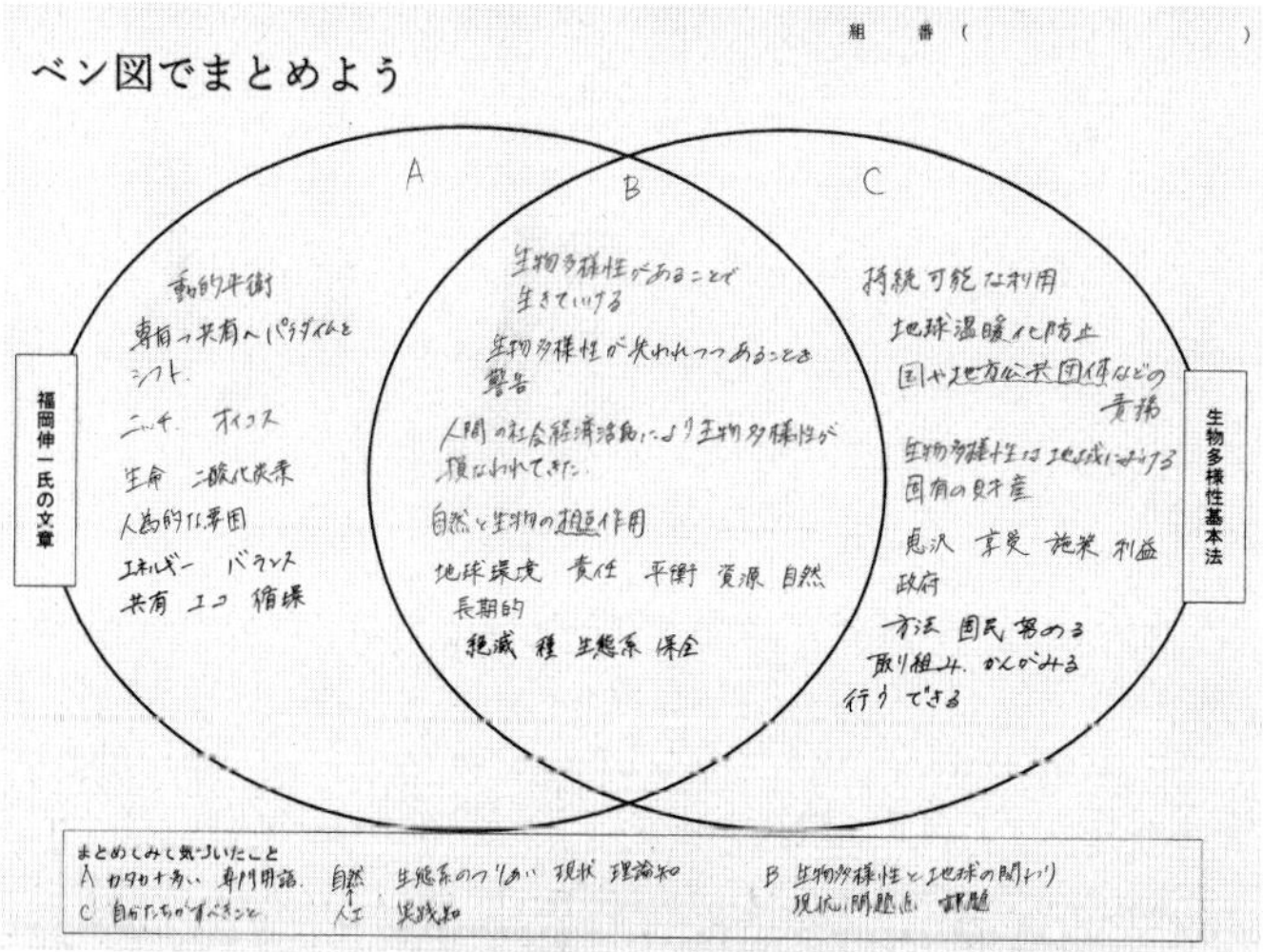

図３：生徒Ｆの取り組み

2 表でまとめる学習

単元の目標である「文章に含まれている情報を相互に関連付けながら内容を解釈して、考えを深めること」を目的として、二つの文章を読んで、「生物多様性の保全のために私たちができること」について表でまとめて考えさせるという課題を与えた。ここで留意すべきことは、この課題が、あくまで「国語科」の課題ということである。既有の知識ももちろん重要ではあるが、考察の際に最も依拠すべきことは本文に書かれている内容でなければならない。表にまとめる際には今回の学習で読んだ本文の内容を踏まえることを指示した。

●生徒の記述より

生徒Gは縦軸に「法令文の課題」と「自分が考える課題」を取り上げた上で、横軸に「保全できない原因や課題」と「私たちにできること」を取り上げて具体的な手立てについて考察している。

生徒Hは福岡氏の文章で用いられている「プレイヤーとしての相互関係を築く」というフレーズを小見出しにして、「陸」と「海」に横軸を分け、法令文の内容も含めて「私たちができること」について考察している。一方で、例えば「森林伐採を減らす」対策として「空き家を減らす」と書いているように、一見するとその因果が不明瞭なものも散見される。生徒によって着目する本文の箇所も異なるため、それぞれがまとめた表をペアワークやグループワークで交流させ、他者の考えを知ったり、他者からの指摘によって自分の考えの不十分さに気付いたりする機会を与えることもまた重要である。

3 学習履歴表の記述より

本校国語科ではすべての単元で共通する書式の学習履歴表を授業の終わりに生徒に書かせている。★1主な項目は「この時間で学習（理解）したこと、できるようになったこと」「授業中考えたことや疑問に思ったこと」「ペアワークやグループワークなどで他者の役に立ったと思う自分の意見や支援」の三つである。

加えて単元の終わりに「二つの文章を読んで考えたこと」「単元全体を振り返って」の二項目についても書かせている。評論文と関連する内容の法令文を「比べ読み」させることでどのような効果があったのか、また思考ツールを用いることが生徒にどのような影響があったのか、学習履歴表の記述（37ページ参照）をもとに考えたい。

●「比べ読み」の効果について

生徒Iは「生物多様性という同じ内容でも福岡さんの文章は筆者が主張を伝えるという点に重きをおき、法令文は相手に理解してもらうという点が重視されていると考えた」、生徒Jは「『生物多様性の保全』というテーマについて、二つの文章は読む相手に合わせて言葉の使い方が変わっており、面白いなと感じた。」、生徒Kは「どちらも同じような事を書いているのに、抽象度や難しさが違っていて驚いた。法律はいろいろな人に読んで欲しいから、具体的にちゃんと読めば

★1ここがポイント！

学習指導要領における「主体的学び」の内実は、「見通し」と「振り返り」です。教師が見取る評価の観点であると同時に、学習者自身のメタ認知にも関わり、年間を通して実践していることはたいへん意味のある取り組みです。

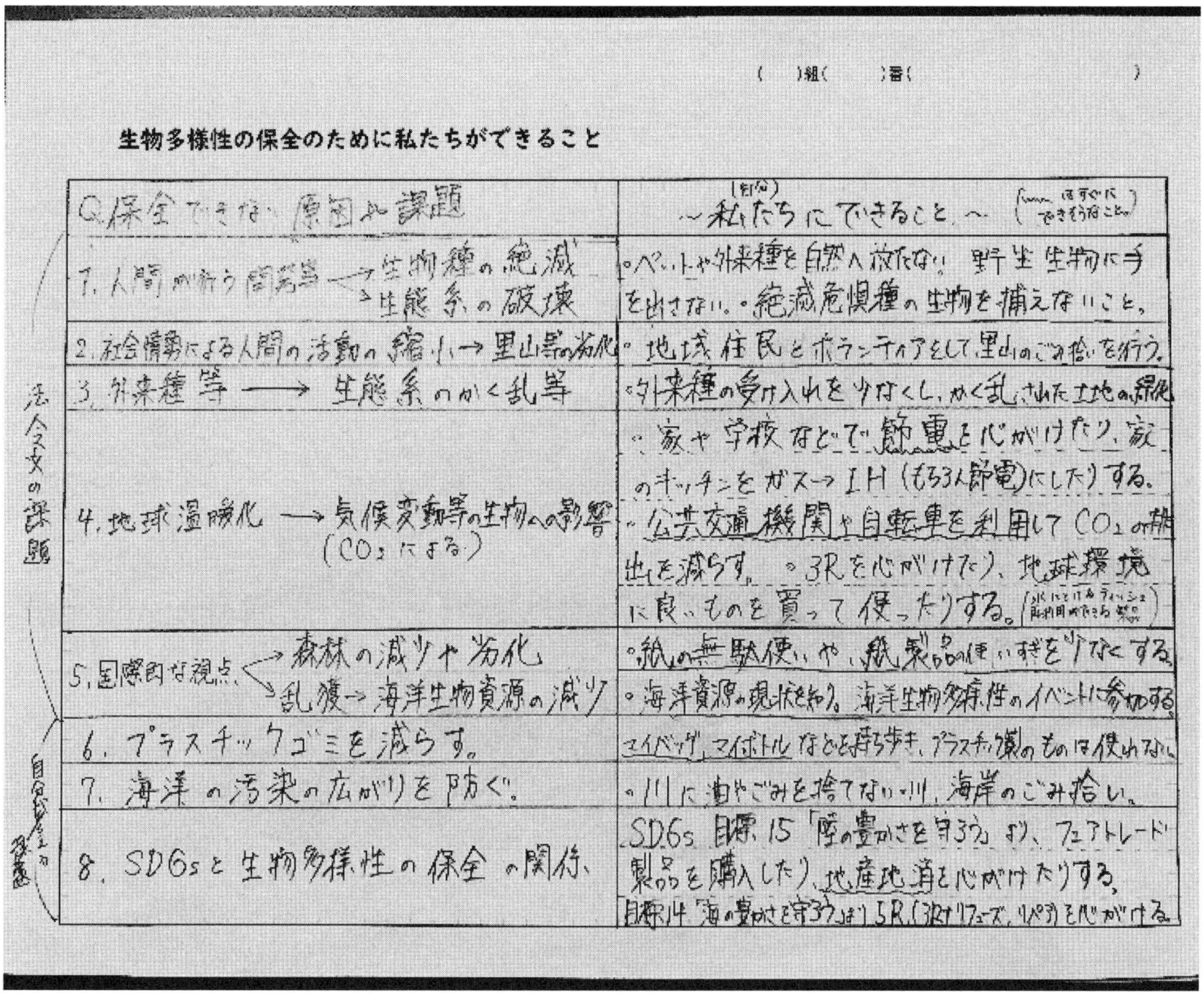

（　）組（　）番（　　　）

生物多様性の保全のために私たちができること

Q.保全できない原因や課題	～（自分）私たちにできること～（～～はすぐにできそうなこと。）
1.人間が行う開発等→生物種の絶滅／生態系の破壊	○ペットや外来種を自然へ放たない。野生生物に手を出さない。○絶滅危惧種の生物を捕えないこと。
2.社会情勢による人間の活動の縮小→里山等の劣化	○地域住民とボランティアをして里山のごみ拾いを行う。
3.外来種等→生態系のかく乱等	○外来種の受け入れを少なくし、かく乱された土地の緑化
4.地球温暖化→気候変動等の生物への影響（CO₂による）	○家や学校などで節電を心がけたり、家のキッチンをガス→IH（もちろん節電）にしたりする。○公共交通機関や自転車を利用してCO₂の排出を減らす。○3Rを心がけたり、地球環境に良いものを買って使ったりする。
5.国際的な視点→森林の減少や劣化／乱獲→海洋生物資源の減少	○紙の無駄使いや、紙製品の使いすぎを少なくする。○海洋資源の現状を知る。海洋生物多様性のイベントに参加する。
6.プラスチックゴミを減らす。	マイバッグ、マイボトルなどを持ち歩き、プラスチック製のものは使わない。
7.海洋の汚染の広がりを防ぐ。	○川に油やごみを捨てない。川、海岸のごみ拾い。
8.SDGsと生物多様性の保全の関係	SDGs目標15「陸の豊かさを守ろう」より、フェアトレード製品を購入したり、地産地消を心がけたりする。目標14「海の豊かさを守ろう」より5R（3Rとリフューズ、リペア）を心がける。

法令文の課題

自分たちの課題

図４：生徒Ｇの取り組み

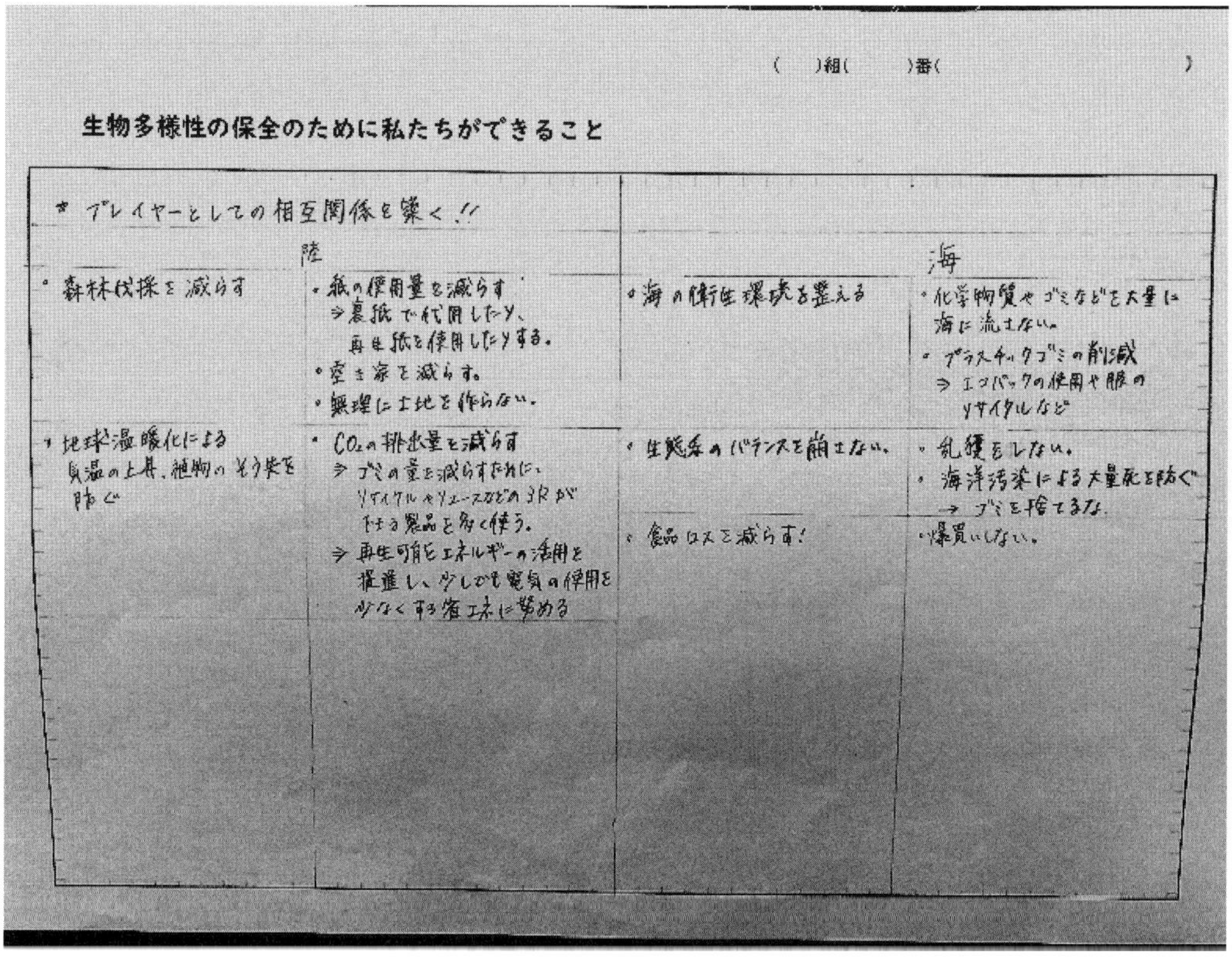

（　）組（　）番（　　　）

生物多様性の保全のために私たちができること

＊プレイヤーとしての相互関係を築く!!

陸		海	
○森林伐採を減らす	○紙の使用量を減らす ⇒裏紙で代用したり、再生紙を使用したりする。○空き家を減らす。○無理に土地を作らない。	○海の衛生環境を整える	○化学物質やゴミなどを大量に海に流さない。○プラスチックゴミの削減 ⇒エコバックの使用や服のリサイクルなど
○地球温暖化による気温の上昇、植物のそう失を防ぐ	○CO₂の排出量を減らす ⇒ゴミの量を減らすために、リサイクルやリユースなどの3Rができる製品を多く使う。⇒再生可能エネルギーの活用を推進し、少しでも電気の使用を少なくする省エネに努める	○生態系のバランスを崩さない。	○乱獲をしない。○海洋汚染による大量死を防ぐ →ゴミを捨てるな。
		○食品ロスを減らす！	○爆買いしない。

図５：生徒Ｈの取り組み

わかりやすいものになっているのかと考えた」とそれぞれ書いている。これらの記述はいずれも文章の対象やねらいに着目した記述である。二つの文章を比較することでそれぞれの文章が何を意図しているのか、またそのためにどのように表現しているのかといった「文章の書かれ方」の違いに気付くことができている。

生徒Lは「今回の単元で初めて法令文とそれに関連する文章を読んだ。ただ文章を読むより、法令文を読んだ方がさらに理解できたと思う。また法令文の大切さを改めて知れた」と書いている。生徒Mも「二つの文章を照らし合わせることで深い読みができる」と書いている。単一のテキストで学ぶよりも関連する複数のテキストを「比べ読み」することで、単に表現の共通点や相違点を見つける技能だけでなく、書かれている内容について理解の深まりを実感した生徒もいたようだ。また、生徒Nは「生物多様性は大切だということはぼんやりと感じていたのですが、地球の要素を更新しつつ、関係性を維持する役割があるから法律がつくられているということを知って霧が晴れたような気持ちです。」と書いており、二種類の文章を学んだからこその成果についてまとめている。さらに「どちらの文章にも難しい言葉が多かったので、もっと言葉を学びたいと感じました」と言葉の知識を深めることへの意欲が高まっていることがわかる。

「単元の概要」でも書いたように、本単元は、単一素材として「法令文」を扱うことは生徒の興味・関心を引き付けるには不十分であると考え、関連する評論文との比べ読みを通じて相互補完的に二つの文章の理解が深まることを期待して行った実践★②であったが、生徒の記述からその成果を伺うことができる。

●「思考ツール」の効果について

生徒Oは「繰り返されている言葉をベン図でまとめることで、共通している言葉がすぐに分かり、それらの言葉に着目しようとする意識が生まれたので、ベン図は役に立つなと思った。さらに、生物多様性の保全のために私たちができることを表にするとき、『個人』『社会』『生物』『資源』などと場合分けすることで書きたい内容が整理されて書く側も見る側も理解しやすいなと強く感じた」と書いている。生徒Pも「図や表を使って考える学習をして、まとめることで自分の意見が整理され、より深い理解につながると思った」と書いており、思考ツールが文章の内容理解を促していることがわかる。生徒Qは「表は位相を合わせることで誰が何をするのかはっきりするのが良い」と書いており、文書の言葉を「位相」という次元で概念化して捉えようとしたことがわかる。生徒Rは「表は人により分け方が異なり、自分にはなかった発想を得ることができました」と書いている。こうした思考ツールを用いた学習をするときは、ペアワークやグループワークなどを通じてそれぞれの取り組みを共有することがいかに重要であるかを示す記述である。本単元の「文章の情報を相互に関連付けて考えを深める」という目標の達成に「思考ツール」の取り組みは有効に働いたと感じている。

★②ここがポイント！

実用的な文章の扱いに戸惑いを覚える先生も少なくないでしょう。それだけを単体で取り上げ、これまでのようにすみずみまで均質な理解を促すような授業をしようと思っても、教師も学習者も食指が延びないのは当然です。「現代の国語」の「読むこと」は、実社会の中で目的に応じた読む力の育成を目指しています。こうした〈比べ読み〉実践の姿からは、文章と資料を関連付ける学習指導のヒントが得られます。

表1：生徒の学習履歴表の記述

【二つの文章を読んで考えたこと】

生徒	記述内容
I	生物多様性という同じ内容でも、福岡さんの文章は筆者が主張を伝えるという点に重きをおき、法令文は相手に理解してもらうという点が重視されていると考えた。
J	「生物多様性の保全」というテーマについて、二つの文章は読む相手に合わせて言葉の使い方が変わっており、面白いなと感じた。また、どちらも人間が与える影響について書かれており、自分のこれまでの生活が地球環境にとってよいのか悪いのか考える機会になった。
K	どちらも同じようなことを書いているのに抽象度や難しさが違っていて驚いた。法律はいろいろな人に読んで欲しいから具体的でちゃんと読めばわかりやすいものになっているのかと考えた。法律の方が自分が何をすればいいのか分かりやすかった。
L	今回の単元で初めて法令文とそれに関連する文章を読んだ。ただ文章を読むより、法令文を読んだ方がさらに理解できたと思う。また法令文の大切さを改めて知れたと思う。
M	法令文というものはしっかりと根拠に基づいており、その根拠から具体例や全体的な考えというものが書かれているので、そういうことの書かれている語句を見つけ出すことが大切だと思った。二つの文章を照らし合わせることで深い読みができると思いました。
N	生物多様性は大切だということはぼんやりと感じていたのですが、地球の要素を更新しつつ、関係性を維持する役割があるから法律がつくられているということを知って霧が晴れたような気持ちです。どちらの文章にも難しい単語が多かったので、もっと言葉を学びたいと感じました。

【単元全体を振り返って】

生徒	記述内容
O	繰り返されている言葉をベン図でまとめることで、共通している言葉がすぐに分かり、それらの言葉に着目しようとする意識が生まれたので、ベン図は役に立つなと思った。さらに、生物多様性の保全のために私たちができることを表にするとき、「個人」「社会」「生物」「資源」などと場合分けすることで書きたい内容が整理されて書く側も見る側も理解しやすいなと強く感じた。
P	図や表を使って考える学習をして、まとめることで自分の意見が整理され、より深い理解につながると思った。
Q	ベン図は二つの文章の共通点と、それぞれの文の特徴を整理するのに適していて、表は位相を合わせることで誰が何をするのかはっきりするのが良いと思った。
R	ベン図や表を用いて考えたことにより、視覚的に捉えやすく、整理しやすかったです。表は人により分け方が異なり、自分にはなかった発想を得ることができました。表の書き方も工夫して自分なりに良い表を作れるようにしたいです。

Ⅳ 広がるアイデア

1 「比べ読み」教材としての可能性について

本単元は「論理的な文章」と「法令文」の比べ読みの言語活動を核とする実践である。実用的な文章は「法令文」以外にも様々な種類があるが、少なくともこの「論理的な文章」と「法令文」の組み合わせは持続可能なものであると感じている（「環境」に関わる法令だけでも数多く存在する）。ちなみに、本単元を実施した学期末の定期考査では、「労働問題」に関する説明的な文章と「労働基準法」を素材とした問題を出題した。

なお、広く国民生活に関わる法令については、関係省庁から法令のポイントについてまとめた「概要図」や「ポンチ絵」といったものが発行されている。例えば「法令文を読んで概要図を作成してみよう」という課題を与えることで、概要図の作成という言語活動を通して法令文のポイントを読み取らせる学習を展開することも可能である。

論理的な文章と組み合わせることができる他の実用的な文章としては、例えば、「〇〇白書」「〇〇レポート」といった政府系の機関から出されている報告書や関連する新聞記事、都道府県や市町村で発行している広報誌なども十分教材として成立すると思われる。

2 「ベン図」でまとめるときのアイデア

「AIテキストマイニング」というインターネットツールがある（注3）。これは文章のテキストデータを入力することで単語の出現頻度が文字の大きさで、品詞の違いが色で表示されるものである。図6が福岡氏の文章、図7が生物多様性基本法のテキストを入力して出力したものである。

ベン図でまとめる課題を与えた後で、このツールを用いて自分の取り組み内容について分析させることができる。また、品詞のレベルでも整理されるため、例えば、「法令文」では「行う」「努める」「のっとる」などの動詞の出現頻度が高く、逆に「よい」「楽しい」などの形容詞の出現頻度が少ない理由について考えることで、「法令文」という文章の目的や対象などについて考察を深めることもできる。

（遠藤祐也）

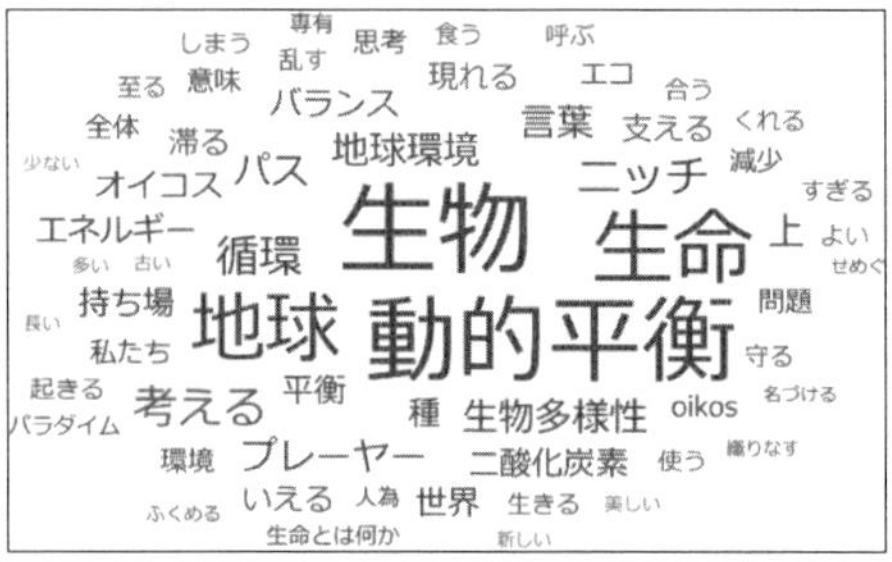

図6：福岡氏の文章

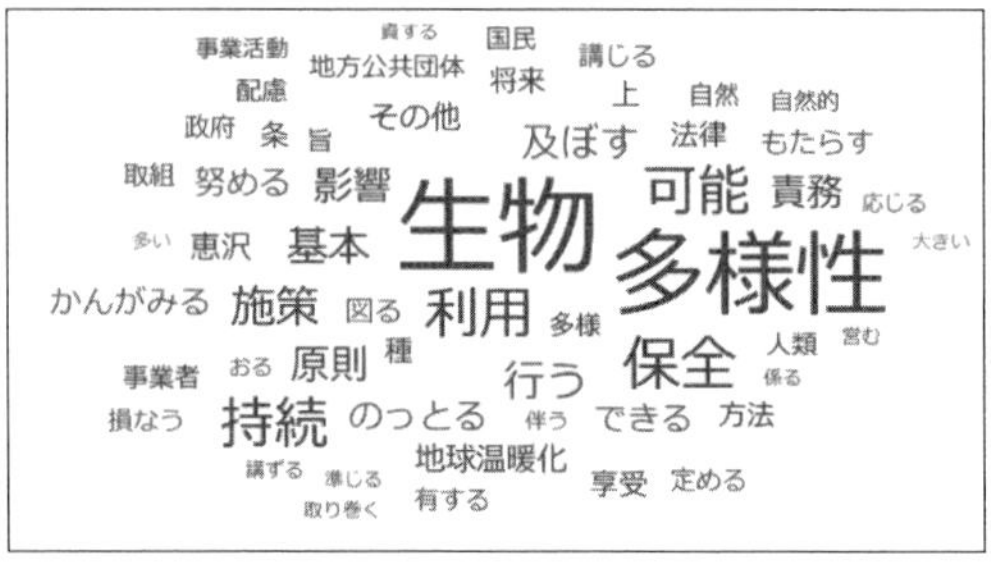

図7：生物多様性基本法

〈注〉

（1）『現代の国語』（大修館書店　二〇二二）所収。出典は、オンラインマガジン『The MIDORI Press』に発表された「生物多様性とは地球の動的平衡――オイコスの美」（https://www.aeon.info/ef/midoripress/jp/column/20121112_post_5.html）。

（2）平成20年5月成立。同年6月施行。なお、法例文の検索・閲覧には、行政情報のポータルサイト「e-Gov」（https://www.e-gov.go.jp/）が便利である。

（3）https://textmining.userlocal.jp/

要旨「動的平衡としての生物多様性」（福岡伸一）

生命は生命内部の分解と合成、摂取と排出の流れによって要素を更新し続ける動的平衡により環境に適応している。地球環境全体もまた動的平衡であり、地球上の生命がそれぞれ物質・エネルギー・情報をつなぐ役割を担って循環が滞りなく行われる状態が地球環境にとっては健康な状態であるが、人間の諸活動に伴う生物種の絶滅はこの地球の動的平衡を乱しているため、生物多様性の保全によって世界に動的平衡を回復しなければならない。

3 現代の国語

資料の比較を通して「判断」の過程に自覚的になる

教材

『事例集「これからの高等学校施設」』(文部科学省)

【思考ツール】 マトリクス/チャート(座標軸ほか)

Ⅰ 単元の概要

1 単元観

本単元の目標は、資料の〈比べ読み〉の活動と、マトリクスやチャートなどの思考ツールを用いながらの推論の活動とを通して、学習者に自身の思考の過程と深まりとを認識させる、つまり「判断の過程に自覚的になる」ことにある。

単元の構想は学習指導要領「内容」の〔思考力、判断力、表現力等〕C読むこと(1)イに依拠しているが、この指導事項において特に注目したのが「自分の考えを深める」という部分である。教材文を読むこと、また活動の中で比べ読みを行うことそれ自体を目的化するのではなく、あくまで学習者の変容を学習者自身と授業者とが一緒に把握することを大切にしたいと考えてのことである。

では、どのようにして「自分の考えを深めること」を把握するのか。その指標として援用する指導事項が、〔知識及び技能〕(2)ウ「推論の仕方を理解し使うこと」である。今回は思考の手立てとして推論を用いることにした。学習者がその手立てを使いこなせたか、また推論を通してどのような考えが形成されたのか、といった観点から評価しようというのがねらいである。

2 本単元における〈比べ読み〉のねらいと意義

推論しながら思考を自覚する、また深めるという目標を設定したとき、日常生活の中でそれに結びつく場面として想定されたのは、複数のプランを比較対照しながら判断の根拠を抽出し、論拠(理由づけ)を構築して一つのプランを選び取る、というものである。ここでいうプランに該当するのは例えば商品案内や旅行計画であるが、目的に応じてより良いものを選択しようと思ったとき、候補を複数挙げて慎重に吟味するのが必然といえよう。一般的に、ここでの判断の重要度が本人にとって大きければ大きいほど、過剰な飛躍を避けること、すなわち妥当性の認められる推論を行うことが必要となる。日常生活に根ざした〈比べ読み〉を起点として展開する活動の中で、推論を通していかに判断の過程に自覚的になれるか、また考えを深められるかという点が本単元の眼目である。

3 教材と学習活動について

比較対照を行うプランが実在の商品だった場合、評価や判断に学習者の好みが少なからず影響しかねない。それなら架空のものを提示すればよいかというと、学習者からすれば切実な問題として受け止めにくい。そこで教材に選んだのが、文部科学省が関わる『事例集「これからの高等学校施設」』である。実在する高等学校施設から複数の事例をプランとして抽出しておき、もし自分の通う学校が改築するとなったらどれをモデルにすべきかを判断するという活動を設定すれば、ここまで述べた構想を反映した単元が実施できるのではないかと考えたわけである。

Ⅱ　指導と評価の実際

●第一次

○単元の目標や進め方を確認し、学習の見通しを持つ。

本単元の進行については、教室のプロジェクターを使ってスクリーンに示したスライドとその印刷物とで情報共有する形で行なった。併せて授業者作成のOPPシート（注1）を配布・回収し、単元開始時点での学習者の課題意識を探った。（その後OPPシートは毎時間末に配布・回収し、学習者にふりかえりを記入させた。）

○平成二十四年版『事例集「これからの高等学校施設」～高等学校施設整備指針の改訂を踏まえて』のうち、所定の四編（四事例）を読む。

教材としての資料を〈比べ読み〉する目的を共有した上で活動に移った。学習者が一人一台保有する情報端末で同じPDFファイルが見られるようにし、教材に選んだ四編を概覧させた。

●第二次

○四編の資料を比較・評価するために用いるべき観点について、グループを作ってブレインストーミングを行う。

一般的なブレインストーミングの原則を示した上で、学習者に四名程度のグループを作らせ、活動を始めた。

○ブレインストーミングを経て自分なりに設定した観点から資料を読み直し、評価をマトリクスに書き込む。

学習者が自分の情報端末で編集できるGoogleスライドのテンプレートを配信し、編集したファイルを使って後から相互発表・相互評価の活動を行うことを予告した上で、マトリクスに必要事項を入力させた。マトリクスは縦に四事例の名称、横に三つの観点が並ぶ形をとったが、観点の数については変更可能と指示した。

○評価の過程と結果を整理し、チャートと発表原稿にまとめる。

前項で言及したスライドの別のページに入力欄を設けておき、学習者に編集させた。チャートは縦軸と横軸とが中点で直交する十字型の座標軸を用意したが、これも変更可能と指示した。

●第三次

○グループを作って互いの考えを発表し合い、質疑応答・合評を行う。

学習者が情報端末の画面にスライドを示して発表する形をとった。全体の進行は授業者が行った。

○合評をふまえ、発表内容について自己評価する。

「判断の過程・結果が聞き手にとって明快だったか。」「根拠と主張との間の『論理の飛躍』はどの程度だったか。その程度の良し悪しはどうか。」「思考ツール（マトリクス、チャート）は使いこなせたか。」の三観点から発表スライドに自己評価を入力させ、ファイルを回収した。

○単元の学習をふりかえり、成果と課題とを把握する。

第一次で言及したOPPシートを配布・回収し、学習者が単元全体をふりかえって認識した成果と課題とを探った。

【単元指導計画表】

1 単元名

判断の過程に自覚的になる

2 単元の目標

(1) 推論の仕方を理解し使うことができる。〔知識及び技能〕(2) ウ
(2) 目的に応じて、文章や図表などに含まれている情報を相互に関係付けながら、文章の構成や論理の展開などについて評価することができる〔思考力、判断力、表現力等〕C (1) イ
(3) 言葉がもつ価値への認識を深めるとともに、生涯にわたって読書に親しみ自己を向上させ、我が国の言語文化の担い手としての自覚をもち、言葉を通して他者や社会に関わろうとする。「学びに向かう力、人間性等」

3 本単元における言語活動

文章と図表とを含む複数の資料を比較、また評価し、その評価の過程と結果とを他者に発表する。

4 単元の評価規準

知識・技能	思考・判断・表現	主体的に学習に取り組む態度
①推論の仕方について理解し使っている。((2) ウ)	①「読むこと」において、目的に応じて、文章や図表などに含まれている情報を相互に関係付けながら、文章の構成や論理の展開などについて評価している。(C (1) イ)	①図表を含む資料の比較を通して、推論の仕方について理解し、複数のプランを評価したり、その過程に自覚的になったりすることに向けて粘り強い取り組みを行う中で、自らの学習を調整している。

5 指導と評価の計画(全4単位時間想定)

次	時	主たる学習活動	評価する内容	評価方法
1	1	• 単元の目標や進め方を確認し、学習の見通しを持つ。 • 平成24年版『事例集「これからの高等学校施設」〜高等学校施設整備指針の改訂を踏まえて』のうち、所定の4編(4事例)を読む。	[主体的に学習に取り組む態度] ①	「行動の観察」
2	2・3	• 4編の資料を比較・評価するために用いるべき観点について、グループを作ってブレインストーミングを行う。 • ブレインストーミングを経て自分なりに設定した観点から資料を読み直し、評価をマトリクスに書き込む。 • 評価の過程と結果を整理し、チャートと発表原稿にまとめる。	[知識・技能] ① [思考・判断・表現] ①	「記述の点検」
3	4	• グループを作って互いの考えを発表し合い、質疑応答・合評を行う。 • 合評をふまえ、発表内容について自己評価する。 • 単元の学習をふりかえり、成果と課題とを把握する。	[主体的に学習に取り組む態度] ①	「記述の点検」

Ⅲ ズームアップ

1 生徒の思考ツール使用例（【第二次】より）

●ブレインストーミングを経て自分なりに設定した観点から資料を読み直し、評価をマトリクスに書き込む。

表1は学習者が授業中の活動を通して編集したマトリクスの一例である。左端の列に縦に四つ並ぶ「A校」から「D校」までの項目は、テンプレートに初めから入力してあり、〈比べ読み〉した資料の各事例に対応している。

学習者が最初に編集するのは、上端の行に横に三つ並ぶ「観点」の枠である。この学習者（以下、「学習者①」）は資料比較対照の観点として「自習環境」「生徒同士、教師との交流の場」「設備の充実度」を挙げている。

ここまで編集が済んだら、あとは各列と各行とが交わる欄に「評価」の文言を入力していく。例えばA校の事例の「自習環境」について、資料から読み取った情報をまとめて「窓辺の席や向かい合った席などのタイプがある。」と入力し、更にそれに対する学習者の評価を述べる、という要領である。なお、『事例集「これからの高等学校施設」』の各事例は、文章だけで説明されているのではなく、校舎の写真や設計図などを含む図表と一緒に紹介されている。したがって資料を読み取る際は図表の情報を自分で言語化する必要がある。具体的な内容については文部科学省のホームページにアクセスし、「学校施設整備方針」のページをたどって参照されたい（注2）。

指導の実際において、「評価」にあたる文言がまとまらな

表1：学習者①マトリクス記入例

観点／評価	自習環境	生徒同士、教師との交流の場	設備の充実度
(1) A校	窓辺の席や向かい合った席などのタイプがある。相席が多く、他生徒との自習が進む。	ラウンジがあったり、廊下から教室の中が覗えるなどオープンな作りで交流を図りやすい。	トラックのあるグラウンドや大講義室などが完備され、授業で十分に活用できる。
(2) B校	いつでも自習ブースが利用でき、パネルのおかげで集中できる。ラウンジとの使い分けも可能で便利。	学校全体で廊下の幅が広く。ラウンジなどもあり、生徒だけでなく教師とのコミュニケーションが進む。	トレーニングルーム、人工芝、ランニングコースにより一年中快適に運動ができる。
(3) C校	記載なし。おそらくラウンジで可能だが、吹き抜けで詩とも多いので難しい。	3つの吹き抜けが階層に合わせそれぞれ異なる役割を持っており、立場を超えた交流が促進される。	プロジェクターなどで大人数の生徒が授業や説明を受けられる。また、パソコンなどの設備も豊富。
(4) D校	リサーチスクエアに机が設けられており、教員室に隣接しているため自習中に質問をすぐできる。	校舎全体が回廊になっており、囲む形になることで交流もしやすい。また、廊下も広く交流も進む。	サイテック・ラボがあり理系教育に力を入れる一方で習熟度別の英語教育などもあり多種多様。

い場合は、後からの判断に関連しそうな情報やキーワードを列記しておくだけでも構わない、と助言した。これは、活動に割ける授業の時間が限られていたことと、マトリクスの編集は判断の過程に位置するものであって最終目的ではないということとをふまえての授業者の措置である。ただ、学習者①の場合は、いずれの欄にも「…難しい。」「…できる。」「…豊富。」といった評語が入力されていること、加えて、単元終了時のふりかえりで「マトリクスを使うことで自分の思考過程が明確になった」と述べていることから、活動の趣旨に沿った取り組みができているといえる。

マトリクスについて、別の学習者（以下、「学習者②」）のものを一つ引用し（表2）、活動の実際について付け加える。

下表を見てまず気づくのは、当初三つに分かれていた「観点」を学習者②が二つに構成し直し、その上で「機能の集約」と「機能の分散」という対極的な観点を設定していることである。これはおそらく学習者②が、最終的に四つの事例から一つをモデルとして選び取ることを見据え、各事例から抽出される情報を抽象化しつつ、思考を整理していった結果なのだろう。

そのような取り組みに付随するのが、それぞれの「評価」の覧に入力された情報の内容である。箇条の先頭に「○」「△」「×」の印があり、それぞれに続く文言は資料から客観的に読み取れる情報となっている。この入力のしかたから窺えるのは、学習者②がマトリクスの枠組みを自分なりに活用し、判断の根拠として使えそうな情報（事実）とそれに対す

表２：学習者②マトリクス記入例

評価＼観点	機能の集約	機能の分散
(1) A校	○生徒ラウンジに雑多な機能を集約（自習、着替え、掲示、昼食） △６つの学群ごとにステーション・その他の施設を分類	○教員室から「生徒からの質問を受ける」機能を分離 ○進路・学習の機能をいたるところに配置（進路資料、テーブル） ×本来の教室機能の分散・喪失
(2) B校	△理科関係の教室を５階にまとめて集約 ○大きな自習室を配置	○生徒の交流スペースを、廊下に沿って幅広く配置
(3) C校	○一つの建物にすべての教室を配置 △高層化によって面積的にも集約 ○フロアごとに似た機能を集約	×校舎のメイン機能以外は南校舎（旧校舎？）に分散していると考えられる。 ○眺望に注目した配置
(4) D校	△中学・高校の理科関係の教室を集中配置 △人の往来をメディアセンターに集約 ○実験の機能をサイテック・ラボに集約・拡大	×建物は８つに分散

る自分の評価（意見）とを峻別しながら思考していたということである。

　単元終了時のふりかえりで、学習者②がマトリクスを「純粋な観点に沿った特徴の列挙」に「活用した」と述べているが、それはここまで述べてきたような思考の整理とその自覚を、思考ツールの援用を通して果たしたことを反映しているといえるのではないか。

●評価の過程と結果を整理し、チャートと発表原稿にまとめる。

　次に引用するのは、前項と同じく第二次で学習者が編集したチャート（座標軸）の例である（図1）。思考ツールとしてマトリクスだけでなくチャートも採り入れたのは、モデルとする事例を一つ選び取る過程において、各事例の位置付けを明らかにすることが求められると考えたからである。また、チャートという図にすることで、学習者が思考を自覚しやすくなるはずだという目論見もあった。

　テンプレートには十字型の軸のみ用意しておき、学習者が付記すべき事柄についてはテキストボックスなどを挿入してもらう形をとった。なお、実際の学習活動ではGoogle スライドのスピーカーノート（メモ機能）に発表原稿を作成させているが、ここでは思考ツールの使用例のみに触れる。

　最初に挙げるのは前出の学習者①が編集したチャートである。マトリクス編集時に入力した「観点」のうち「自習環境」と「設備の充実度」とがそれぞれ縦軸と横軸に設定され、更に「良」「悪」の標記がなされていることから、観点の優先順位（あるいは抽象化による統合）と各事例の位置付けという、判断の過程と結果とが分かるようになっている。

　付言すべきは、学習者が通う「本校」をチャートの中央に位置付けたことである。教材とした資料に「本校」の事例は掲載されていない。しかし、単元終了時のふりかえりで「チャートでは中心を『本校』にすることで同じ『本校』に通っている聞き手に取っては想像しやすく、納得しやすいものだったと思う。」「自分はチャートの中心を『本校』にしたとこ

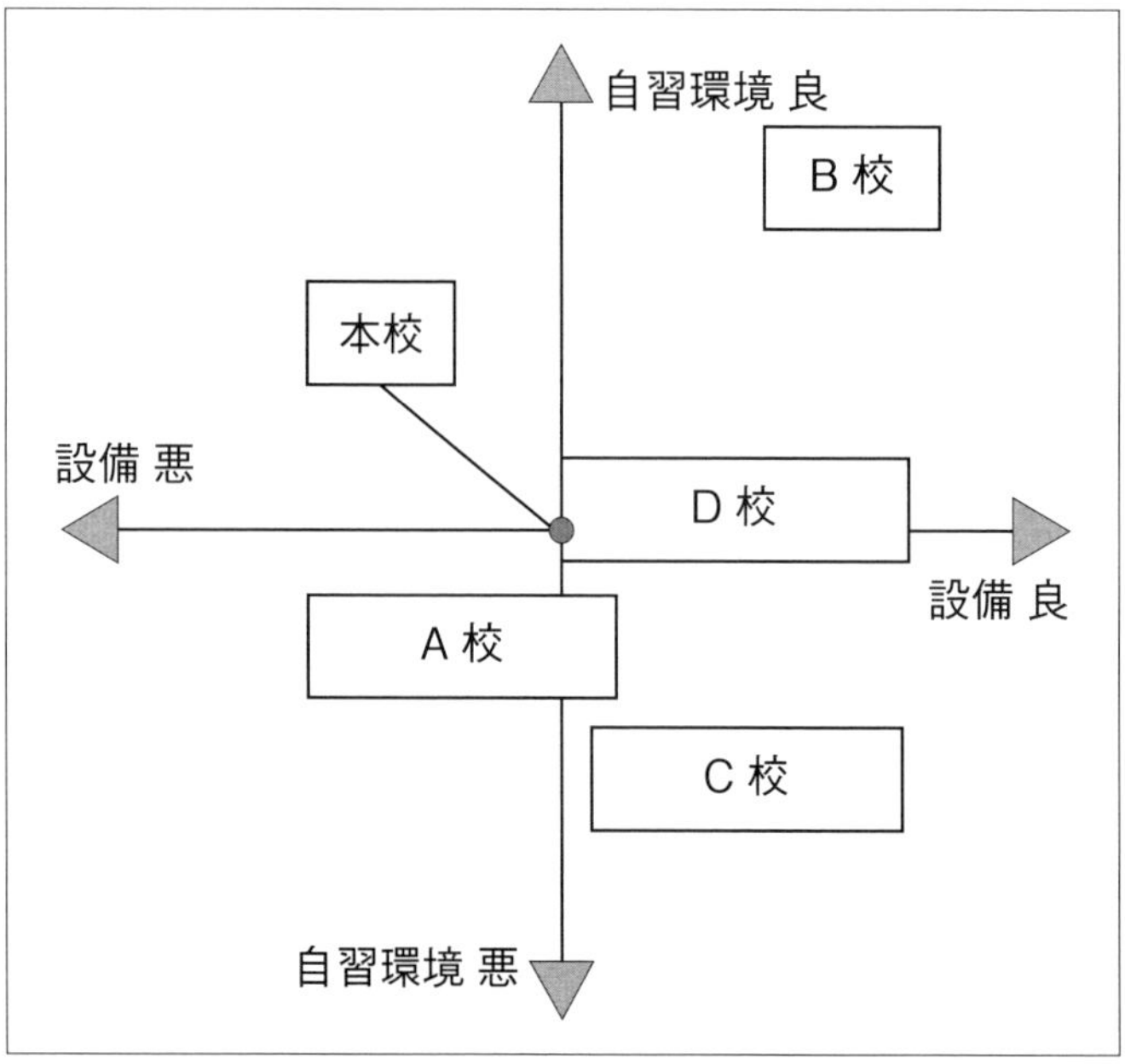

図 1：学習者①チャート記入例

ろが一番の工夫点で、聞き手にもわかりやすいと評価してもらえたので良かった。」と述べており、思考ツールの活用が奏功したことが窺える。

　ここから先、活動の実際について少しだけ補足する。チャートに関してはほぼ全員が学習者①と同様に十字型の枠組みをそのまま使用していたが、中には枠組み自体に手を加えて活動する者もいた。★①そのように取り組んだ別々の学習者（以下、「学習者③」「学習者④」）の例を引用し（図2・3）、授業者によるテンプレート作成へのアイデアという意味も兼ねて紹介する。

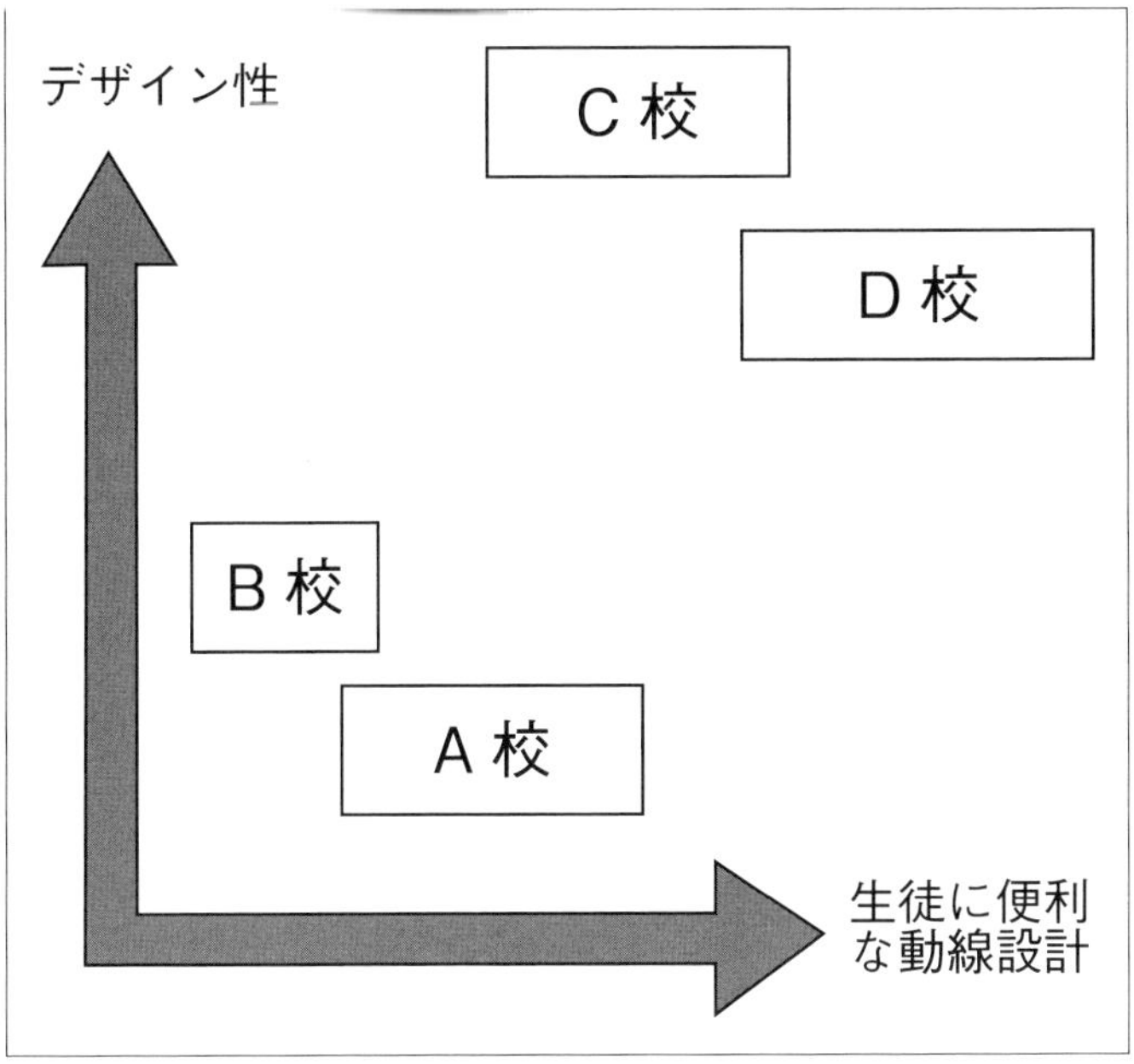

図2：学習者③チャート記入例

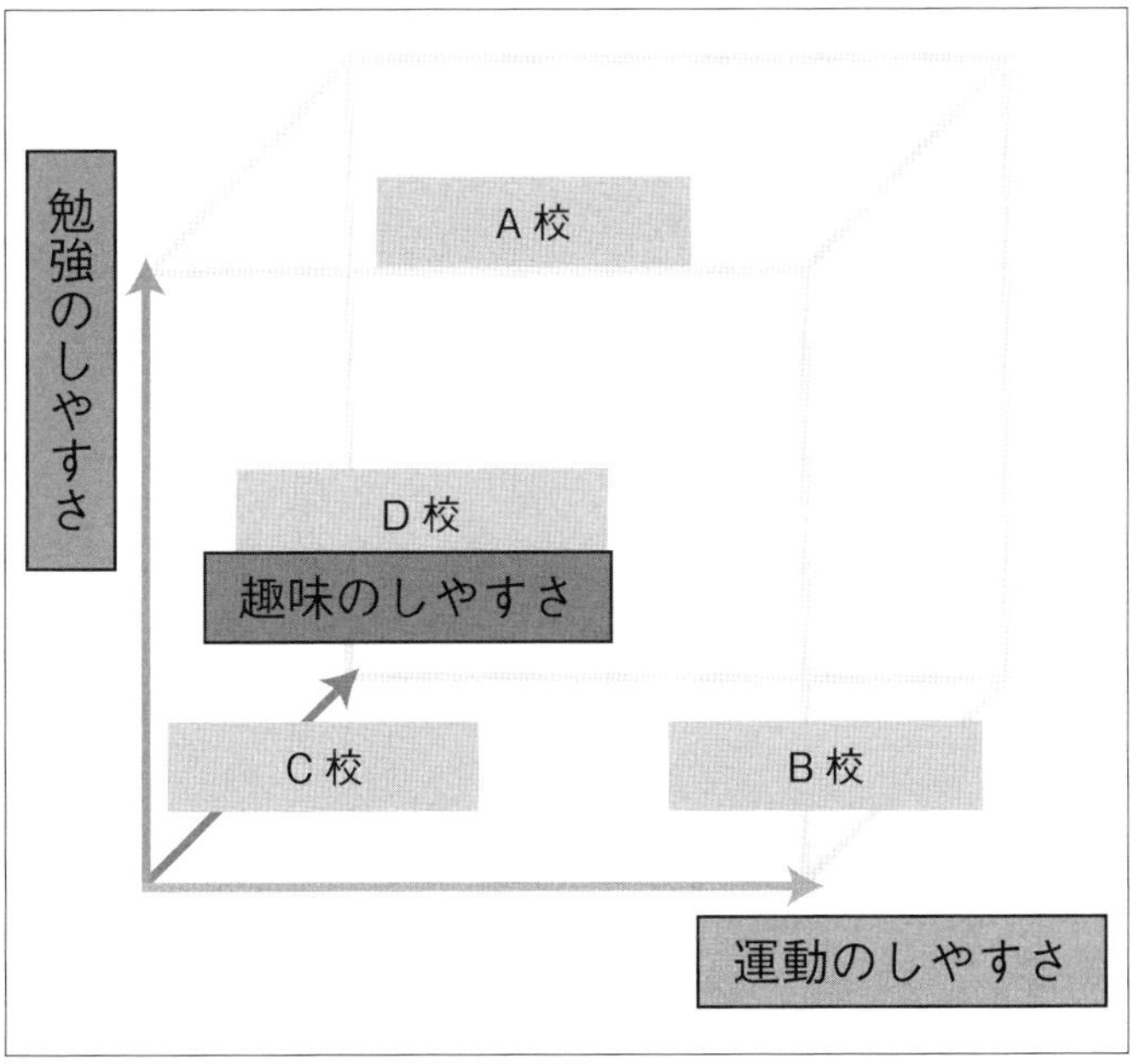

図3：学習者④チャート記入例

　十字型だったチャートをL字型に構成し直したのは学習者③である。事例を評価するための観点を絞り込むことができていれば、どうしても十字型を維持しなければならないわけではない。そのような状況で学習者が内省し、枠組みそのものを捉え直すことを試みたのであろう。単元終了時のふりかえりで学習者③が「チャートは基本の形と違うまとめ方をしたが、伝えたかった情報が一覧性の高い状態で示せた。」と述べているように、本人は活動の成果を実感している。思考

★①ここがポイント！

実際に、本単元の授業を拝見した際にも、何名かの学習者は与えられた思考ツールを柔軟に捉え、整理・分析のために工夫しながら使っていました。頭の中の見えない思考がいかに動いているかがよくわかる事例です。

の整理と自覚、そして表現のためには、授業者が一つのテンプレートにこだわりすぎず別の形を認める、あるいは用意しておくのがよいだろう。

最後に学習者④の例を挙げる。評価の観点が三つであったことから、平面ではなく立体的なチャートの構成に挑戦している。図表を見やすく仕上げるための技術が求められるため、学習者全員一律にテンプレートとして与えることには慎重になるべきであるが、学習者が自らの必然によって選んだときには歓迎したいアイデアである。

2 指導目標・評価規準と関連した実践の振り返り、〈比べ読み〉の効果と課題

●【知識・技能】

この項目は、学習者が編集して提出したスライドから見て取れる発表内容と活動の自己評価とをふまえて述べる。

スライドから窺える発表内容によると、最後まで判断を下せなかったという学習者はほとんどいなかったため、「自分の考えをまとめる」という〝結果〟の点においては全体的に授業者として満足できる水準の取り組みがなされたといえる。この要因としては、教材として扱った四つの事例の内容の差が小さくないことや、学習者の活動に長めの時間を設けたことなど様々な可能性が思い浮かぶ。いずれにせよ困難な状況は生じにくかったということであろう。

一方、その〝結果〟を「推論の方法を生かして」導くという点においては課題を自覚した学習者が一定数いた★②ようで、「チャートの位置決定に関する根拠と主張の間に論理の飛躍があったかもしれないと思った。自分の頭では整理できていても、それを文章にできなければ相手に主張が伝わらないので、根拠と主張を細かくつなげる部分を作るべきだった。」という記述がその例である。ここには、論理性における瑕疵を完全になくすのは難しいという見方がはたらいたものと思われる。

ただ、判断に論理の飛躍が含まれていたとしても、その飛躍が過剰なものだったか否かをふりかえる目安として思考ツールが機能した、という主旨の記述も散見されたことは、今後思考ツールの使い方を検討するために記憶しておきたい。

●【思考・判断・表現】

この項目も前項と同じ手法で考えをまとめる。

発表スライドの編集では、ここまで例示してきた思考ツールだけでなく、「判断の過程と結果」を短い文章にまとめるという作業も課した。評価規準の「評価の結果だけでなくその過程を明示する」という点に照らしたとき、判断・評価の言語化は不可欠だと考えたからである。

この言語化について、例えばある学習者（以下、「学習者⑤」）は観点に「開放的／閉塞的」「効率的／非効率的」を設定した上で、「私はD校の校舎をモデルとして採用したい。この学校の校舎は、周囲の建物と回廊で繋がれていたり理科実験室が中学、高校どちらからも近かったりと、建物間のアクセスが良い。またサイテック・ラボと呼ばれる広く天井の高い特別教室もある。このように効率性と開放感が共存して

★② ここがポイント！

演繹と異なり、帰納的な推論は「飛躍」を伴います。このことに「自覚的になる」ことこそ本実践の本丸であり、こうした学習者の振り返りからは、一連の学習活動の成果が窺えます。これまでの高校国語では、こうした点について十分に手が届いていませんでした。本実践からは、「推論の仕方」をどのように位置付けるか、について多くのヒントを与えてくれます。

いることからこの校舎をモデルとして採用した。」と綴っており、推論とその結果とが明らかになっている。発表後の自己評価で「判断の観点を明確に示してそれらの観点を満たす学校を選ぶという、わかりやすい流れで発表することができた。」と述べているが、言語化の作業が思考の整理・自覚に寄与したものと考えられる。

学習者⑤に限らず、ほぼ全ての学習者が必要事項の入力を済ませていた。前掲の評価規準からすると、精度の差こそあれ、満足できる取り組みがなされたといえる。

●【主体的に学習に取り組む態度】

この項目は、OPPシートに見られる単元全体のふりかえりの記述内容をふまえて述べる。

OPPシートを用いての単元ごとのふりかえりに慣れているということもあり、丁寧に「単元の学習を通して得た成果と気づいた課題とをそれぞれ言語化し、次に取り組むべきことについて見通しを持つことができている」学習者が多かった。ここでは学習者による記述を二例挙げるのみに留める。

▼まず、成果は、判断のプロセスを明確化する方法を知れたことだと思う。これまでの自分は、何かを判断する際に頭の中だけで判断してしまい、あふれる情報量に混乱し、判断の道筋を見失ってしまうことが多くあった。今回実践したマトリクスやチャートは、情報整理を可視化した状態で行えるため、判断過程が非常にわかりやすくなったように感じる。次に、課題については、思考のツールを使う場合は十分に気をつける必要があることが挙げられる。例えば、チャートはとても役に立つものである一方で、二つの対立する二項でしか物事を評価することができず、その他の重要な観点を見失ってしまう可能性もある。この点を頭に入れながら有効的に思考ツールを使用するようにしたい。

▼思考ツールを用いることで、後で自分の思考過程を思い出せるのはもちろんのこと、いま自分に何をどういう観点でどこを重視して判断や比較をしているのかを明確にでき、自分の軸を立てることができるツールだと気づいた。課題は、このような便利な思考ツールは、今回は最初から提示されていたが、たくさんの種類から選ぶことが大変だと思う。ある程度、評価する観点や重視するポイントについて見通しを持つことが大事になってくると思う。また、自分で観点を作るとき、観点が独り歩きしないように詳細に決めておくことも大事だと思った。つまり、判断をすることは判断をするところよりもその判断をする準備のほうが判断の結果を大きく左右すると思った。

●【〈比べ読み〉の効果と課題】

この項目についてもOPPシートに見られる単元全体のふりかえりの記述内容を参照するが、加えて学習活動の様子の観察結果もふまえて述べる。

授業者として本単元をふりかえったとき、学習者の取り組みを見る限り、〈比べ読み〉は目的でなくしかるべき手段として機能し、その効果を発揮したと考えられる。これは授業者の感慨に留まるものではなく、ある程度学習者にも浸透していたようで、ＯＰＰシートには〈比べ読み〉の意義に通じる記述が散見された。三例挙げる（傍線筆者）。

▼複数の選択肢から「良いもの」を選び出すとき、人によって選んだものが異なるのは、判断基準や過程が異なるからだということが今回の単元を通して、目に見えて明らかになった。存在する正しい根拠と情報から評価をするということを心がけていきたい。

▼複数の事例をそれぞれ調べた上で、より良い判断を下すためには様々な観点を設けるべきで、そこで必要となる、多角的なものの見方が非常に大事なのだなと感じた。また、根拠を論理の飛躍を意識しつつ、自分の中で重要とする判断のプロセスを持っておくべきだと思った。

▼この単元で得た成果としては、偏りのない視点で複数のものを比較・評価できるようになったことだと思う。複数のものを評価する際に、共通点を探してしまうとその差は見つからないので、相違点を探してその観点から比較してみることではじめて各々の特徴を見いだせると思った。ただ、課題として、どうしても自分で評価の観点を決めると主観が入ったものになってしまうことが挙げられるので、ある程度抽象的な観点を定めるのがよいと思った。

一度実践した単元の改善を考える際、これらの記述内容を手がかりとして計画を練り上げるようにしたい。

他方、〈比べ読み〉の課題としては教材の選定が大きなものとして残った。というのも、学習活動の様子を観察するに、当然ながら学校施設の資料に初めて触れるという学習者が多く、活動の趣旨は理解したにせよ唐突に感じたり戸惑ったりという様子が少なからず見受けられた。つまり、この資料を教材としたからこそ学習意欲が喚起できた、とは言い難いのである。今回の教材選定については「Ⅰ 単元の概要」3で述べているが、検討に課題を残すと言わざるを得ない。現時点で考えられることについては、後項「Ⅳ 広がるアイデア」で言及する。

Ⅳ 広がるアイデア

本単元を振り返って、同様の指導事項を取り上げて〈比べ読み〉を行う場合の様々なアイデアを提案する。

1 教材について

本単元の実践では学校施設に関する資料を扱ったが、「Ⅲズームアップ」で述べたように、これが最適だったとするには再考の余地がある。複数のプランについて比較対象を通して評価し、一つを選び取る判断をするという活動に相応しいものとしてどのような資料を用意すべきか。検証には実践を待たなければならないが、試みに候補を二つ挙げる。

●各自治体が発行する修学旅行プランのパンフレット

もし修学旅行の行き先を旅行参加者である学習者が決めることができたら、という設定で資料の〈比べ読み〉を行うという案である。選び取る行き先に学習者の好みが反映してしまうおそれはあるが、その点は思考ツールによって推論に基づく判断を促したい。パンフレットは実物を取り寄せなくても、関係団体のホームページからデータをダウンロードして使用できる、というケースもある。

●日本政府がパブリック・コメントを募集している法案の新旧対照表

「e-Gov パブリック・コメント」のホームページ(注3)にアクセスし、法案の新旧対照表を〈比べ読み〉の複数の資料として扱う案である。法案の内容によっては学習者にとって切実な問題として受け止めてもらえるだろう。思考ツールを援用するだけでなく、コメントをするための判断に必要な情報を集めて整理するという活動を組み込むこともできる。

2 思考ツールについて

左図はある学習者が本単元の第2次で作成したチャートであるが、一般にレーダーチャートと呼ばれるものである。授業者としては想定していなかった形であるが、こちらの方が活動における評価・判断がしやすいと考える学習者がいたのは事実である。授業者がテンプレートを用意する際の一つの案としても参照されたい。

（赤松幸紀）

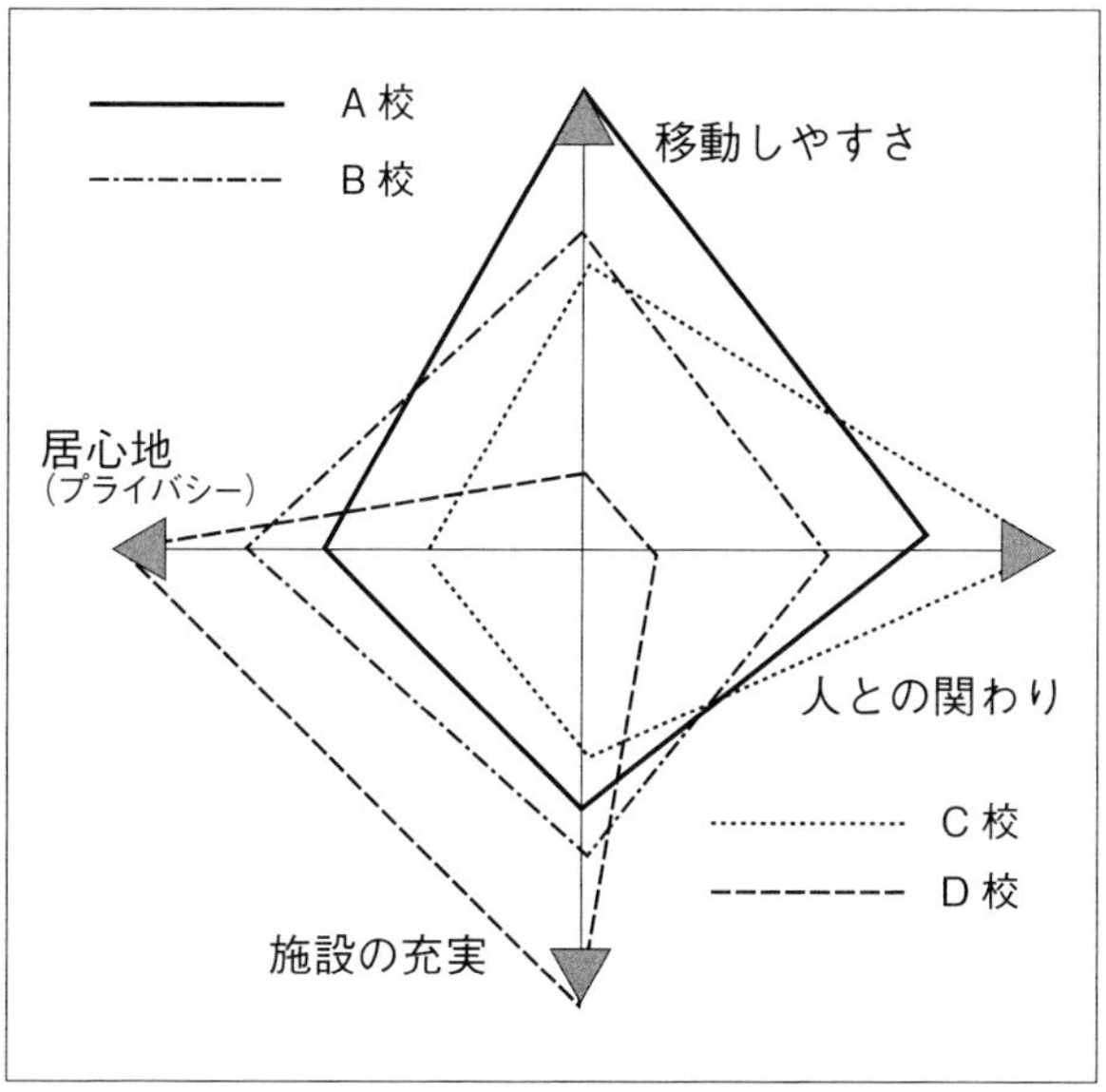

図4：レーダーチャート記入例

〈注〉

（1）「ＯＰＰシート」は堀哲夫氏が開発したＯＰＰＡ（One Page Portofolio Assessment）を実践するための教材。堀哲夫『新訂　一枚ポートフォリオ評価ＯＰＰＡ　一枚の用紙の可能性』（二〇一九年、東洋館出版社）でＯＰＰＡは「教師のねらいとする授業の成果を、学習者が一枚の用紙（ＯＰＰシート）の中に学習前・中・後の履歴として記録し、その全体を学習者自身が自己評価する方法」と定義されている。関連文献は右掲書の他に、中島雅子『自己評価による授業改善　ＯＰＰＡを活用して』（二〇一九年、東洋館出版社）や、堀哲夫監修・中島雅子編著『一枚ポートフォリオ評価論　ＯＰＰＡでつくる授業』（二〇二二年、東洋館出版社）がある。

（2）https://www.mext.go.jp/a_menu/shisetu/seibi/1321158.htm

（3）https://public-comment.e-gov.go.jp/servlet/Public

4 言語文化

同一作者の作品を読み比べて特徴と魅力を見つける

教材
「青が消える」（村上春樹）
「夜中の汽笛について、あるいは物語の効用について」（村上春樹）

【思考ツール】 ステップチャート／コンセプトマップ／同心円チャート／マトリクス

Ⅰ 単元の概要

1 単元観

本単元では、同一作者による短篇を〈比べ読み〉し、作者の作品の特徴と魅力をまとめる。学習指導要領「言語文化」の〔知識及び技能〕(2)カ、〔思考力、判断力、表現力等〕B(1)ウの「文章の構成や展開、表現の仕方、表現の特色について評価すること」につながるよう実践を行った。

もちろん二つの短篇のみで、その作者の作品の特徴や魅力を網羅できるわけではないが、それらを整理しようと試みることにより、登場人物、文体、主題といった、作品を織りなす様々な表現をメタ認知することができると考えた。こうしたメタ認知により、今後他の作者の文学作品を読む際にも応用することのできる資質・能力を育みたい。

2 本単元における〈比べ読み〉のねらいと意義

ある作者の作品の特徴を見出すためには、一作品だけを読むというのでは不十分である。他作品と〈比べ読み〉をすることによってはじめて、登場人物、文体、主題等の共通点、相違点が明らかとなり、そこから特徴を発見できると考える。

また、作者の作品の特徴を発見することで、どのような魅力があるか考えやすくなり、文学作品を楽しみ、味わう力も涵養することができるのではないだろうか。

〈比べ読み〉によって、作者の特徴を抽出する過程で、文学作品を織りなす要素をメタ認知するとともに、魅力を味わうことも目指したい。

3 教材と学習活動について

村上春樹による「青が消える」[注1]と「夜中の汽笛について、あるいは物語の効用について」（以下、「夜中の汽笛」とする。）[注2]は、両者とも、作品全体が寓意で覆われており、多様な解釈ができる。これまでの授業にて、読みに「一つの答え」があると思い、「答えを待つ」受け身の生徒に、そうではないことを実感してもらいやすかった。また、人物の心情を表したり、時には主題にも関わったりするような長く、そして繰り返される比喩表現が顕著で、比喩の解釈も「一つの答え」はないため、生徒各自が意味を見出さなければならず、主体的な読みを可能にした。

多様な解釈ができる両教材の読みを整理する際に、今回「ステップチャート」、「同心円チャート」等、多種の思考ツールを用いて、生徒が主体的に読むことと、「一つの答え」に導いていかないようにすることを常に意識した。

特に、思考ツール「マトリクス」を用いたワークシート（後述）では、両作品を比べながら自分なりに作品を解釈する部分が多く、密度の濃い学習活動となった。

Ⅱ　指導と評価の実際

●第一時

予め事前課題で、「登場人物」「表現」「世界観」「『青が消える』は何の象徴か」という点に関して、気づいたことを初読の感想としてまとめさせている。

あらすじをステップチャート、人物関係図をコンセプトマップでまとめ、読解する（56ページ図1・2・3を参照）。

これまでの読解では、生徒の中には「一つの答え」があると思い、教師が発問しても、「答え」を待つような受動的な姿勢でいる者がいた。そこで、本単元を通じて、思考ツールを用いて、主体的に小説を読解しようとしたり、深く細かく読むことによって、解釈が多様に分かれることを実感したりできることを狙った。

第一時では、三種類の思考ツールを紹介するとともに、生徒に記入させて、まとめたり考えたりさせた。

●第二時

「青が消える」の「青」と「青が消えた」ことの意味や象徴を、同心円チャートを用いて、まず個人で考えさせた。そこから、作者がこの作品に込めたメッセージも書かせた（57ページ図4を参照）。

そののち、グループで各々の考えた解釈を共有させることで、解釈の多様性を実感させた。

授業の最後には、初読の感想と比べさせたところ、多くの生徒が、「はじめは何を言っているのかわからなかった。ただ青が消えただけの話だと思った。しかし、思考ツールを使ったり、他の人の考え方を知ったりして、解釈の深さを知れた。面白かった。」という感想を記していた。

●第三・四時

第三時からは、「夜中の汽笛」を読み、第一・二時でインプットしたあらすじをステップチャート、人物関係図をコンセプトマップ、比喩表現と「夜中の汽笛」の意味をピラミッドチャートと同心円チャートで整理するという流れをグループごとにワークシートにまとめさせることで、アウトプットの過程を経るようにした。

第四時では、各グループのワークシートをスクリーンに大きく映しながら、それぞれ発表させた。

「夜中の汽笛」は「青が消える」よりも短く、内容もそこまで複雑でないことから、教師がすべてを説明することなく、第一・二時で学んだチャートや考え方を活用して、主体的に読解できていた。

●事後課題

「『青が消える』と『夜中の汽笛』を読み比べながら、共通点と相違点から村上春樹作品の特徴や魅力について述べる」という課題を出し、マトリクスにまとめさせたのち、それを文章化させた（59ページ図5を参照）。

多くの生徒が、比べる過程で、共通点・相違点を捉え、内容を深く読むとともに、自分なりの解釈を持って、最終的に文章化させることに成功していた。

【単元指導計画表】

1 単元名

同一作者の作品を読み比べて特徴と魅力を見つける

2 単元の目標

(1) 我が国の言語文化への理解につながる読書の意義と効用について理解を深めることができる。〔知識及び技能〕(2) カ
(2) 文章の構成や展開、表現の仕方、表現の特色について評価することができる。〔思考力、判断力、表現力等〕B (1) ウ
(3) 言葉がもつ価値への認識を深めるとともに、生涯にわたって読書に親しみ自己を向上させ、我が国の言語文化の担い手としての自覚をもち、言葉を通して他者や社会に関わろうとする。「学びに向かう力、人間性等」

3 本単元における言語活動

同一作者（村上春樹）による短篇を比べて読み、特徴と魅力をまとめる。

4 単元の評価規準

知識・技能	思考・判断・表現	主体的に学習に取り組む態度
①我が国の言語文化への理解につながる読書の意義と効用について理解を深めている。((2) カ)	②「読むこと」において、文章の構成や展開、表現の仕方、表現の特色について評価している。((1) ウ)	③現代小説を比べて読むことを通して、読書の意義と効用を理解し、作品の特徴を捉えることに向けて粘り強い取り組みを行う中で、自らの学習を調整している。

5 指導と評価の計画（全4単位時間想定）

次	時	主たる学習活動	評価する内容	評価方法
1	1	•単元の目標や進め方を確認し、学習の見通しを持つ。 •「青が消える」を読み、構成展開や人物、表現等を把握する。 •思考ツールを用いて、展開や登場人物、比喩表現等の寓意性を的確に捉える。	［知識・技能］①	「記述の点検」
2	2	•「青が消える」の「青」や「青が消えた」ことの意味や象徴を考える。 •グループで自分の解釈を共有し、多様な解釈があることを実感する。	［思考･判断･表現］① ［主体的に学習に取り組む態度］①	「行動の観察」 「記述の分析」 （ワークシート①）
	3	•「夜中の汽笛」を読み、第1・2次で学んだことを生かしながら、思考ツールを用いて、展開や登場人物、比喩表現等の寓意性を考える。 •グループで、各自の解釈を共有し、レジュメを作成する。 •グループ毎に発表する。	［思考･判断･表現］①	「行動の観察」 「記述の分析」 （ワークシート②）
3	4	•マトリクスを用いて、テーマ・主題／人物／比喩等各項目を〈比べ読み〉させ、作品の特徴と魅力をまとめる。 •単元全体の学習の振り返りを行い、作品の特徴や魅力を確認するとともに、今後の文学作品の解釈に生かす。	［思考･判断･表現］① ［主体的に学習に取り組む態度］①	「行動の観察」 （発表）
事後課題	—	•「青が消える」と「夜中の汽笛」の比べ読みをするためのマトリクスのワークシートをまとめる。 •ワークシートをもとに、村上春樹作品の特徴と魅力を文章化する。	［思考･判断･表現］① ［主体的に学習に取り組む態度］①	「記述の点検」 （ワークシート③）

Ⅲ　ズームアップ

1　思考ツール使用の実際

学習指導過程で用いた複数の思考ツールは、主に黒上晴夫他「シンキングツール～考えることを教えたい～（短縮版）」（NPO法人学習創造フォーラム、二〇一二）で紹介されているものを用いた。以下、どのような思考ツールを用いたかについて、授業で使用したワークシートを見ながら述べていく。

①ステップチャートで「僕」の行動を整理する

「青が消える」の「僕」の行動を時系列で整理するとともに、「四つの場面」に区切ることも行わせ、展開と構造を大まかに摑ませた。（図1）

②コンセプトマップで人物関係図を作る

コンセプトマップは、人物関係を摑むのに最適なツールである。人物を○で囲み、関係線を引いて関係を記入する。人物を囲っている○を、さらに大きい○で囲むといった構造にすることもできる。

図2は、教師が例として「青が消える」の人物関係を示したものである。図に整理することが得意な生徒は、すぐに図3のように、他の要素も盛り込んだ、より詳細な人物関係図を書くことができていた。

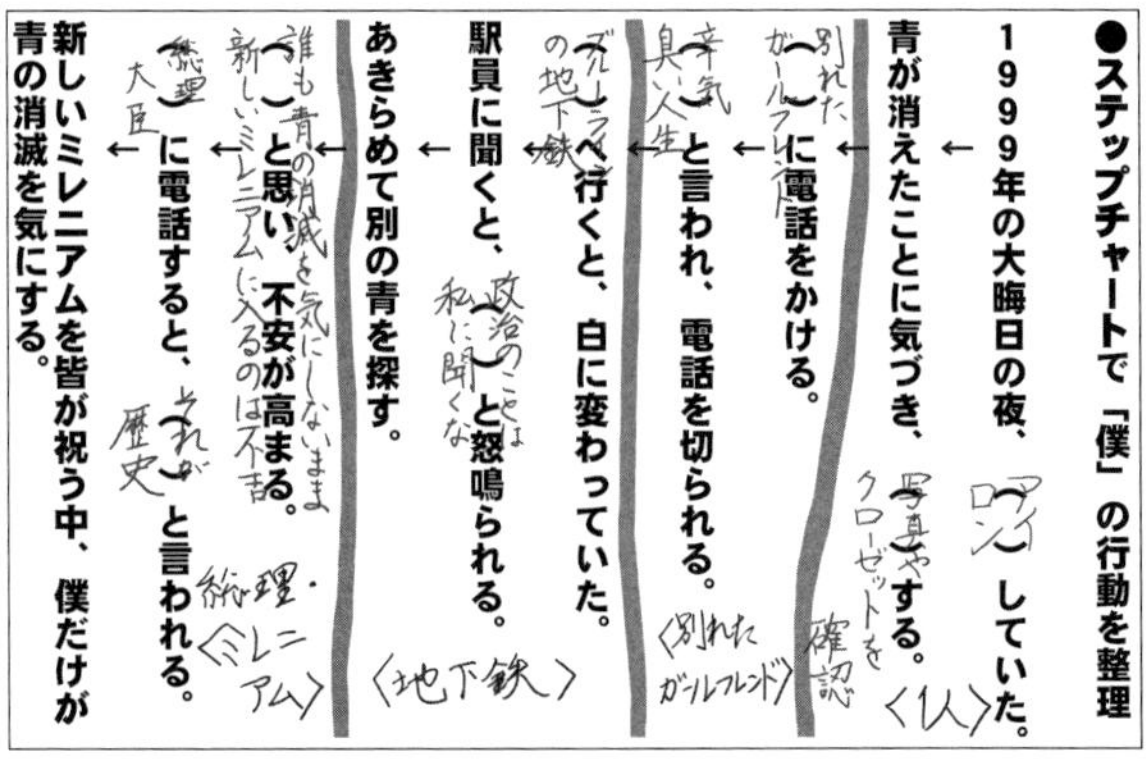

図1：ステップチャート

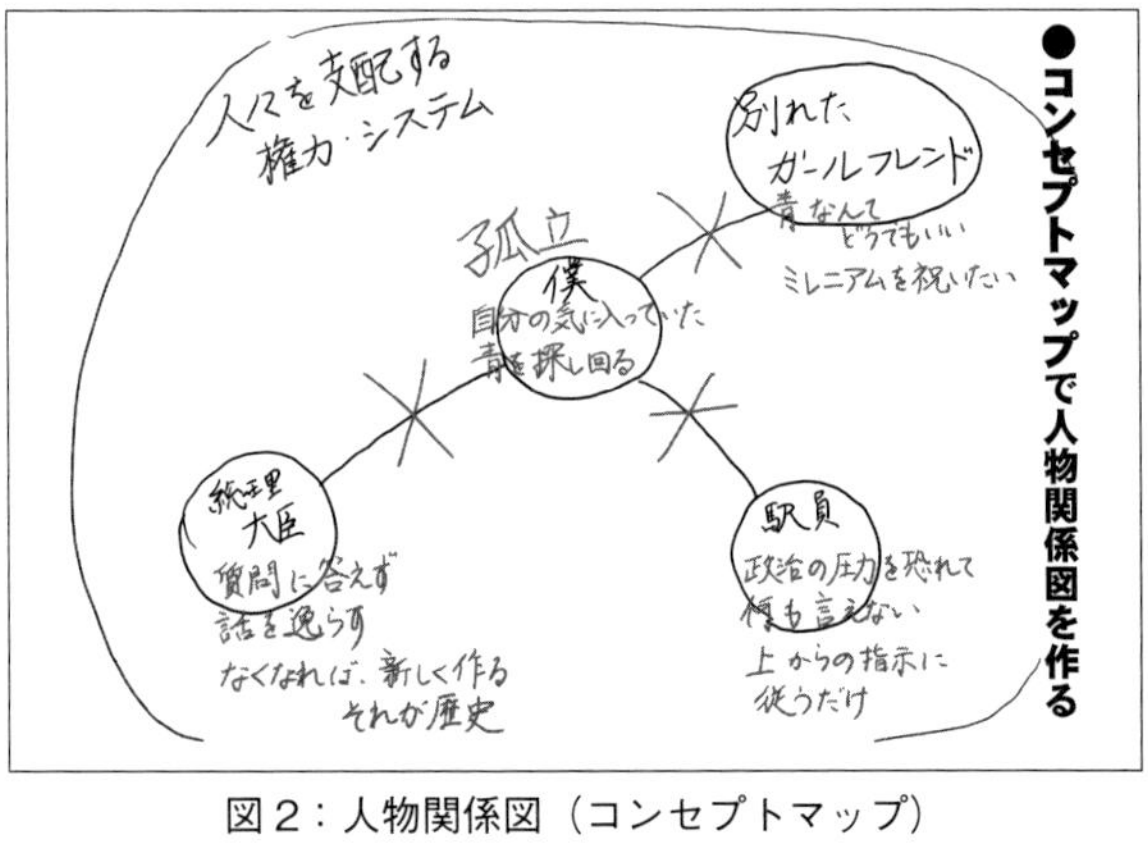

図2：人物関係図（コンセプトマップ）

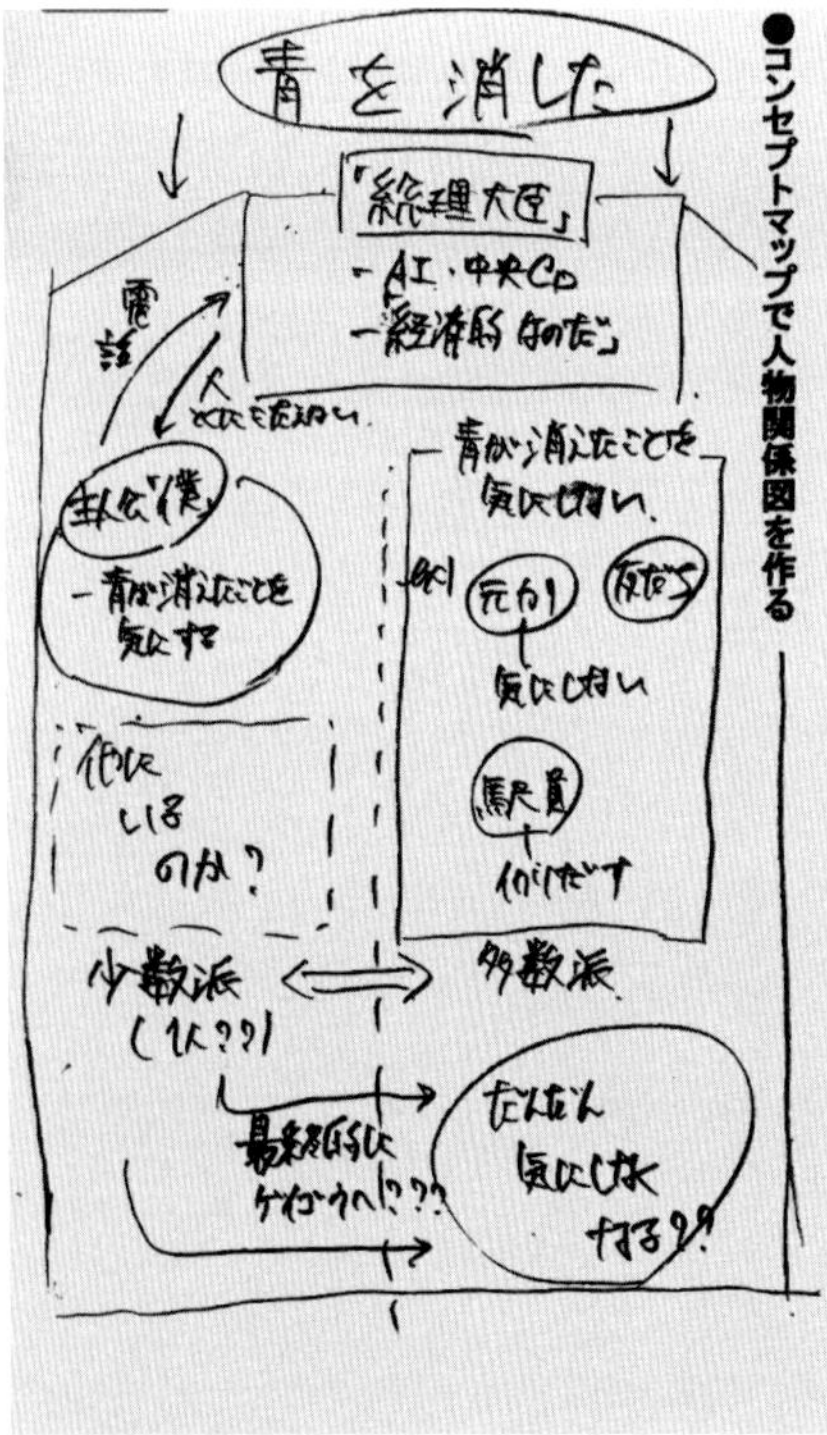

図3：人物関係図（コンセプトマップ）

③同心円チャートで色の意味を考える

同心円チャートは、中心の輪が一番抽象度が高くなり、一番外側に具体的な事例をたくさん書き入れる。抽象化させたければ、外側から始め、具体化させたければ内側から始める。

今回は、「青が消える」に登場する消えた「青」と青に取って代わった「白」を対比させるように、真ん中で二分したワークシート（図４）を用いた。

本来、内側に向かって抽象度が高まるという構造図のため、「本文中の表現」とそれぞれの色は「何のことを言っているのか」は逆の位置にすべきであったことを先に申し添えておく。

ワークシートには、同心円で見つけたそれぞれの色の意味を踏まえて、そうした意味を持つ青が消えるということから、自分では作者のどのようなメッセージを受け取ったのかを書かせた。

これをグループで見せ合い、他のクラスメイトの解釈もメモできる欄を設けた。

今回、初読の感想を書かせてから授業に臨んでいたため、授業を踏まえた上で、初読の読みからどのように変わったかについてもふりかえらせた。

なお、「青が消える」で各思考ツールの使い方・書き方・考え方を習った後、「夜中の汽笛」においても自力で同じ思考ツールを用いて読ませた。これにより、インプット・アウトプットの指導過程をたどることができた。

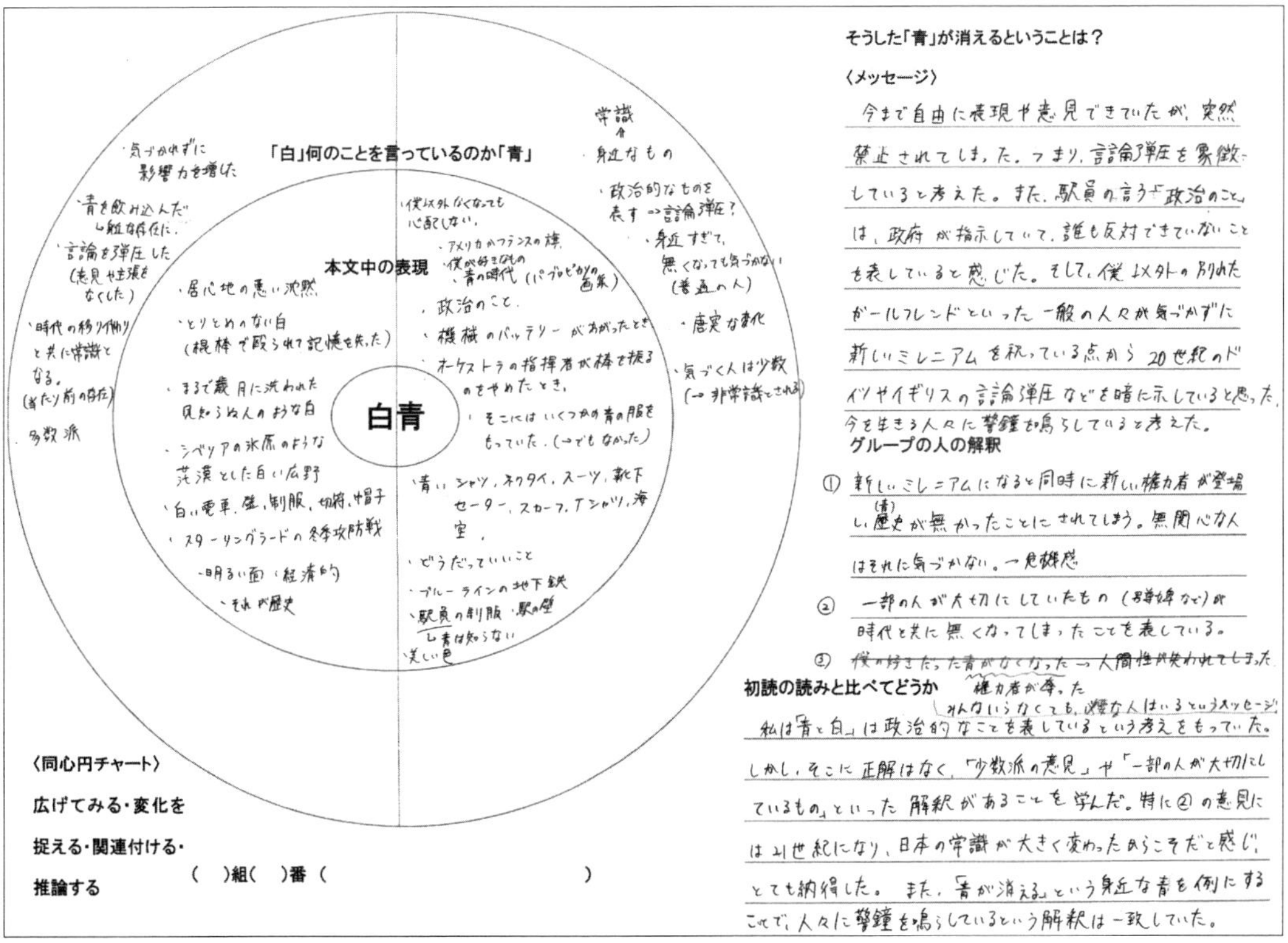

図４：同心円チャート

④マトリクスで二つの作品を比べる

マトリクスは、多面的に見ながら、比較する際に非常に役立つ思考ツールである。

今回は、ワークシート（図5）のように、縦軸にある「テーマ・主題」、「僕」、「彼女」、「話の展開」、「比喩表現」、「受け取ったメッセージ」（小説を読んでみて、自分が受け取った作者のメッセージ）、「その他」という小説を構成する要素について、横軸で比較できる仕様となっている。

メリットは、まず小説の要素をメタ認知できることである。縦軸の観点で、両者の作品を比較する中で、通常の読解指導では、それぞれの観点に埋没しがちであるところを、プリント一枚ですっきりと捉えることができる点が魅力といえる。

また、実践してみて、生徒から、空欄を埋めていく作業が楽しい、だんだんと深い意味が自分で見つけられるので楽しい、気づいたら何回も読んでしまい、2時間も経っていた、といった、没頭してしまうほど楽しめる学習であったという声がいくつも上がり、その点も大きな魅力といえよう。★①

生徒には、マトリクスで両者を比較しながら、各項目について整理させた後、各自任意に項目を三つ選ばせ（例：テーマ・主題／比喩表現／受け取ったメッセージ）、三つの項目の「青が消える」と「夜中の汽笛」の共通点と相違点を簡潔にプリントの下部にまとめさせた。この共通点と相違点から考えた自分なりの村上春樹作品の特徴と魅力について論じるという事後課題を出し、最終的には定期考査にそれらをまとめた文章にする問題を出した。以下、生徒がまとめた文章を引用する。

【生徒A（原文ママ）】

今回、「青が消える」と「夜中の汽笛」を読み比べて、両者ともに物語性や思考の深さ、特徴的な比喩が印象的だった。特に人物、比喩表現が特徴的であったと思う。まずは一つ目の「人物」に関して、主人公はどちらの文章でも、繊細でもろくて、悲しみに暮れながらもなんとか生きようとしていた。そして、主人公を支える「彼女」は、主人公にとって特別な存在であった。一方で、「青が消える」の主人公は彼女には理解されず、物語中に何度も心情が変化しているように感じる。そして、「夜中の汽笛…」の方は、彼女が主人公のことを理解したいと思っていて、主人公の心情は気持ちがずーんと下がってからだんだん上がっているように感じた。二つ目の「比喩表現」は、両方の文章では虚無感や悲しみを表していることが共通点であると考えた。しかし、「青が消える」では、白の存在を、軽い紙のような無機質なものと捉える一方で、「夜中の汽笛…」は、夜中＝黒を重くずっしりとしたものとして捉えているように感じた。これらの特徴から、両者とも、青がなくなったり、人生のどん底にいても、「生きること」だけは放棄してはならないというメッセージを受け取った。また、「青が消える」は、青が無くなってから、改めて大切なものに気付いた一方で、「夜中の汽笛…」は、そのものが現

★①ここがポイント！

本単元は、村上春樹の二つの短編小説を読み比べ、学習者自身が特徴と魅力を発見していく取り組みです。どちらも寓意性に富んだ、不思議な雰囲気を持つ文学作品で、一義的に解釈を収斂させていく学習では、せっかくの教材価値を損ないかねません。こうした作業に没入する学習者の姿からは、「自分で読む」楽しさと「考えること」の主導権が自然と教師から学習者へと移されていることが窺えます。

「青が消える」と「夜中の汽笛…」を読み比べながら、村上春樹作品の特徴や魅力について述べていく。

	青が消える	夜中の汽笛…	共通点	相違点
テーマ・主題	常識だったことの消滅。 孤独感。 静かで孤独な生活やその様子。 生活が充実していない。	生きがいや心の寄りどころとなっている存在について。 死んでしまいたいくらいの辛さから痛みが消え何かが始まるきっかけである希望が見えるようになるという変化。孤独や悲しみからの解放。	他人に理解を求めている。 それぞれ、「僕」にとって大切なものや人の存在がある。(支え) 好きな○○という描写がある部分も共通している。(色、女の子)	「青が消える」では頼れる人が誰もいないが「夜中の…」では一人のみだが相手がいる。 「青が消える」では悩みや不安が改善しないまま終わるが、「夜中の…」では初めは辛さを表しているものの、改善される流れがあり最終的には良い状態となる。
僕	周りから優しく対応してもらえず孤独である。 アイロンくらいしかすることがない暇 生きがいが感じられていない。 別れたガールフレンドくらいしか頼れる人いない。	女の子のことが好き 話が長い 面倒くさい? いちいち物語つくっている? 少し変わっている人?ひとりぼっちで夜中にふと目が覚めることは辛い 死んでしまいたいと思う程の辛さ	孤独で周りの誰からも相手にしてもらえないという所がある。頼れる人が、友達の中だと彼女しかいないという狭い人脈である。	一方、「夜中…」の方のみ孤独から解放され、希望が見えてきているという描写が含まれている。生きがい。 「青が消える」の方では、死んでしまいたいと思う程、などの大きな表現はそこまでされていない。
彼女	別れたガールフレンドである。 電話越し 当たり強い、きつい言い方 怒っている、短気「僕」が嫌い 「僕」から先に質問される。「僕」よりも他のこと(新しいミレニアム)に興味がある。	恋人 または 片想い 実際に会って会話している。 うなずくのみ「僕」が好き? 女の子から男の子へ質問するという流れに	主人公の「僕」と近い存在でキーパーソンである。 「僕」のことを良くも悪くもよく知っている人なのではないか。	「青が消える」では別れたガールフレンド、と具体的な関係が明記されている一方「夜中の…」では関係性が謎である。前者では僕→彼女に電話で問うのに対し、後者では女の子→僕に直接問う。 又、前者では他にやりたいことがある一方後者はその様なものも特になさそう。
話の展開	「僕」の身の周りに当たり前にあったはずの"青"が、何の前振れもなく消えてしまい、不安になった「僕」は、自分の気に入っていた"青"を探し回る。周囲に頼るが相手にしてもらえない。「僕」だけが気にする。	女の子が男の子に「どれくらい私のことを好きか」と質問したのに対し男の子が「夜中の汽笛くらい」と答え、物語を話し始める。その物語を女の子は静かに黙って聞いている。様々な比喩を用いた物語。少年が話し終わると今度は少女が話し始める。	比喩が多用されている。 対話の描写がある。 …全体を読み通しても尚曖昧な所がある。「青」「汽笛」「…くらい」など。比喩によって、読者の心情が想像しやすい効果あり。	「夜中の…」は、「青が消える」と比べると文章がほとんど「僕」(男の子)の台詞である。後者は心情の変化や他の登場人物の台詞などが多く含まれている。
比喩表現	機械のバッテリーがあがった時みたい オーケストラの指揮者が演奏の途中で突然指揮をやめた時みたい。多数楽しそうに音を出していた楽器も、力なく消え居心地の悪い沈黙が残った時みたい。根棒で殴られ記憶を失ったよう。見知らぬ人骨のよう。シベリアの氷原のよう。	厚い鉄の箱に詰められて、深い海の底に沈められたよう。気圧のせいで胸が痛くて、そのままふたつにびりびりと張り裂けてしまいそうな気持ち。箱の中の空気が薄くなる。止まったり、動きだしたりする時計の針 鉄の箱は海面へ向けてゆっくりと浮かび上がっていく。	例えが具体的で細かい。 身近で想像しやすいものに例えている。 ネガティブで、あまり良くないイメージの例えが多い。苦しさ、生き苦しさ 静かで悲しく、孤独な生活やその様子が表現されている。 心情も強いつながりをもっている。	「夜中の汽笛…」の方では明るい傾向の部分の比喩表現があるのに対し、「青が消える」の方ではそれが見られず、暗いイメージの比喩表現ばかりである。 「夜中の…」の比喩の文の方が比較的細かく長いように感じられる。
受け取ったメッセージ	今の当たり前なことやものが遠く永遠に継続しつづけるとは限らない。人間は、上や周りからの力に対抗できない。(政治的なものも含む) 悩みがある時でも時間は刻々と過ぎていってしまい誰も待ってくれない。	孤独は、恐らく人間が生きている中で経験する一番辛いことのひとつである。この男の子にとって、真夜中にひとりぼっちで起きた時の気持ちの救いが遠くの汽笛であるように、人によって命という最も重く大きなことを救える存在はそれぞれ違うものである。	自分自身が考える常識や当たり前のこと、そして最も大切なことというのは、人によって異なり、様々である。尊重すべき。 孤独は人にとって辛く悲しい状態。 小さなことでも全てかけがえのない大切なもの。無くなる事の危機感 青春やミレニアムなど今しかできないことなどを大切にするべきである。	「夜中の…」の方が「青が消える」よりも重く深い感情が表現されていると思う。 「青が消える」の方では「僕」が孤独である様子が描かれている時にも時間が刻々と過ぎていくことが分かる文章だけれど「夜中の…」では「僕」が孤独な時には時間は動いておらず止まってしまっていると書かれている。
その他	人口を支配するシステム 僕 / 別れたガールフレンド / 総理大臣 / 孤独 / 駅員	汽笛 / 支え / 少年 / 少女 / 安心を与える / 何かが始まるきっかけ 大切	機械音声(総理大臣の声)と、汽笛というそれぞれ人ではないもの「音」に関するものが出てくる。「青」も汽笛も、どちらかといえば目立たない、メジャーでないものに焦点をあてている。	「夜中…」の方は「僕」の支えや助けになる存在がある一方で、「青が消える」の方では完全に周囲から切り離され相手にされず誰も聞いてもらえない所が違う。

このような点から、村上春樹作品の特徴は、　A　で、魅力は　B　にあると考える。

A…全体的に難しく、物語の結論が一つに定まらない、又、感情でも様子でも、簡単に表してしまわないで、情景描写の表現を引き立てる、独特な比喩表現が用いられている点。

B…物語の中で多く使われる比喩表現によって、様々なメッセージが伝わり、多様な解釈ができる点。

マトリックス…分類する・整理する・比較する・多面的・多角的に見る　（　）組（　）番（　　　　　　　　）

図5：マトリクス

れた瞬間、大切だと感じていると思う。これらのことから、「大切だ」と感じたものは、風化させずに、日々享受していくべきだと感じた。特に、これらは「夜中の汽笛」の比喩から受け取れるメッセージだと感じた。また、このような考えだけでなく、様々な人が多方面からメッセージを受け取れるのが、これらの作品の最大の特徴であると考える。このような点から、村上春樹の作品の特徴は深い比喩で、魅力は、様々な人が多方面からメッセージを受け取れる点であると考える。

【生徒B（原文ママ）】

「青が消える」と「夜中の汽笛…」を読み比べながら、村上春樹作品の特徴や魅力について述べていく。私は合計3つの共通点・相違点から考えた。1つめは、主題だ。「青が消える」では、題名の通り、「喪失」がテーマとなっており、新しい時代になり、様々なことが始まったり手に入れる一方で「青」を喪失してしまう。「夜中の汽笛…」では、真夜中・孤独だった僕に汽笛の音が聞こえてきたお陰で僕は死にかけていたところから戻ってくる。これら2つの物語の共通点は、どちらも「喪失」をしているということで、相違点は、その「喪失」をしたあとに、誰かの支えがあって「再生」できたかどうかということだ。2つめは、比喩表現だ。「青が消える」では、青が消えたあとの白の様子を「まるで歳月に洗われた見知らぬ人の骨のような」と書かれていたように、愛着があって身近だった「青」が見知らぬ「白」になり、無機質なものになっていることから、「生」が「死」になっている様子を表している。それに対して、「夜中の汽笛…」では、「まるで厚い鉄の箱に～深い海の底に沈められたような気持ち」が「鉄の箱は海面へ向けてゆっくり浮かび上がっていく」のように、汽笛によって、「死」に近かったぼくが「生」の世界に戻っている。同じ生死について書かれたものでも、生になるか死になるかという点で異なる。3つめは、メッセージだ。「青が消える」も「夜中の汽笛…」も現代社会であまり表面的には問題にならない「青」という一部の人にしか重要視されていないものの「喪失」・ぼくが生きている「孤独」な「孤独」だった世界において、女の子のような寄り添える存在がいるかいないかで「生」になるか「死」となってしまうのかが変わると思った。私自身このメッセージを受け取ったことでアクションをしようと思った。（例：一人になっている人に声をかける）このような点から、村上春樹作品の特徴は現代において重要な問題を物語を通して様々な比喩表現などとともに読者に問いかけていることで、魅力はその文章中の村上のメッセージに気づいた読者が何かアクションをしようと変化させる点にあると考える。

これらの記述は、50分の定期考査１００点中18点で、評価は、三つ以上の項目の本文中の表現に拠った共通点・相違点をそれぞれ具体的に書き、それを最後に特徴と魅力につなげられているかという形式と内容の観点から行った。

生徒は事前に記述問題を準備してきているとはいえ、他に80点以上も解かなければならない中で、このように700字から900字程度の緻密な読み比べによる特徴と魅力についての文章にまとめられている。このような生徒の実力は、驚嘆に値する。大きな賞賛を送りたい。

また、記述問題の解答欄の後方に▼マークを設け、そこを過ぎて書かなければならないという条件を出しており、生徒A・Bのような一部の生徒のみがこうしたクオリティの文章を書いているのではなく、9割以上の生徒がこうした質の高い文章にまとめることができ、この問題の平均点は、約15点であった。

生徒A・Bの記述からわかるように、生徒は各自項目を選択しながら、細かな比較を行い、自分なりの解釈を得ることができているため、本単元の目指すところであった、「多種の思考ツールを用いて、生徒が主体的に読むことと、『一つの答え』に導いていかないようにすること」はおおむね達成することができた。

2 実践の成果と課題

本単元の〈比べ読み〉をした効果と課題を、図1・2・3・4・5や授業時の発言、ふりかえりアンケートの記述をもとに、まとめていきたい。

まず、効果としては、①生徒が主体的に本文を何度も読み返さざるを得ない状況を作り出せたこと、②共通点・相違点を見つけるために、本文の細かな点にも着目し、読みが深まったこと、③共通点・相違点から村上作品の特徴や魅力を自分なりに発見し、メタ認知ができたこと、④③で得られたメタ認知をもとに、他の村上作品や他の作家の作品と、さらなる〈比べ読み〉をする意欲が湧いたことである。

引用した生徒A・Bの文章を見ると、特に②の成果が大きかったことがよくわかる。

例えば生徒Aは、まず主人公とその心情変化に着目し、共通点は、繊細でもろい心を持つが、なんとか生きようとする人物としている。相違点は、「青が消える」は、青がなくなっていることへの悲しみや、青が消えたことを気にも留めない人々の対応に憤りを感じるなど心情が揺れ動くのに対し、「夜中の汽笛」は、死にたくなるほどの沈んだ気持ちを「少女」に語るにつれて、生きる希望を見出すというように徐々に気分が上がっていくという動き方で、心情変化の質の違いに気づくことができている点が優れている。

また、比喩表現については生徒A・B共に述べているため、比較してみたい。★2

生徒Aは、悲しみや虚無感が共通しているとしつつ、「青が消える」では「棍棒で殴られて記憶を失ってしまったようなとりとめのない白」「歳月に洗われた見知らぬ人の骨のような白」といった白く無機質な表現となっている一方、「夜中の汽笛」では、真夜中にひとりぼっちで「厚い鉄の箱に詰められて、深い海の底に沈められたような気持ち」といった黒く重い表現になっているというように、色と質感の違いに気づくことができている。

★2 ここがポイント！

こうした論述の際には、学習者が、作品の具体的な表現に戻りながら説明できることが重要です。

一方生徒Bは、同じ箇所を取り上げて、「青が消える」では「生」が「死」になっている様子の表現で、「夜中の汽笛」は、深い海の底に沈められた鉄の箱が海面へ浮かび上がるという箇所から「死」から「生」へと変化している表現という違いに気づくことができている。割愛するが、生徒A・Bは共に「受け取ったメッセージ」についても言及しており、この記述も両者異なることが書かれていて、多様な解釈が生まれることに成功していることがわかる。

このように、共通点と相違点の細かな点に気づく、そこから解釈の多様性を学ぶという点については、図5のマトリックスのワークシートが大いに機能し、各生徒が読みを深められたことが窺える。

一方で、課題としては、最後に「村上春樹作品の特徴や魅力」をまとめさせた際、マトリクスでせっかく発見できた各自の細かな共通点・相違点をあまり生かせず、最終的に「村上春樹作品は比喩表現が独特」「多様な解釈ができる」等の同じような見解で、共通点・相違点をふまえずともすぐにわかるような説明が多くなってしまい、まとめ方をもう一段階オリジナリティのあるものに深められた生徒が多くはなかった点であった。例えば、生徒Aのようなまとめ方である。生徒Bのように、共通点・相違点とよく結びついた、自分の生き方にも触れたまとめ方ができるよう、共通点・相違点から自分なりの特徴と魅力にまとめるための更なる装置（思考ツールなど）が必要であったと感じている。図5のワークシートを見るとわかるように、比較するための欄は充実しているのに対し、そこでわかった具体的な共通点・相違点を抽象化するための手立てはほぼないに等しい。

共通点・相違点については、各生徒があまり被らず自分なりの視点を得られていることから、第一段階はクリアしているといえるだろう。そこからさらに深く読み、大きな視点を持って特徴や魅力を自分なりにつかむ力を持った生徒をさらに増やし、文学作品を深く読み味わうことの楽しみと意義を今後も実感させたい。

こうした成果と課題を改めて見るに、思考ツールがいかに有効であったかがよくわかる。思考ツールが充実している項目については、生徒はそれを活用して多種多様な見方ができたのに対し、そこが手薄になってしまった箇所については、大雑把な見解やまとめ方になってしまったからである。

今回発見できた成果と課題を生かすべく、引き続き〈比べ読み〉を年間を通じて繰り返していくことや、生徒の深い思考を引き出すための更なるツールを丁寧に活用していくことを意識し、今後もまた実践していきたい。

Ⅳ 広がるアイデア

稿者は、本単元の実践後、高校2年「古典探究」を担当している。本単元の「比べ読み」をしながら、作品の共通点と相違点を探り、そこから特徴を摑むという実践を、古典教材でも行ったため、紹介する。

古典で扱った教材は、三大歌集『万葉集』・『古今和歌集』・『新古今和歌集』である。

次ページの図6・7のように、再びマトリクスのワークシートを配布し、ここに授業や説明プリントを参考にしながら各自書き込ませた。ワークシートは、横軸に「和歌のイメージ（絵）」「歌意」「文法・語意」「作者情報（経歴・歌風など）」「鑑賞」「感想」、縦軸に各和歌の作者という構成となっており、一つ一つの和歌についての理解を深めたり、イメージを摑んだりするとともに、最終的には三大歌集のそれぞれの特徴をまとめることができる仕様となっている。

また、定期考査で「万葉集・古今和歌集・新古今和歌集の歌の特徴はそれぞれどのようなものか、すべて具体的な例を示しながら述べなさい。またこの中で、自分はどれが一番好きな歌集か三つ理由を示して述べなさい。」という記述問題を出した。特徴をまとめるだけでなく、自分がなぜ好きかを述べることによって、「Ⅲ　ズームアップ」で課題として挙げたありきたりな考えが少しでも自分に近づけたオリジナルな内容になりやすいよう出題した。

これらのワークシートや生徒の記述の分析は、また別の機会で行う予定であるが、本単元の「比べ読み」をしながら、特徴を摑むという方法は、作品を変えて、様々に応用ができるということを最後にお伝えしたい。

（松井萌々子）

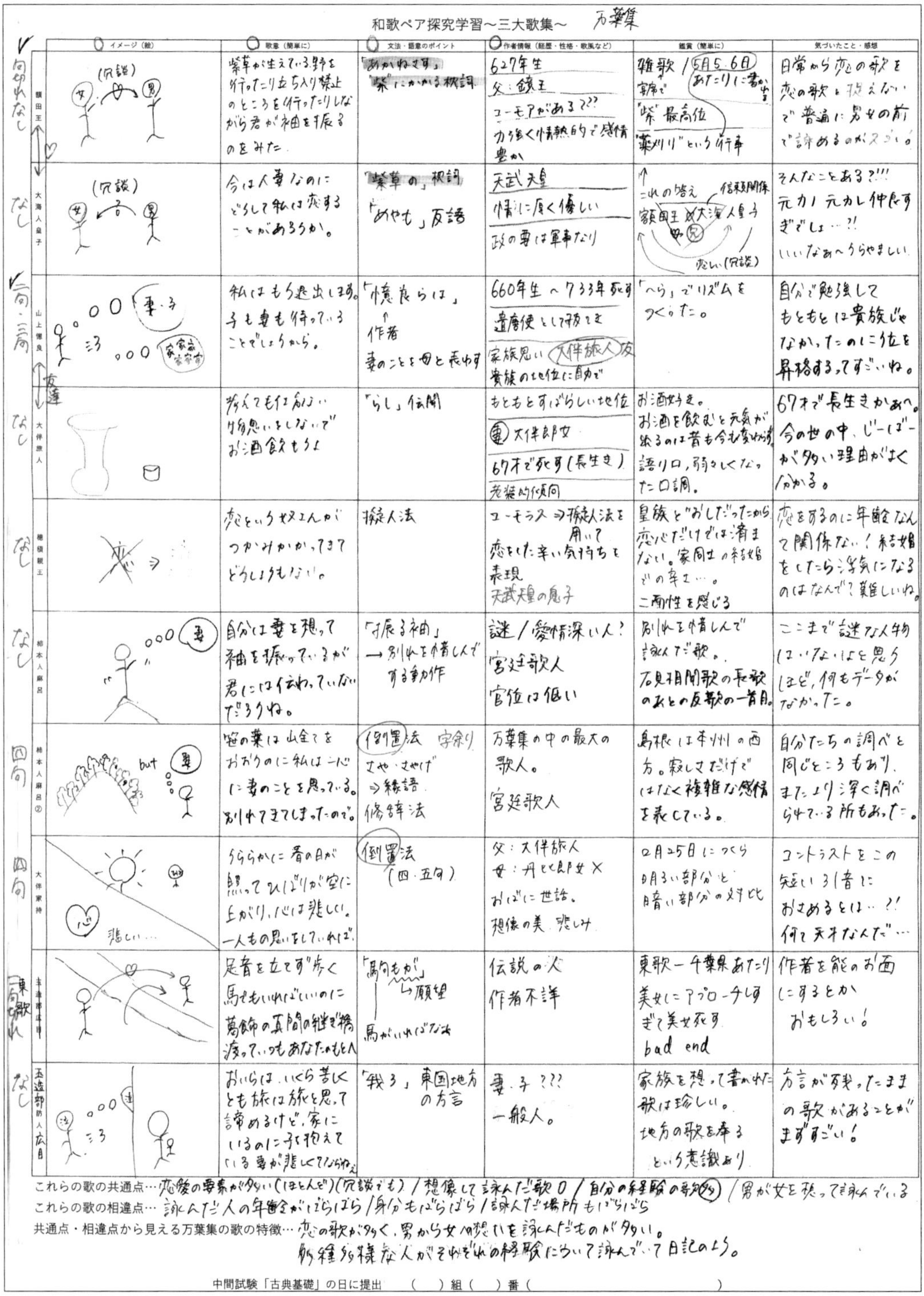
和歌ペア探究学習～三大歌集～　万葉集

句切れ	作者	イメージ（絵）	歌意（簡単に）	文法・語彙のポイント	作者情報（経歴・性格・歌風など）	鑑賞（簡単に）	気づいたこと・感想
句切れなし	額田王	（冗談）	紫草が生えている野を行ったり立ち入り禁止のところを行ったりしながら君が袖を振るのをみた。	「あかねさす」「紫」にかかる枕詞	627年生 / 父：鏡王 / ユーモアがあるで?? / 力強く情熱的で感情豊か	雑歌／5月5.6日あたりに書かれた / 宴席で / 「紫」最高位 / 「薬狩り」という行事	日常から恋の歌を恋の歌と捉えないで普通に男女の前で詠めるのがスゴい。
なし	大海人皇子	（冗談）	今は人妻なのにどうして私は恋することがあろうか。	「紫草の」枕詞 / 「めやも」反語	天武天皇 / 情に厚く優しい / 政の要は軍事なり	これの答え / 額田王 ♡ 大海人皇子 / 信頼関係 / 恋しい（冗談）	そんなことある?!!! / 元カノ元カレ仲良すぎでしょ…?! / いいなあ～うらやましい
二句・三句	山上憶良	妻・子	私はもう退出します。子も妻も待っているでしょうから。	「憶良らは」↑作者 / 妻のことを母と表わす	660年生～733年死す / 遣唐使として渡唐 / 家族思い　大伴旅人友 / 貴族の地位に自力で	「へら」でリズムをつくった。	自分で勉強してもともとは貴族じゃなかったのに位を昇格するってすごいね。
なし	大伴旅人		考えても仕方ない物思いをしないでお酒飲もうよ	「らし」伝聞	もともとすばらしい地位 / 妻　大伴郎女 / 67才で死す（長生き） / 老荘的傾向	お酒好き。お酒を飲むと元気が出るのは昔も今も変わらず。語り口、弱々しくなった口調。	67才で長生きかあへ。今の世の中、じーばーが多い理由がよく分かる。
なし	穂積親王	恋 ⇒	恋という奴さんがつかみかかってきてどうしようもない。	擬人法	ユーモラス ⇒ 擬人法を用いて恋をした辛い気持ちを表現 / 天武天皇の息子	皇族とだったから恋心だけでは済まない。家同士の結婚での辛さ…。二面性を感じる	恋をするのに年齢なんて関係ない！結婚をしたら浮気になるのはなんで?難しいね。
なし	柿本人麻呂	妻	自分は妻を想って袖を振っているが君には伝わっていないだろうね。	「振る袖」→別れを惜しんでする動作	謎／愛情深い人? / 宮廷歌人 / 官位は低い	別れを惜しんで詠んだ歌。石見相聞歌の長歌のあとの反歌の一首目。	ここまで謎な人物はいないなと思うほど、何もデータがなかった。
四句	柿本人麻呂②	but 妻	笹の葉は山全てをおおうのに私は一心に妻のことを思ってる。別れてきてしまったので。	倒置法　字余り / さや・さやげ ⇒ 縁語 / 修辞法	万葉集の中の最大の歌人。 / 宮廷歌人	島根は本州の西方。寂しさだけではなく複雑な感情を表している。	自分たちの調べと同じところもあり、またより深く調べられている所もあった。
四句	大伴家持	心 / 悲しい…	うららかに春の日が照ってひばりが空に上がり、心は悲しい。一人もの思いをしていれば。	倒置法（四・五句）	父：大伴旅人 / 母：丹比郎女 × / おばに世話。 / 想像の美　悲しみ	2月25日につくら / 明るい部分と暗い部分の対比	コントラストをこの短い31音におさめるとは…?! 何て天才なんだ…
二句切れ　東歌	未詳		足音を立てず歩く馬でもいればいいのに葛飾の真間の継ぎ橋渡っていつもあなたのもとへ	「馬にもが」↳願望 / 馬がいればなあ	伝説の人 / 作者不詳	東歌―千葉県あたり / 美女にアプローチしすぎて美女死す / bad end	作者を能のお面にするとか / おもしろい！
なし	玉造部広目		おいらは、いくら苦しくとも旅は旅と思って諦めるけど、家にいるのに子を抱えている妻が悲しくてならねえ	「我ろ」東国地方の方言	妻・子??? / 一般人。	家族を想って書かれた歌は珍しい。地方の歌を奉るという意識あり	方言が残ったままの歌があることがまずすごい！

これらの歌の共通点…恋愛の要素が多い（ほとんど）（冗談でも）／想像して詠んだ歌0／自分の経験の歌（多）／男が女を想って詠んでいる

これらの歌の相違点…詠んだ人の年齢がばらばら／身分もばらばら／詠んだ場所もばらばら

共通点・相違点から見える万葉集の歌の特徴…恋の歌が多く、男から女への想いを詠んだものが多い。
多種多様な人がそれぞれの経験について詠んでいて日記のよう。

中間試験「古典基礎」の日に提出　（　）組（　）番（　　　　）

図６：万葉集

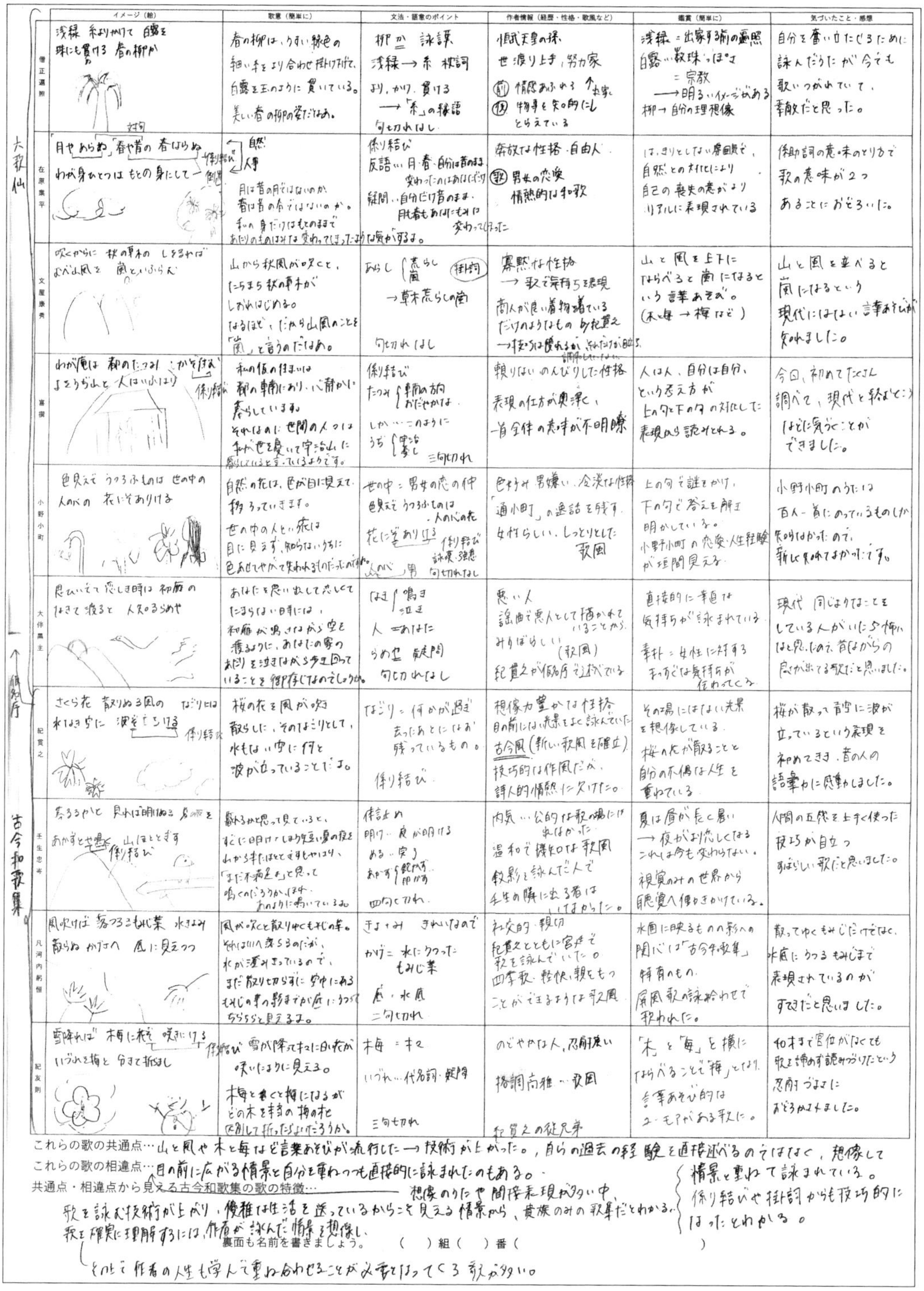
イメージ（絵）
歌意（簡単に）
文法・語意のポイント
作者情報（経歴・性格・歌風など）
鑑賞（簡単に）
気づいたこと・感想
僧正遍昭
在原業平
文屋康秀
喜撰
小野小町
大伴黒主
紀貫之
壬生忠岑
凡河内躬恒
紀友則
これらの歌の共通点…
これらの歌の相違点…目の前に広がる情景を自分と重ねつつ直接的に詠まれたのもある。
共通点・相違点から見える古今和歌集の歌の特徴…
裏面も名前を書きましょう。　（　　）組（　　）番（　　　　　　　　　　　　）

図７：古今和歌集

〈注〉

（1）初出は、一九九二年のスペインで開催された万国博の特集雑誌である。この雑誌は、英・仏・伊・西の新聞社によって共同で作られ、それぞれの言語で発行された。その後、『村上春樹全作品 1990~2000①短篇集Ⅰ』（講談社、二〇〇二）で日本語に翻訳されて収められた。

あらすじ　「青が消える」（村上春樹）

世界中の人々が新しいミレニアムを祝う一九九九年の大晦日の夜、「僕」は自宅で自分が好きな色である青が消えて、白に変わってしまっていることに気づく。「僕」は青が消えたことについて、別れたガールフレンド、地下鉄の駅員、コンピューターの総理大臣に尋ねるも、みなまともに取り合わなかった。「僕」は納得できないまま孤独感を一層強めながら新しいミレニアムを迎える。

（2）「夜中の汽笛」の初出は、雑誌『太陽』のパーカー万年筆の広告で、その後単行本の超短篇集『夜のくもざる』（平凡社、一九九五）に収められた。

あらすじ　「夜中の汽笛について、あるいは物語の効用について」（村上春樹）

女の子の「あなたはどれくらい私のこと好き?」という質問に、男の子は「夜中の汽笛くらい」と答える。さらに、夜中にひとりで目覚め、誰からも愛されない絶望的な気持ちを語る。少女がうなずくと、少年はまた話を続ける。夜中にひとりぼっちで目を覚ますこの世で最も辛い時に、遠くから聞こえてくる「汽笛の音」くらい君を愛していると語る。今度は少女が自分の物語を語り始める。

〈参考文献〉

・『精選　言語文化』指導資料（三省堂、二〇二二）一八〇～一九三頁。
・『新編　国語総合』指導資料（教育出版、二〇一九）一八七～二〇八頁。

5 言語文化

英語俳句から五・七・五の日本語表現を吟味する

教材

「第3回 芭蕉庵国際英語俳句大会 入賞作品」
「第30回 伊藤園お～いお茶新俳句大賞英語俳句の部 入賞作品」

【思考ツール】 熊手チャート／ベン図

Ⅰ 単元の概要

1 単元観

「言語文化」学習指導要領「内容」の〈知識及び技能〉（2）我が国の言語文化に関する事項において、「ア 我が国の言語文化の特質や我が国の文化と外国の文化との関係について理解すること」がある。本単元では日本で生まれた俳句が世界共通語として浸透している現状を鑑み、英語で詠まれた俳句を日本語に詠み直す活動を設定した。その活動を通じ日本語の俳句に詠み直すことで、語彙力や言語感覚を向上させるとともに、日本文化に対する誇りを抱かせることができる。一方、英語俳句の詠み手の出身国から日本文化との違いにも触れることが可能となる、と考えた。

2 本単元における〈比べ読み〉のねらいと意義

本単元では、活動を通じてただ英語を訳すだけの活動にとどまらず、より良い日本語を紡ぐ過程の中で語彙力や言語感覚の向上も目指すこと、そして世界中で詠まれている俳句を知り日本文化への誇りも抱かせることをねらいとしている。そのように英語と日本語を対峙させて考える活動が一種の〈比べ読み〉になると捉えた。そして、グループでの話し合いを通じて一句の俳句を完成させ、お互いの俳句を発表し評価し合うことで「主体的・対話的で深い学び」も達成できると考えている。

このような〈比べ読み〉は今後ますます活発に行われていくだろう。なぜなら、新学習指導要領において新設された「言語文化」の主な言語活動例の中に「和歌や俳句などを読み、書き換えたり外国語に訳したりすることなどを通して互いの解釈の違いについて話し合ったり、テーマを立ててまとめたりする活動」（B（2）エ）が導入されたからである。世界共通語となりつつある〝俳句〟を活用することで、日本という枠を超えグローバルな幅広い視野を持ちながら活動することも可能となるだろう。

3 教材と学習活動について

本実践では各俳句大会入賞作品を教材とし、授業では外国人が詠んだ英語俳句（A）以外にも日本人が詠んだ英語俳句（B）を扱った。選んだ作品はなるべく多様な解釈ができるもの、そして（A）は詠み手の地域が重ならないものを選んだ。複数提示した中から学習者に自由に選んでもらうことで、行き詰まった場合に他の作品に変えることができるように配慮した。また、活動は全て三人から四人の班に分け、日頃の授業と変わらないようにした。なお、本論では日本語への詠み直しがより難解であった（A）についてのみ取り上げることとする。

Ⅱ 指導と評価の実際

●指導の流れについて

①複数の英語俳句を掲載した授業プリントとワークシートを配布する。その際、座席ごとに班を分けておき、プリントに印刷しておくとよいだろう。

②「古池や蛙飛び込む水の音」（松尾芭蕉）の英訳を英語科教員に読んでもらい、元の俳句を考えさせる。そして、俳句が世界中で詠まれている存在であることを知る。

③三・四人の班ごとに扱う作品を決め、話し合いながら内容を摑ませる。作品を決めてから考え始める班もいれば考えながら作品を選んでいく班もあるが、自由に取り組ませる。

④英語を日本語に訳していく班が多いが、徐々に「訳せばいいわけではない」という点に気付かせる。

⑤摑んだ内容を整理しながら解釈し、日本語の五・七・五の俳句を創る。

⑥完成した班は発表準備を始める。色画用紙とペンだけ用意し、完成作品の紹介ができるようにする。

⑦発表。他の班は発表を聞きながら他者評価をする。

⑧自己評価と感想を書き、ワークシートを提出させる。

●評価について

評価は大きく分けて、（1）学習者による自己評価と（2）他者評価、そして（3）教員による最終評価とした。（1）（2）はワークシートの中に各々の欄を印刷しておいたものを活用し、上述の⑦と⑧で評価させた。以下にそれぞれ説明する。

（1）（2）のワークシートの記載は次の通りである。

（1）…〈自己評価〉今日のグループワークは…
1大変よくできた　2少しはよくできた
3あまりよくできなかった　4全然ダメ／その理由↓
（2）…〈他者評価〉他のグループの考えた俳句で…
一番良かったもの↓／その理由↓／一番悪かったもの↓／その理由↓

（1）の1に○を付けた理由としては「それぞれの句がただそのまま訳すだけでなく、自分の言葉にして俳句の良い所を生かし、作りなおすことができていてとても良かったと思う」などがあった。

（3）の最終評価について、教員は主に⑦で書かれた他者評価を後日まとめ、第一位のみ決定した。そして、教員による最終評価は次の通りにした。

Ⅰ 訳の内容に即している↓＋2点
Ⅱ 直訳の内容を学習者が深く解釈し、訳している↓＋4点
Ⅲ 季語が入っている↓＋1点
Ⅳ 季語が入っていない↓－1点

このように作品を点数化し、班ごとに評価した。しかし、この方法では班員全員が同じ評価になるため、個別の評価も必要だったように感じる。例えば、ワークシートに記載されている内容を踏まえた評価にすれば、積極的に話し合いに参加している学習者と全く発言していない学習者の差異化を図ることができると考えられる。

英語俳句について

明確に定められているものではないが、英語俳句のルールとしては、主に次のような点が挙げられる。

①簡潔な三行詩であること。
②季節感を盛り込むこと。
③切れ字として「—」や「…」「：」を用いること。
④五音節－七音節－五音節（長い場合は二音節－三音節－二音節程度でも可）で詠むこと。

〈参考〉

・「【英語俳句の作り方】中学生向け!! 簡単なルールやコツ・俳句ネタ例を紹介」（俳句の教科書）
https://haiku-textbook.com/how-to-make-english-haiku/
・「英語俳句の作り方」（The Japan Times ST）
https://st.japantimes.co.jp/st_haiku_howto.htm

【単元指導計画表】

1 単元名

英語俳句から五・七・五を詠んでみよう！

2 単元の目標

(1) 言葉には、文化の継承、発展、創造を支える働きがあることを理解することができる。〔知識及び技能〕(1) ア
(2) 作品や文章に表れているものの見方、感じ方、考え方を捉え、内容を解釈することができる。〔思考力・判断力・表現力等〕B（1）イ
(3) 言葉がもつ価値への認識を深めるとともに、生涯にわたって読書に親しみ自己を向上をさせ、我が国の言語文化の担い手としての自覚をもち、言葉を通して他者や社会に関わろうとする。「学びに向かう力、人間性等」

3 本単元における言語活動

英語俳句の作品から内容を吟味した上で、日本語の俳句（五・七・五）を詠み直す。

4 単元の評価規準

知識・技能	思考・判断・表現	主体的に学習に取り組む態度
①言葉には、文化の継承、発展、創造を支える働きがあることを理解している。((1) ア)	①「読むこと」において、作品や文章に表れているものの見方、感じ方、考え方を捉え、内容を解釈している。(B (1) イ)	①英語と日本語の俳句を吟味・検討することを通して、言葉の持つ文化継承・創造を支える働きを理解し、より良い日本語の俳句を詠み直そうとすることに向けて粘り強い取り組みを行う中で、自らの学習を調整している。

5 指導と評価の計画（全4単位時間想定）

次	時	主たる学習活動	評価する内容	評価方法
1	1	•単元の目標や進め方を確認し、学習の見通しを持つ。 •英語俳句が記載されたプリントの中から扱う作品を班ごとに決め、話し合いながら日本語に翻訳してみる。 •内容を吟味しながら日本語の五・七・五に直してみる。	［知識・技能］ ① ［主体的に学習に取り組む態度］ ①	「記述の点検」
2	2	•発表準備や発表内容のまとめ、及び発表の練習。 •発表（前半）	［思考・判断・表現］ ①	「行動の観察」
	3	•発表（後半） •他者評価及び自己評価。	［思考・判断・表現］ ①	「行動の観察」 「記述の分析」
3	4	•英語俳句について考察する。 •文化の違いについて考察する。 •感想書き。	［知識・技能］ ① ［主体的に学習に取り組む態度］ ①	「行動の観察」 「記述の分析」

Ⅲ ズームアップ

1 ワークシートの分析

ワークシートから次の三班（【Ⅰ】～【Ⅲ】）を取り上げ、解説や分析をしていく。なお、教材として扱った芭蕉庵国際英語俳句大会のホームページには各日本語訳が掲載されているが、学習者がその訳に影響されないようにするために、授業では日本語訳を一切示さなかった。

●【Ⅰ】

まず〝harvest season…/in rhythm with the sickle/the labourers' song (India)〟を「収穫期…／刻むリズムと／響く歌」と詠んだ三人班について述べたい。

この班のワークシートは実質女子二名しかしっかりと書いておらず、他のメンバーがどれほど意欲的に話し合いに参加していたのかは不明瞭である。しかし、この二名がワークシートに記載していた内容からは考察した経緯が読み取れる。班員Aは「収穫時期／かまのリズム↓作業で自然に生まれる／労働歌↓リズムに合わせて自然に歌う／口ずさむかんじ?」とあった。もう一名の班員Bは「In rhythm 調和して、身をゆだねて／the sicke 草を切るやつ↓かま?／The labourers song↓　」との記載があり、「In rhythm」と「the sicke」の行をまとめて「〝かまに合わせて〟だと少しこわい〝動きに合わせて〟にする」とメモ書きされていた。なお、三行目の「The labourers, song」の上に「労働者の歌」と意味が付せられていたものの、矢印の後は空欄となっていた。

この二名のワークシートからは、単語の意味を踏まえ内容を掴んでいった様子と、そこから日本語の俳句を詠むにあたり自然な表現を考察していった経緯が読み取れる。班員Bのように「the sick(l)e ＝草を切るやつ＝かま?」と単語の意味を理解した上で「かまに合わせて」という表現が日本語では怖い印象を与えてしまうことから「動きに合わせて」という表現を考えたようである。その際、班員Aのように「かまのリズム＝作業で自然に生まれる」ものから、「労働歌＝リズムに合わせて自然に歌う、口ずさむかんじ」という全体的なイメージ像を掴み、それらを踏まえて「収穫期…／刻むリズムと／響く歌」という俳句を完成させていったようだ。

先述したように、班員Cにはこのようなメモがなかったのだが、話し合いを通じて徐々に内容を掴んでいき日本語表現の与える印象などから俳句に用いる表現を整理していったと言えよう。彼らの自己評価は「2少しはよくできた（理由）記載なし」（班員A）しか書いていなかったのだが、最後の感想の欄に「英語の和訳では伝えたいことが分かりにくく、日本語で五・七・五にするのが難しかった。英語では情景がストレートに描かれているが、日本語では言葉から隠れた気持ちなどを表すことができるので、奥が深いと思った。直訳でなく、意訳で俳句をつくれて良かった。」（班員A）、「自分で俳句を作るのも大変ではあるけれど、英語から俳句にするのも結構難しいなと思いました。日本語とは違う表現などを英語でしていてそこが新鮮でおもしろいなと思いました。」

（班員Ｂ）、「日本語は英語ではできない文脈から想像する力をもつ語だということを学んだ。英語俳句を日本語に直すのはむずかしかったが、またやってみたい。」（班員Ｃ）とそれぞれ書かれていた。話し合いのメモは空欄だった班員Ｃも「またやってみたい」と意欲をみせているので、全く話し合いに参加しなかったわけではなく、一緒に俳句を創っていたようである。このような感想から、本活動が彼らにとってももう一度行いたいと思えるような興味関心が高い活動であったと捉えられる。

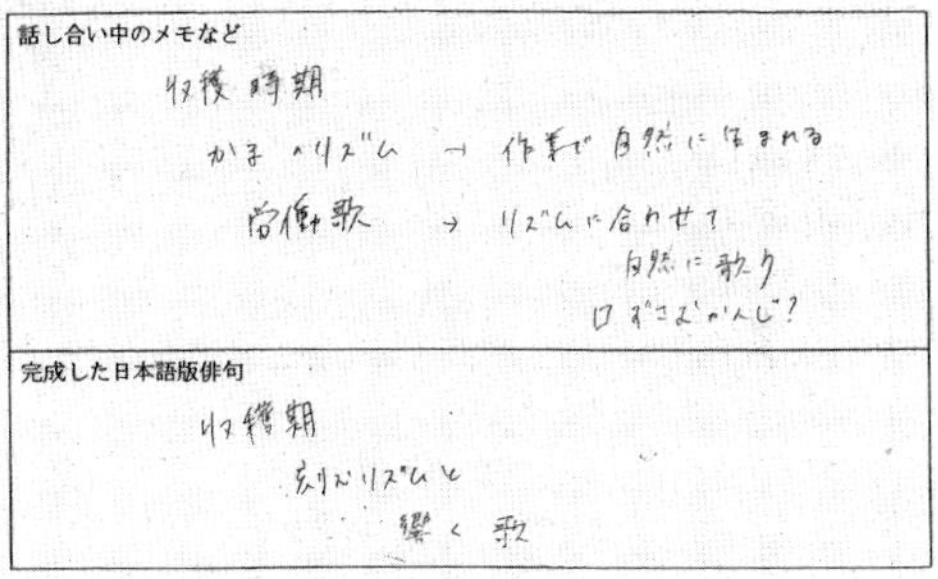

図１：班員Ａ

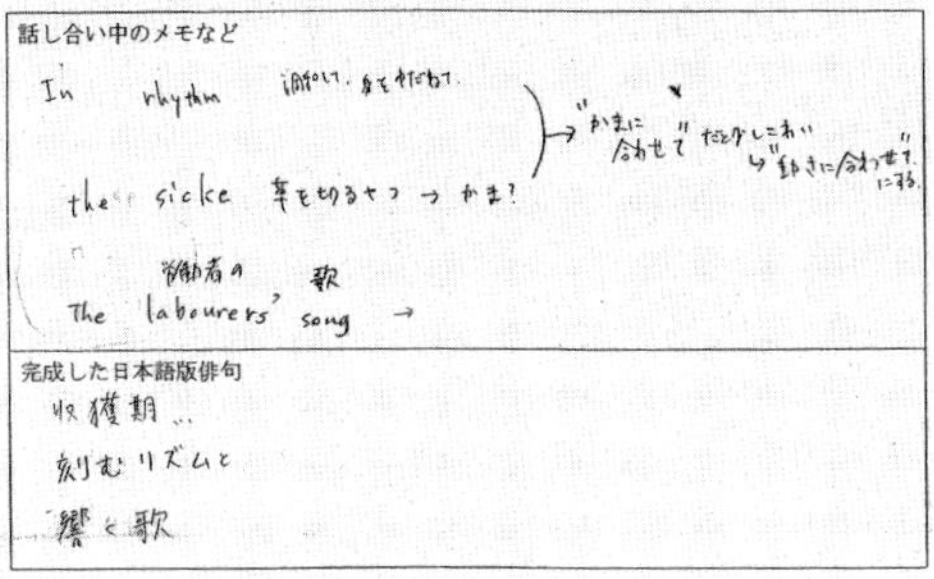

図２：班員Ｂ

●【Ⅱ】

次に“endless blue/the ocean between me/and my homeland”（Vietnam）から「永久の藍／故郷と繋ぎ／引き裂くか」と詠んだ班を例に挙げる。

この班も三人班だったのだが、班員Ｄのワークシート（以下班員Ｄ～Ｉのワークシート、73ページ参照）には、そのまま写した英語俳句の中のblueに下線が引かれ、「あお→藍→あい→愛（故郷への愛）」と記載されていた。それに対し、班員Ｅには「永久、永遠とわ→に続く→藍→海の色／永遠とわ→に絶えない（愛）→故郷への愛」と図式化した説明があり、下に「私と故郷は海を通じて繋がっているが、それと同時に私と故郷を引き裂いている」と書かれている。そして、班員Ｆは「海の色の藍と自分の故郷に対する愛／海をはさむことで／つながっているようにも、はなれているようにも感じられる」と書かれていた。彼らのワークシートを見る限り、班員Ｅが中心となって話し合い、“endless blue”を「永久、永遠の藍」とまず直訳した後に掛詞の「（故郷への）愛」を見出したようである。そして、Ｆのように「海をはさむことで／つながっているようにも、はなれているようにも感じられる」というイメージを想定し、Ｅが指摘したように「私と故郷を引き裂いている」とまとめ、最終的な俳句が完成したようである。

なお、ここでは生徒が、訳語の検討を図式化して行っているが、次ページの熊手チャートのような思考ツールを活用するのも、思考を可視化し、より適切な日本語表現を検討する

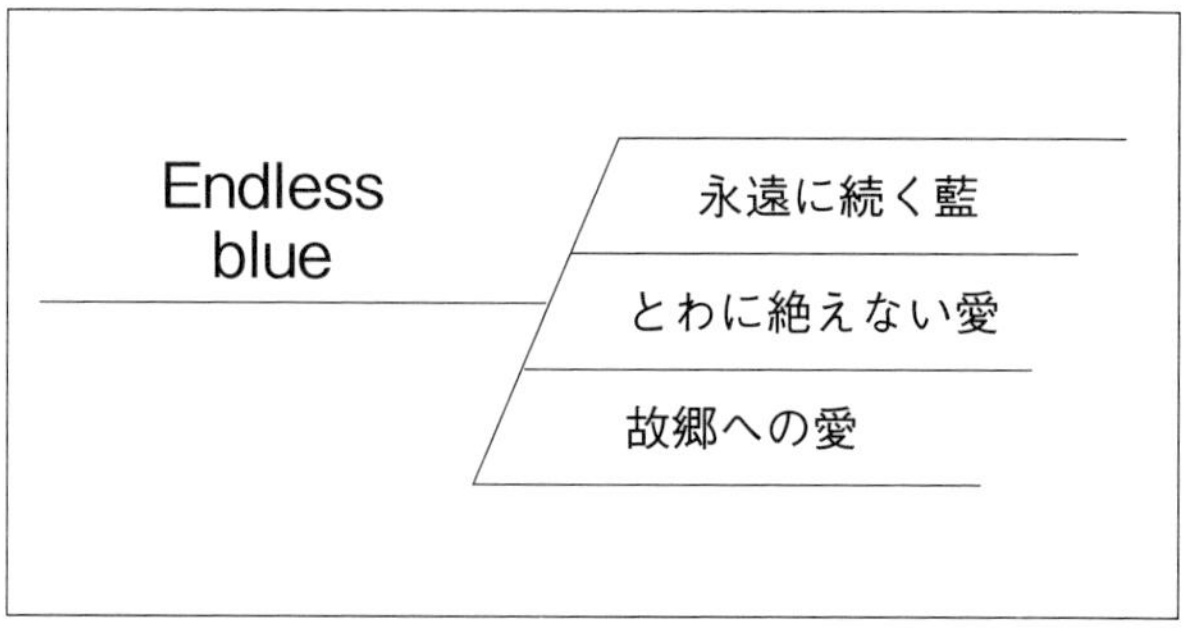

図3：熊手チャートの例

ために有効だろう。

　この班の場合、先述のように発表者も務めたEが中心となって話し合いを行ったらしく、海の「藍」と故郷への「愛」という掛詞を駆使したことで原文にはない「引き裂く」イメージを見出すことができたようである。班員DやFはEとの話し合いを通じて考え方が深まったと思われる上に、Eに関しても他の二人と話し合うことでより良い俳句を詠むことができたと思われる。彼らの自己評価では「2少しはよくできた（理由）しっかりと話し合いを行い、言葉に二重の意味をもたせるなど工夫もできました」（D）、「1大変よくできた（理由）3人で3つの俳句をそれぞれ考え、それを共有することで1ステージ上の俳句に磨くことができた」（E）、「1大変よくできた（理由）多くのこうほの中から詠んでいる人、時代などを想像しながら適切な訳を協力して選べたため」（F）となっていた。ただ訳すだけでは導き出せないような解釈のまとめを経て、深く考えた上で俳句を完成させた後が窺われる。

●【Ⅲ】

　最後に、“smoking sunset?/from flower to flower/a calm bee”（Greece）を「休み蜂／夕焼け空を／誘い吸う」と詠み直した班の例を挙げる。この班は当日一名欠席者がおり三人班となっていたが、見学に来ていたクラス担任の英語科教諭が一緒に話し合いをしており、実質四人班となっていた。

　班員Gのワークシートからは「Smoking = 吸っている」「calm = 休憩している」という単語ごとの意味から内容を推測している跡が窺われる。また、次の行には「?= 勧誘／人間が仕事せずに一度夕暮れを見て休憩しない?というさそい」と書かれているのだが、欄外に「Smoking = 蜂たちが花のみつをすうように夕焼け空をすうのはどうか?というさそいを表している／?がかんゆうしているかんじ」とメモが追加されていた。おそらく、話し合いを経て「Smoking」の表現する意味を膨らませることができたのであろう。この点に関して班員Hのワークシートには「夕やけを蜂たちが吸う花の蜜をすうように／蜂たちが休んでいる／~?~してみない?／蜂を人間に」と書かれており、班員Iのワークシートには「いそがしくしている蜂が休んでいる／人のがんばり」と書かれていた。以上から、班員同士の話し合いの中で“smoking sunset?”と“a calm bee”の関連を意識し、「蜂たちが吸う花の蜜をすうように」「人間が仕事せずに一度夕暮れを見て休憩しない?というさそい」という解釈が出てきたのであろう。そのため、最初に単語レベルで考えていた班員Gの思考が全体的な解釈へと幅広く深まっていった経緯が読み取れる。

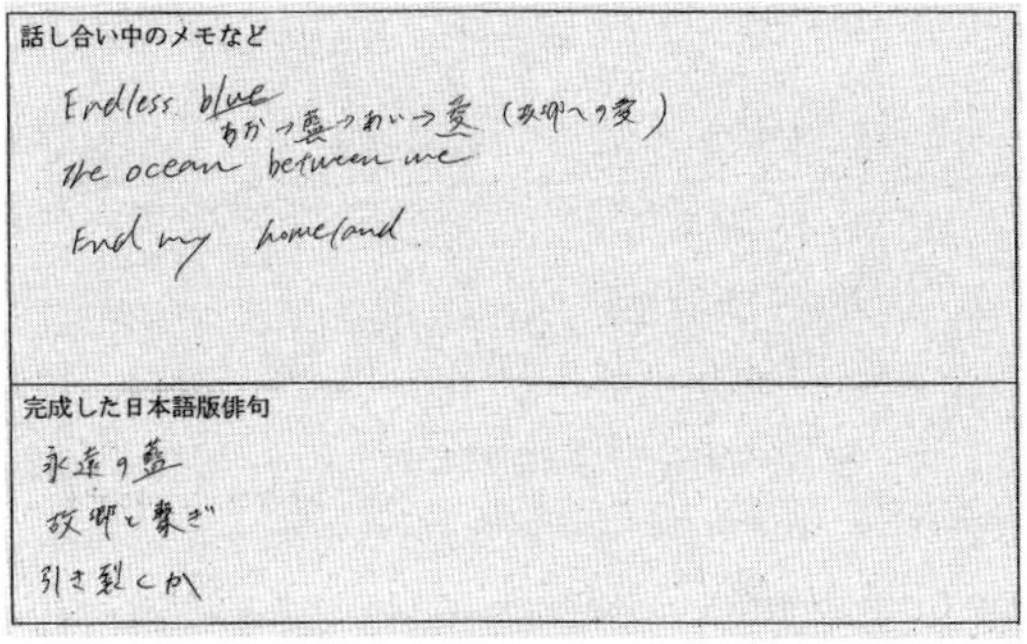
話し合い中のメモなど

Endless blue
あお→藍→あい→愛（故郷への愛）
the ocean between me
and my homeland

完成した日本語版俳句

永遠の藍
故郷と繋ぎ
引き裂くか

図4：班員D

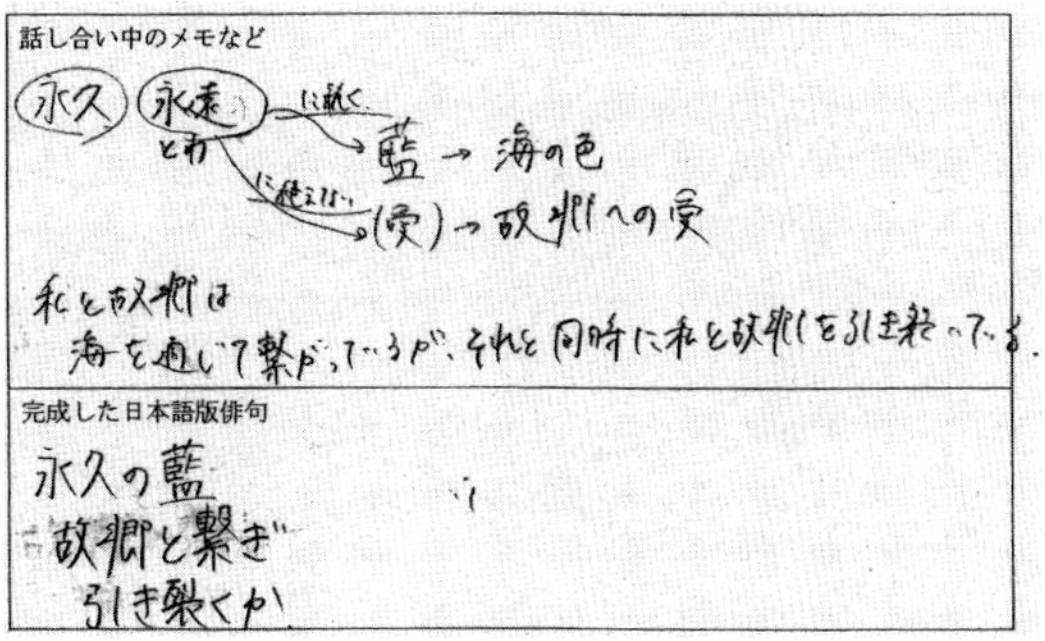
話し合い中のメモなど

永久 永遠 とか → に続く → 藍 → 海の色
→ 愛 → 故郷への愛

私と故郷は
海を通じて繋がっているが、それと同時に私と故郷を引き離している。

完成した日本語版俳句

永久の藍
故郷と繋ぎ
引き裂くか

図5：班員E

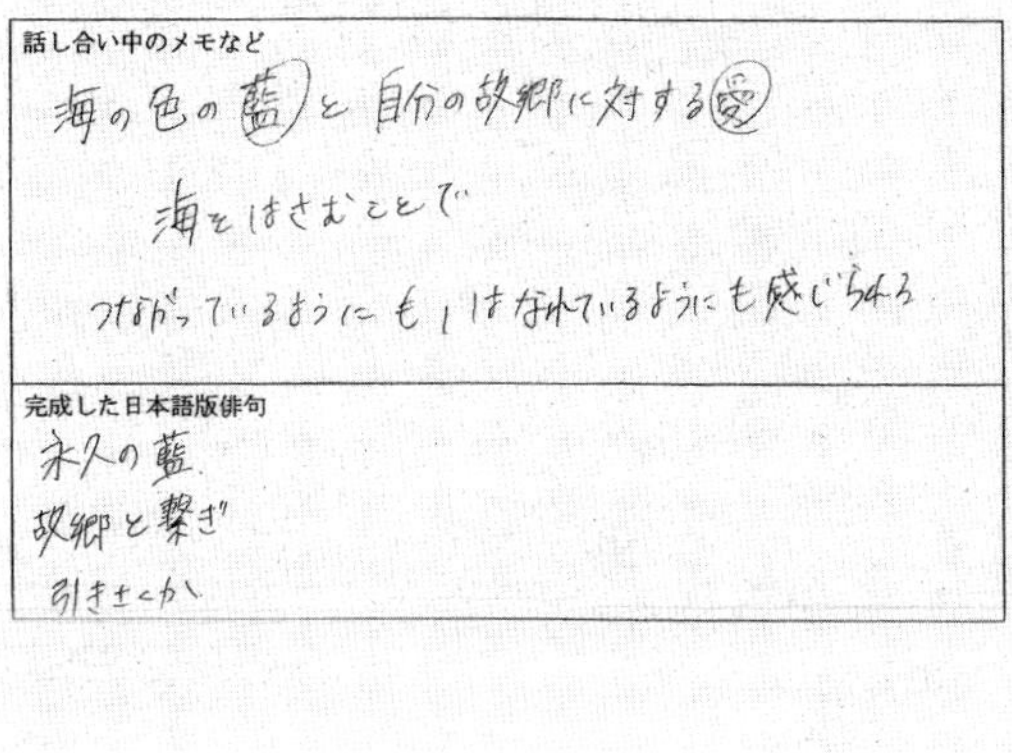
話し合い中のメモなど

海の色の藍と自分の故郷に対する愛
海をはさむことで
つながっているようにも、はなれているようにも感じられる

完成した日本語版俳句

永久の藍
故郷と繋ぎ
引きさくか

図6：班員F

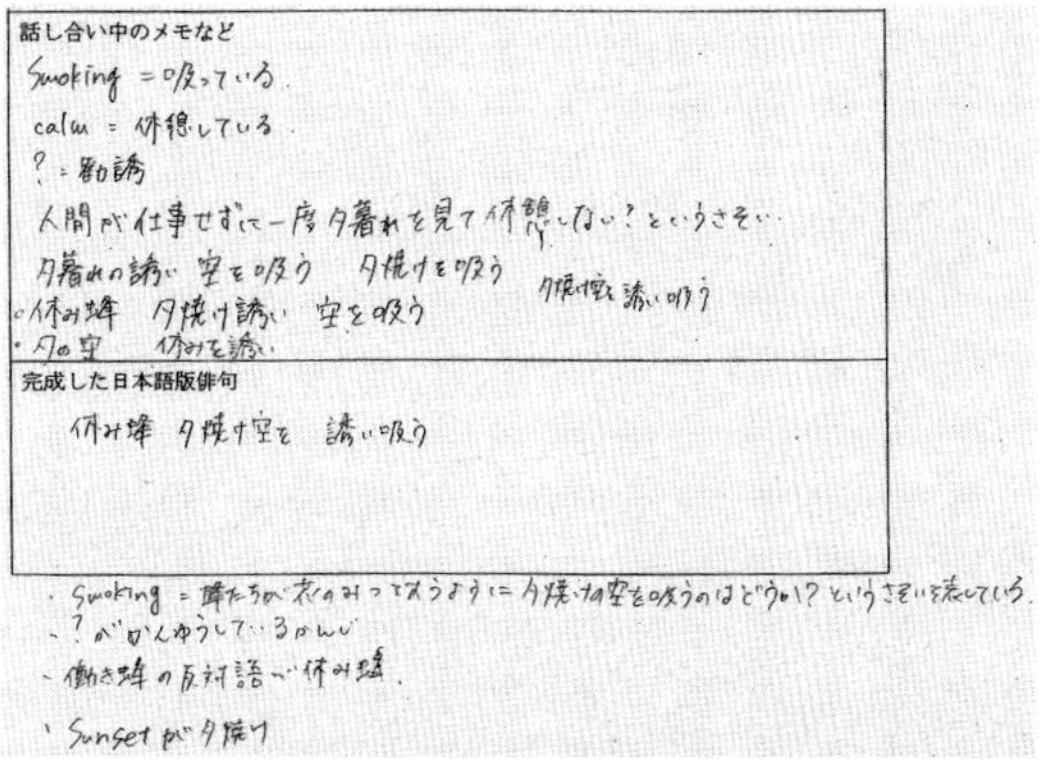
話し合い中のメモなど

Smoking＝吸っている
calm＝休憩している
?＝勧誘
人間が仕事をすぎて一度夕暮れを見て休憩しない？というさそい
夕暮れの誘い 空を吸う 夕焼けを吸う 夕焼け空 誘い吸う
・休み蜂 夕焼け誘い 空を吸う
・夕の空 休みを誘い

完成した日本語版俳句

休み蜂 夕焼け空を 誘い吸う

・Smoking＝蜂たちが花のみつを吸うように夕焼けの空を吸うのはどう？というさそいを表している
・？がかんゆうしているかんじ
・働き蜂の反対語が休み蜂
・Sunsetが夕焼け

図7：班員G

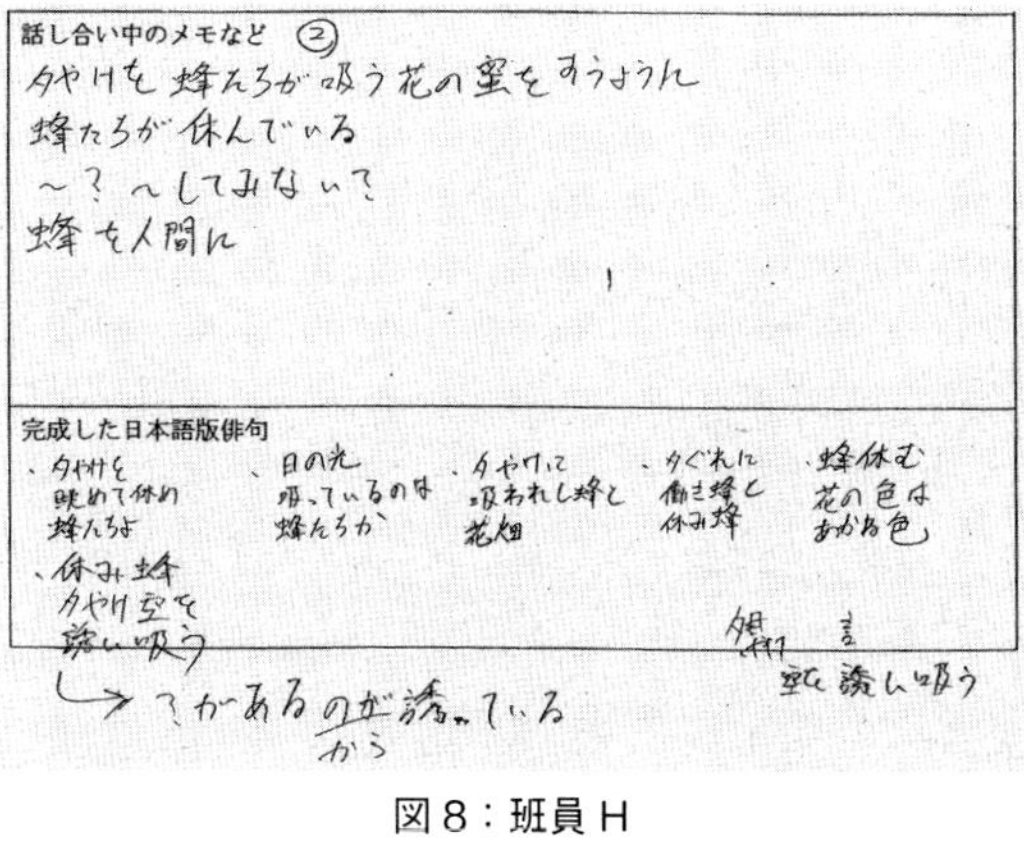
話し合い中のメモなど ②

夕やけを蜂たちが吸う花の蜜をすうように
蜂たちが休んでいる
～？～してみないって
蜂を人間に

完成した日本語版俳句

・夕やけを 映めて休め 蜂たちよ
・日の光 吸っているのは 蜂たちか
・夕やけに 吸われし蜂と 花畑
・夕ぐれに 働き蜂と 休み蜂
・蜂休む 花の色は あかね色
・休み蜂 夕やけ空を 誘い吸う
→ ？があるのが誘っている から
空に誘い吸う

図8：班員H

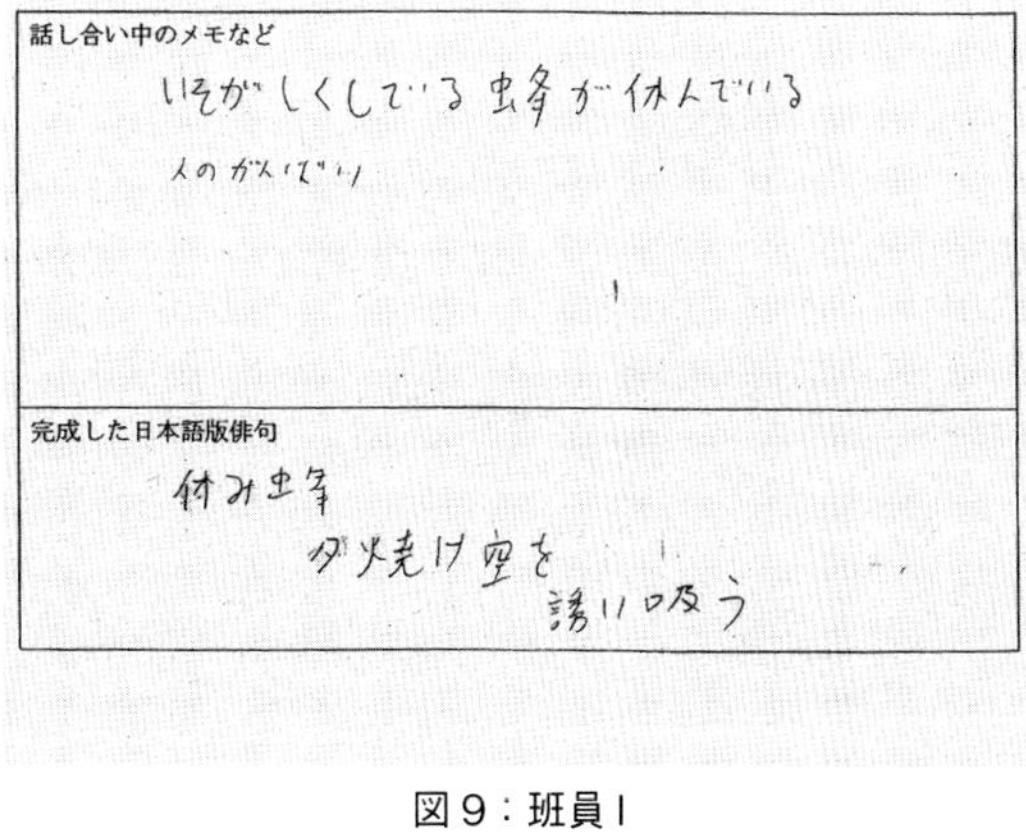
話し合い中のメモなど

いそがしくしてる虫が休んでいる
人のかんじ

完成した日本語版俳句

休み虫
夕焼け空を
誘い吸う

図9：班員I

また、完成した俳句の冒頭で用いられている「休み蜂」については、班員Gが欄外に「働き蜂の反対語で休み蜂」と書いているのみで他の班員には記載がなかった。この単語に関しても話し合いの中で出てきたと考えられるが、参考にしたのは俳句を学習する前に読んでいた『城の崎にて』ではないだろうか。本文中に「一匹の蜂が玄関の屋根で死んでいる」のに対し「忙しく立ち働いている蜂はいかにも生きているものという感じを与え」る描写があり、授業でもこの対比を扱ったので蜂の対比を行いやすかったのだと推測される。

　なお、班員GとHのワークシートには俳句を完成させるまでの経緯や他に考えた俳句も残っている。Gは「夕暮れの誘い　空を吸う　夕焼けを吸う　夕焼け空を誘い吸う」「休み蜂　夕焼け誘い　空を吸う／夕の空　休みを誘い」と書いており「休み蜂」についての言及はない。一方、Hは六種類の俳句を考えたようだが、「休み蜂」を用いたものは「夕ぐれに／働き蜂と／休み蜂」と完成作品となった「休み蜂／夕やけ空を／誘い吸う」の二句であった。これらから、「休み蜂」を最初に考えたのはHの可能性が高く、「蜂たちが吸う花の蜜をすうように」「人間が仕事せずに一度夕暮れを見て休憩しない？というさそい」との解釈に合う俳句を見出したと考えられる。

　班員G・H・Iの自己評価は「2少しはよくできた（理由）英語の文章を深く読み想像力豊かにできた。その解釈を日本語に落とし込むのに時間がかかってしまった」（G）、「2少しはよくできた（理由）それぞれの考えをまとめられた。発表がごたごたしてしまったけど、理由を説明できた」（H）、「1大変よくできた（理由）色々な意見を出しあって、俳句を楽しむことができた」（I）となっていた。時間がかかったようだが、非常によく考えて深い解釈を見出し、それに合う俳句を詠むことができたのであろう。同席していた担任の先生からも「休み蜂にグッときました」と後日感想をもらった。

2 分析を踏まえた成果と課題

●成果

【Ⅰ】から【Ⅲ】に挙げた例は、話し合い活動を通じて直訳ではない俳句を完成させることによって深く考えた跡が特に窺われた班である。彼らの話し合いの音声を記録していた訳ではないが、ワークシートの記載事項から話し合いを通じて考えを深めていった経緯が読み取れた。単純に日本語に訳す作業だけでは深く学ぶことはできないが、英語で書かれたものを日本語に直すという一種の〈比べ読み〉を行い、英語で書かれた俳句を解釈すること、更にその内容を日本語の俳句に詠み直すこと、という二段階の活動を経て、このような「深い学び」を達成できたと言えよう。★1

　また、例示した班以外でそこまで深く考えた俳句を創ることができなかった班もあったが、感想で「自分は日本語を五七五にあてはめるだけで精一杯だったけれど、他の班の発表を聞いて、元の英語の俳句をもっと自分でかみくだいて理解し、五七五にしていて、内容が深かった。他の班のも聞いて、考えが広がったと思う。」と書かれており、発表を聞い

★1 ここがポイント！

本実践の肝は、この「二段階の活動」にあります。学習者は、英語作品の翻訳作業を通して、「日本語」に向き合っています。英単語を日本語に置き換えるという単純なものではなく、俳句という文芸の形式を意識しながら、学習者の言語感覚が試され、磨かれています。五・七・五という制約があるがゆえに、その枠の中で生きる言葉を探し、言葉と言葉のつながりや重なりを考えながら、日本語作品に創り変えています。元の英語作品と、自分たちで創った日本語作品とが対比的に意識されながら、「俳句」という言語文化に目が開かれていく過程が窺えます。

たことで考えが深まり「深い学び」となった学習者もいたようである。

各評価規準とも照らし合わせてみると、〔思考・判断・表現〕については英語俳句の内容解釈が、〔主体的に学習に取り組む態度〕は日本語での俳句の詠み直しがそれぞれ該当している。そして、〔知識・技能〕については、多様な国や地域の方が詠んだ俳句を解釈し日本語との比較をすることで、日本語の特徴を摑むことができた点が当てはまる。主に〔思考・判断・表現〕と〔主体的に学習に取り組む態度〕は先述した「深い学び」になるため、これらが達成できた点は一番の効果であろう。

一方の〔知識・技能〕については、英語との比較から日本語や俳句の特徴や美しさ、奥の深さに気付かせることができた点が効果の一つと言えよう。班員ＡやＣ以外にも「日本の俳句はあえて直接的ではなく遠回しに表現したりすることが多くて、筆者の興味を引きつけているのだと思った。改めて、日本の俳句は五・七・五におさめたり、掛詞などの表現技法を使ったりして作られていて素晴らしいものだと思った」（原文ママ）「五・七・五だけで、色々な景色などを伝えられる俳句はとても素晴らしいものだと思った」「同じ句でも英語→日本語だと広い解釈の幅があり、同じ解釈でも言葉えらびが異なるだけで雰囲気や読み手・聞き手に与える印象も大きく変わってくるというのが中々面白いと思った」「日本語は豊かだと思いました。英単語一つで日本語は様々な意味で表現することができる。改めて日本語の幅広さを感じました。」という感想もあった。

また、日本で生まれた俳句がＨＡＩＫＵとして世界中に広がっていることを知ることができ、日本文化に対する誇りを抱かせることができた点も忘れてはならない。感想にも「日本の文化が世界で親しまれていて、すごいと思った」「今日の授業まで、海外にＨＡＩＫＵがあることを知りませんでした。日本の文化が世界中で親しまれているのもいとをかし。」などとあった。

さらに、様々な国で詠まれた俳句から文化の違いに気付く学習者もいた。感想では「国が違うと、文化なども違ってくるから、その国ならではの景色がかかれていておもしろかった。」「英語を使っている人々の文化と日本語を使っている日本人の文化には違いがあり、その2つの文化の差異が言語表現の守備範囲の差になっていることが分かった。そのため、ＨＡＩＫＵをもとにして俳句にするのは難しかったですが、とても楽しかったです。」などの記述があった。

●課題

一方、課題としては限られた授業時間内で活動することが難しい点をまず挙げたい。思考ツールを用いて指導計画を立てる際は四コマが理想的であるが、このような授業に時間を割くと他の単元への支障が生じてしまう点は否めない。いかに年間計画に組み込んでいくかが大事になるだろう。

また、英語俳句と日本語俳句の特徴の違いなどについて、個別に感想に書いた学習者はいたものの、全体での話し合いや考える活動がなかった点も課題となる。これについては、ベン図などの思考ツールで整理しながら、英語俳句と日本語俳句そのものについてより深く考える時間があってもよかっただろう。

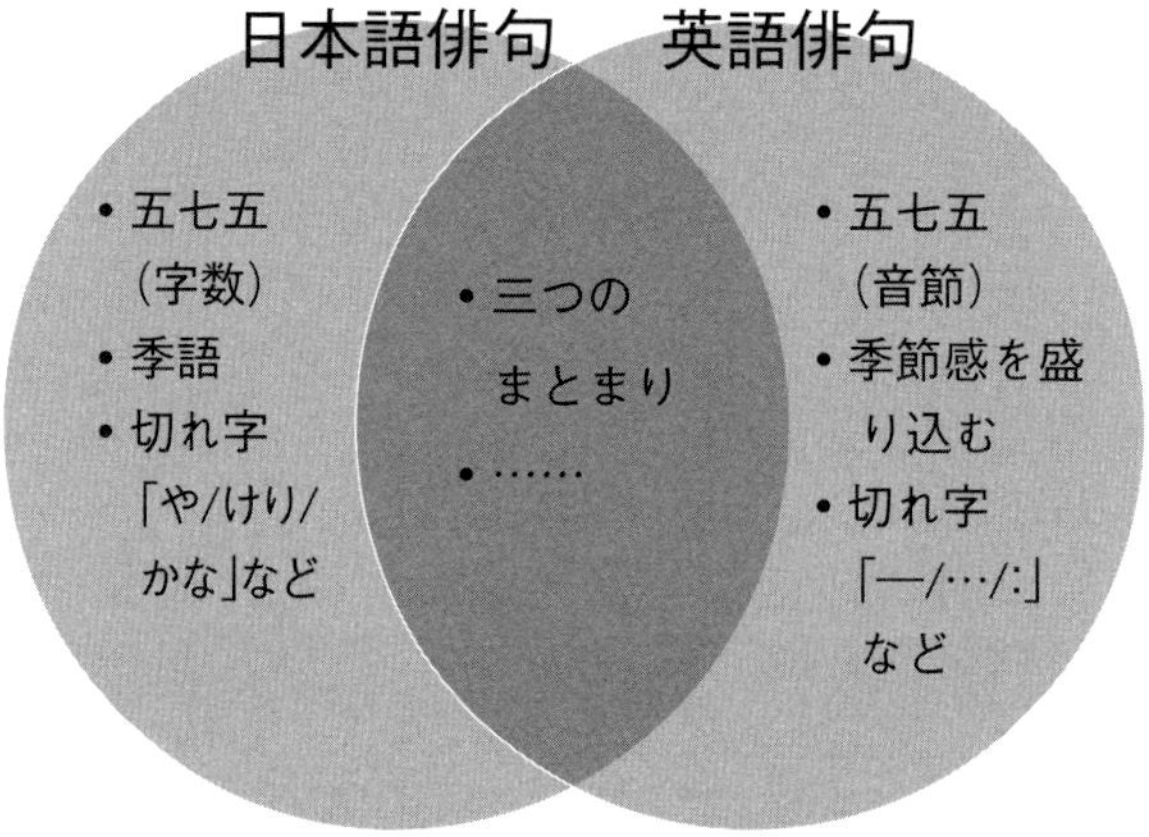

図 10：ベン図の例

そして先述したように、感想には文化の違いについて触れている学習者がいたのにもかかわらず、各々の文化について触れたり文化の違いについて考察したりする活動を全く行えなかった点も課題である。本学習から国際的な視野を持ったり、国際理解教育に繋げたりすることができる可能性もあるので、この点についても実現させたい。

最後に評価方法についても言及する。Ⅱでも触れたが、本実践では完成した俳句作品を評価対象としたため、話し合いの過程では深く考えていたにもかかわらず完成作品がそのようではないものについての評価が低くなってしまった。また、作品ごとの評価では、話し合いに積極的に参加していなくても一律で班員全員が良い評価を得てしまうことになるので、ワークシートの記述を踏まえて話し合いの中での姿勢を個別に評価する必要性も痛感した。今後は観点別評価も行うため、ワークシートにおいて思考の深まりを個別に視覚化できるように工夫し、それらを積極的に評価対象としていきたい。

その他の生徒作品例

○"a house on the bay/tapping one another/lily buds" (Russia)
「入り江の家／互いにはげます／百合の蕾達」
➡二行目を「互いにはげます」と解釈した表現力が素晴らしい作品。

○"Divine song in the forest/Sitting on top of a tree/The unnamed bird." (Singapore)
「森中に／聖歌響かす／名なき鳥」
➡英語の二行目を、「木の上に座りながら」という意味から解釈し、「森中に～響かす」と創作した素敵な作品。

Ⅳ 広がるアイデア

英語や外国語で書かれたものと日本語で書かれたものを〈比べ読み〉する活動は従来ほとんど行われてこなかったが、近年では教科書レベルでも英語の翻訳が掲載されるなど、非常に身近な存在として認識されつつある。今日、古典でも近現代の作品でも多くの日本文学作品が英語や他の言語に翻訳されているので、それらを手に入れることも比較的簡単で授業にも活用しやすいと言えよう。そのため、多様な学習活動が実践できる可能性を秘めていると考えられる。以下、いくつか例を挙げる。

1 古典作品

どの古典文学作品を扱っても構わないのだが、教科書に掲載されており学習した作品の方が内容を理解している分〈比べ読み〉をしやすいだろう。

●例Ⅰ：『土佐日記』と「The TOSA DIARY」

「The TOSA DIARY」との比べ読みを通じて「帰京」の場面をより深く理解する。特に、筆者が「心知れる人」と詠み合う和歌「生まれしも帰らぬものをわが宿に小松のあるを見るが悲しさ」と「見し人の松の千年に見ましかば遠く悲しき別れせましや」の英訳から内容を理解するとともに、英語と日本語の特徴の違いについても考察することが可能となるのではないだろうか。

●例Ⅱ：『源氏物語』と「The Tale of Genji」

「The Tale of Genji」に関しては複数の英訳が存在する上に、英語以外の言語への翻訳本も数多く出版されている。そのため、英語と日本語の比較にとどまらず複数の言語による〈比べ読み〉ができるだろう。特に有名な英訳としてはサイデンステッカーとウェーリーによる翻訳が挙げられるのではないだろうか。それらを活用しつつ〈比べ読み〉をすることで、例えば「若紫」の尼君と大人が若紫の将来を心配して詠み合う和歌「生い立たむありかも知らぬ若草をおくらす露ぞ消えむそらなき」と「初草の生ひゆく末も知らぬまにいかでか露の消えむとすらむ」の詠まれ方の違いから各言語の母語話者の言葉の使い方のみならず文化についても比較することができ、「深い学び」に繋げることができそうである。

2 近現代作品

近現代文学に関しても、教科書に掲載されており授業でも扱う作品と英語などの翻訳を〈比べ読み〉する方が実践しやすいと思われるが、その場でも内容を摑める作品であればどの作品を扱ってもよいだろう。

●例Ⅲ：『こころ』と「KOKORO」

いわゆる定番教材であり、全国の学習者が読む作品であるゆえに、英語のみならず他の言語との複数の〈比べ読み〉が可能となる。筆者は中国語母語話者が学習者にいた時、中国語に翻訳された『こころ』を探し事前に配布していたことがある。当時はその学習者が内容を理解できるようにするためだけに翻訳本を利用していたが、漢字の意味から内容を推測するなど〈比べ読み〉にも積極的に活用したい作品である。

例えば、Kが遺書の最後に書き添えた「もっと早く死ぬべきだのになぜ今まで生きていたのだろう」という言葉を扱う場合、他言語の描かれ方からそれぞれの国の死生観との比較もできるだろう。

3 サブカルチャー作品

日本で生まれた作品には漫画やアニメなどのサブカルチャーも含まれている。その中から今日でも人気がある作品のアイデアを例示する。

●例Ⅳ：『鬼滅の刃』と「Demon Slayer」「鬼滅之刃」など

言わずと知れた世界中で人気がある日本の漫画作品の一つである。日本語版の漫画と同じ場面の翻訳を活用し複数の言語を〈比べ読み〉することができ、例えば登場人物のセリフを推測したり読み取れる心情を考察したりすることも可能となるだろう。なお、本作品は登場人物が多く戦うことで命を落とす人物がいたり、鬼がかつては人間であった記憶を思い出したりするなど人間らしさを感じる場面もある。このような人と人とのつながり、親子愛や兄弟愛などを感じられる場面が多い作品なので、その分〈比べ読み〉を実践しつつ深く考えることができるだろう。

図11：『鬼滅の刃』プリント例

4 外国文学作品

ここまでは日本で書かれた作品を中心に例示していたが、日本語に翻訳された外国文学を原語と〈比べ読み〉することも一案である。

●例Ⅴ：『日の名残り』と「The Remains of the Day」

ノーベル文学賞を受賞したカズオ・イシグロ作品の原作（英語）と日本語翻訳を比較する活動を通じ、内容を深く理解していく案である。日本語の方が翻訳になるので他の例とは違う感覚も生じるかもしれない。特に『日の名残り』は、一九五〇年代半ばの英国（現代）から二〇年代・三〇年代の昔を回想するというストーリーなので、時代や状況が現在の日本と随分異なるが、日本生まれの作者が書いた英語は私たちにとって読みやすい文体であるため、〈比べ読み〉しやすいと思われる。

（石井明子）

※本稿は旧課程の「国語総合」の授業実践に基づいたものである。目標・評価規準等は現行課程のものに合わせて変更を加えている。

6 論理国語 評論文を「道具」として広告を比較する

教材
『広告都市・東京』（北田暁大）
「Lightee」広告（ライオン株式会社）
「嗽石香」（江戸時代の歯磨き粉）の宣伝コピー（平賀源内）
【思考ツール】ベン図／マトリクス図

Ⅰ 単元の概要

1 単元観

本単元は、広告についての評論文を読み、その要旨に基づきながら、時代や形式の異なる複数の広告を比較する単元である。実際の広告を用いることによって、評論文の主張を現実世界で応用することができる思考力の獲得をねらいとしている。

2 本単元における〈比べ読み〉のねらいと意義

本単元における〈比べ読み〉は、評論文を「道具」として用いて、実生活に活かすことをねらいとしている。従来の「読むこと」では一つの教材文を精読して単元が完結することが多く、それを「使う」意識は薄かった。しかし実生活においては読んだものを自分なりに活かす場面も多く、そこに本単元における〈比べ読み〉の意義がある。

また、本活動は〈比べ読み〉を行う単元であると同時に、探究活動における基礎スキルの育成を担う単元でもある。探究活動では、探究対象についての文章を読み、それを参考にして活動を深めていく。文献を「道具」として用いる意識がなければ活動は進まないのである。また、本単元での思考ツールの使用も、探究活動での基本的なスキルとなる。こうした活動は、高等学校の科目としての〈探究〉だけでなく、研究活動等においても必須の能力であり、調査・研究のきわめて初歩的な技能の一つとして、本単元が行う比べ読みの活動はある。こうしたスキルを養うことも本単元の意義の一つであろう。

3 教材と学習活動について

使用した評論文は北田暁大『広告都市・東京』[注(1)]の一説である。広告の歴史をコンパクトにまとめつつ、その本質について筆者独自の見解が語られている。北田は広告について、「『メッセージ』がまとう物質的身体（情報様式）のあり方」だと述べ、その本質は広告が伝えるメッセージ以上に、それがどのような手段や技術で伝えられているのかに宿るとする。我々は宣伝されている商品の情報ばかりに目が行きがちであるが、それがどのように宣伝されているのか、その部分に注意を促す点で、この文章は学習者にとって新鮮な驚きをもたらすだろう。学習者は日々多くの広告に触れている。特にインターネットサイトで、ページの合間に膨大な量の広告が挟まれていることからも分かる通り、広告は現代社会に巧妙な形で偏在し、我々の生活に密着している。そんな広告を新しい視点で見つめ直すきっかけとしてこの文章は最適である。また、本文章を読んだ後に分析する実際の広告の一例として、今回は時代や形式の異なる歯磨き粉の広告を取り上げた。現代でも多くの広告が作られているのに加え、江戸時代にも有名な歯磨き粉の広告が作られており、時代を超えた比較ができるためである。広告の詳細については「Ⅲズームアップ」にて詳述する。

Ⅱ 指導と評価の実際

まず、一時間目のはじめに、本単元全体の概要と目標、行う学習活動を学習者全体に共有する。筆者の勤務校ではMicrosoft 社が提供しているチャットツール「Teams」を利用しているため、筆者はいつもPDF化した単元全体の概要を書いたシートを共有している。比べ読みを全面化した単元の場合、生徒が活動に慣れていない場合があるので、プリントやチャット等で授業の展開が明示された資料を配布・配信することが望ましい。

単元の概要を説明したあと、実際に評論文「広告都市・東京」を読み、その主張を捉える。重要なのは、本単元での目標はあくまでも、評論文での主張を実際の広告での分析に活かすということであり、丁寧な読解が主眼ではないということだ。段落ごとにその主張を丁寧に読み解く必要はなく、今後の広告分析に必要な情報を簡潔な形で学習者に考えさせたい。ここでは教材化したものの全文を掲載することはできないが、その主張をもっとも端的に表している一文を引用する。

広告とは、根源的な意味において、たんなる商用メッセージのことではなく、メディアの限定された誌（紙）面空間のなかで「私を見よ！」と強引に主張し、受け手のまなざしを誘惑する語りのスタイル、「メッセージ」がまとう物質的身体（情報様式）のあり方のことをいうのである。

（北田暁大『広告都市・東京』、一六七頁）

広告とは、人々の注目を集めるための情報の伝え方そのもののことを指すと北田は述べている。つまり、広告を分析するとき、「その広告はどのような方法で人々の視線を集めているのか」ということが一つの観点になるということだ。一時間目はこの一文を中心として、広告についての筆者の考えを生徒に考えさせる。この段階では、筆者の主張を完全に理解できない生徒もいると思われる。あるいは頭では分かっていても「腑に落ちない」生徒もいるだろう。本文の単語は専門用語も多く、いささか抽象的だからだ。しかし、この段階で完全な理解を求めなくてよい。これ以降での広告の分析作業を通じて、逆にこの評論文の理解が深まることもあるからである。

二時間目では、前時で学習した広告の特徴を比較の観点として、実際に二つの歯磨き粉の広告について教員主導のもとで分析を行なう。このとき用いるのは、ベン図とマトリクス図である。最初にそれらの特徴や利点を簡単に説明し、その上で、「それぞれの広告はどのように人々の注目を集めようとしているのか」ということを考えさせる。生徒から出てきた答えをベン図とマトリクス図に落とし込みながら、複数の資料を分析する方法を学んでいく。ここでの作業については「Ⅲ ズームアップ」で詳述するので、参考にされたい。

三時間目では、前時での教員との分析作業を生かして、自分自身で広告を探し、それらを比較する作業を行う。次の四時間目では、それらをグループごとで共有し、クラス全体で各グループの成果を発表する。最後にもう一度評論の内容に立ち返りながら、学習のまとめを行なって単元は終了となる。

【単元指導計画表】

1 単元名

評論文を「道具」として広告を比較する

2 単元の目標

(1) 情報を重要度や抽象度などによって階層化して整理する方法について理解を深め使うことができる。〔知識及び技能〕(2) イ
(2) 関連する文章や資料を基に、書き手の立場や目的を考えながら、内容の解釈を深めることができる。〔思考力、判断力、表現力等〕B (1) オ
(3) 言葉がもつ価値への認識を深めるとともに、生涯にわたって読書に親しみ自己を向上させ、我が国の言語文化の担い手としての自覚をもち、言葉を通して他者や社会に関わろうとする。「学びに向かう力、人間性等」

3 本単元における言語活動

広告に関する評論文を読み、そこでの記述に従ってさまざまな広告について分析し、それらを比較する。

4 単元の評価規準

知識・技能	思考・判断・表現	主体的に学習に取り組む態度
情報を重要度や抽象度などによって階層化して整理する方法について理解を深め使うことができる。((2) イ)	「読むこと」において、関連する文章や資料を基に、書き手の立場や目的を考えながら、内容の解釈を深めることができる。(B (1) オ)	評論文と複数の広告を関連づけて読むことを通して、情報の重要度に応じた整理の仕方について理解し、自分の考えを広げたり深めたりすることに向けて粘り強い取り組みを行う中で、自らの学習を調整している。

5 指導と評価の計画(全4単位時間想定)

次	時	主たる学習活動	評価する内容	評価方法
1	1	• 単元の概要と目標、学習活動を学習者に伝える。 • 北田彰大『広告都市・東京』を読み、筆者が考える広告の特徴についてまとめる。	[知識・技能] ①	「記述の点検」 (ノート) 「行動の観察」 (授業態度)
2	2	• 前時でまとめた広告の特徴をもとに、教員が提示する複数の広告について、マトリクス図を使ってその特徴を分析する。 • マトリクス図を使ってまとめた広告について、ベン図を用いて比較する。	[知識・技能] ① [思考・判断・表現] ①	「記述の点検」 (ワークシート) 「行動の観察」 (授業態度、グループワーク)
3	3	• 前時での分析作業をもとに、自分自身で一つの広告を取り上げ、その特徴について分析する。	[知識・技能] ① [思考・判断・表現] ① [主体的に学習に取り組む態度]①	「記述の点検」 (ワークシート) 「行動の観察」 (授業態度)
4	4	• 前時で分析した広告について、グループでその特徴を比較する。 • グループワークの結果を発表する。 • 学習のまとめを行う。	[知識・技能] ① [思考・判断・表現] ① [主体的に学習に取り組む態度]①	「記述の確認」 (ワークシート) 「行動の確認」 (授業態度、グループワーク)

Ⅲ ズームアップ

ここでは、実際に評論文で読み取った広告の特徴を観点として、生徒たちが複数の広告を比較し、図に落とし込んでいった際の様子を報告する。加えて授業の具体的な場面や生徒たちの発言、ワークシートに書かれた文言などを分析し、本単元における〈比べ読み〉の効果・課題点などについて解説する。

1 授業の展開

ここでは、学習指導案における第2時、第1時に読んだ評論文を参考にして二つの広告を分析する授業の展開を報告する。

授業ではまず、本授業で使用する思考ツールについて説明し、それがどのようなときに有用であるのかを解説した。マトリクス図はマス目のような形になっている図であり、複数の資料を複数の観点から比較する際に有用である。加えて授業ではベン図の説明も簡単に行った。ベン図は、真ん中の部分を共有した二つの円で成り立つ思考ツールであり、二つのものの共通点と相違点を考える際に有用である。その後、実際にベン図とマトリクス図を用いて、提示した広告について比較作業を行なってもらった。今回はそれぞれの広告がどのように人々の注目を集めようとしているのかを一つの観点として生徒たちに意見を出してもらった。今回使用した教材は以下の二つである。

・平賀源内による「嗽石香」（江戸時代の歯磨き粉）の宣伝コピーの現代語訳[注1]（江戸時代に、以下のコピーが紙に書かれて配られた。以後、広告Ⅰとする）

実は隠すのは野暮なので、ぶっちゃけバラしますが、防州の砂に匂いを付けたもの、教え通りに薬種を選び念入りに調合しました。歯を白くするだけでなく富士の山ほどの効能があると聞きました。しかし、効くのか効かぬか、私にはわかりません。でも、たかが歯磨き、ほかの効能なくても害も無いでしょう。正直言うとお金が欲しさに早々に売り出すことにしました。お使いになって万一良くなく、捨ててしまっても、たかが知れた損でしょう。私の方はちりも積もって山となります。もし良い品とご評判いただけば表通りに店を出し、金看板を輝かせて今の難儀を昔話としましょう。

・ライオン「Lightee」広告[注2]（以後、広告Ⅱとする）

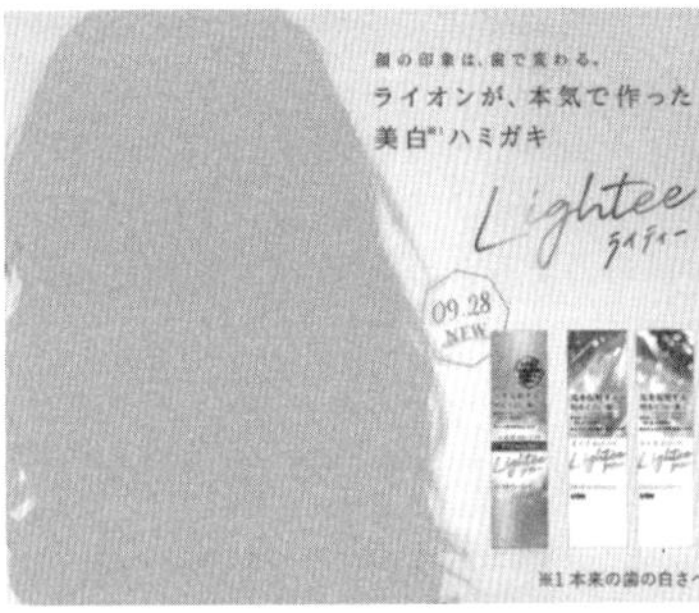

※権利上の理由により、人物部分は伏せています。

これらはどちらとも歯磨き粉の広告であり、それが宣伝している商品は同じものである。しかし、一見してすぐに分かるように、これらの広告はまったく異なる雰囲気を持っており、これらを見せた後、生徒たちからは「全然ちがう」「同じ商品を扱っているとは思えない」という声が口々に漏れた。このような反応は非常に重要である。というのも、生徒たちの目からはまったく比較できそうにない、まったく異なるというふうに見える広告でも、比較の方法を考えればその違いを言語化・図化できることが実感されやすいからである。

二種類の広告を見た後、前時の授業で読んだ評論で主張されていたことを想起させる。そこで書かれていた「広告がどのように人々の注目を集めようとしているのか」という観点のもと、それぞれの広告がどのように人々の注目を集めているのかを生徒に考えてもらった。また、この際に両者の特徴が明確にわかるように、ベン図の形で共通点と相違点を書いてもらう。★❶生徒のワークシートを以下にまとめる。また、その後には実際に生徒が書いたベン図をいくつか掲載する。

【生徒のワークシート】

広告Ⅰ：文字が多い、商品をあえてけなしている、ストーリー仕立ての凝った紹介文である、商品のイラストがない

広告Ⅱ：カラフル、色が鮮やか、写真が多く使われている、シンプルな紹介文、商品の魅力をアピールしている

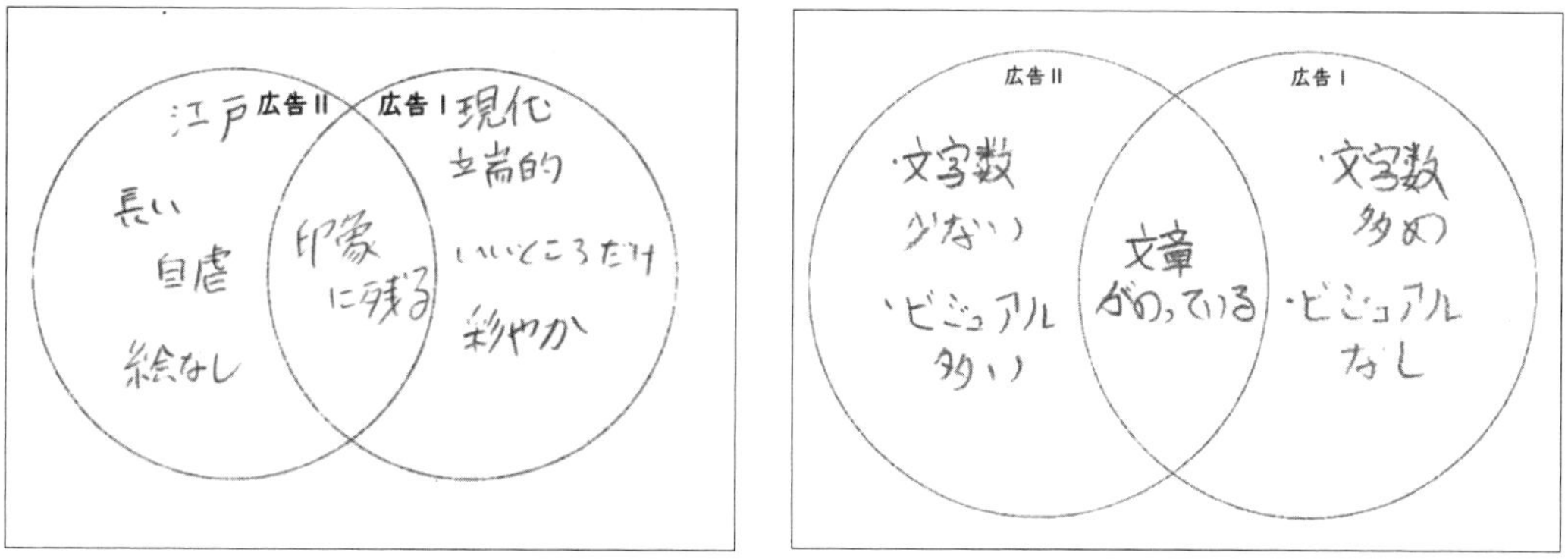

図１：生徒が書き込んだベン図

※左の図は広告ⅠとⅡの内容が逆になっていますが、原文のまま掲載します。

★❶ここがポイント！

よく見慣れた現代の広告と比較することで、学習者にとっては異質な江戸時代の広告に興味・関心が向かっていることが分かります。

このように言語化していくと、最初はまったく異なるものだった二つの広告の違いがだんだんと鮮明になってくる。

次にここで登場した違いについて、さらにそれをグルーピングして二つの広告を比較する観点を明確にしていく。先ほど生徒たちから提出された観点は、大きく分けると「文字情報」と「ビジュアル情報」の二つに分かれた。このグルーピング作業は、それぞれのクラスによっていくらか意見が分かれるだろうが、ここでは一つの正解に生徒を誘導するための発問ではなく、とにかくさまざまな意見を出してもらうことを主眼に置いているので、生徒から出てきたアイデアに基づいてグルーピングすると良い。その後、さらに、マトリクスの観点に「文字情報」「ビジュアル情報」を入れ、マトリクス図を埋めていった。

江戸時代の広告	現代の広告	
		文字情報
		ビジュアル情報

図2：マトリクス図

本来は、ここまで埋めれば広告の比較としては十分であり、本時の目標である「『広告』に関連する文章と、複数の実際の広告を基に、必要な情報を関係付けて広告についての自分の考えを広げたり深めたりすることができている」ことは十分にできている。しかし、生徒と対話を繰り広げていくうち、こうした差異がどのようにして生まれるのかを疑問視する声が出され、その理由までをも考察することになった。

その際の生徒の意見として、江戸時代の広告はどこかふざけているような部分があるが、現代の広告は必死に商品を売り出そうとしている、という指摘があった。たしかに江戸時代の広告は、広告とは思えないほど冗長とも言える文章で、しかも文章内容も商品をけなし、なんとか同情を誘って商品を買ってもらおうというある種のおかしみがある。それに対し、現代の広告は女優の顔を全面に出し、フルカラーで商品がいかに優れているのかを押し出している。北田が述べたように広告はどの時代も「私に注目せよ！」というメッセージを送り続けるものであるが、しかし江戸時代と現代ではその注目のさせ方が大変に異なるのである。それは、文字情報・ビジュアル情報に顕著に現れている。こうした差がどこで生まれたのかが生徒たちは気になったのである。

実は、本実践を行った生徒たちは、「現代の国語」の教科書等に採録されている内田樹「フェアな競争」（注3）を学習しており、現代の自由主義経済について学習していた。学習者の中には、そこでの知識を生かして、現代では社会のすべてが経済競争に駆られており、その状況に対応するかのように現代の広告にはある種の「必死さ」があるのではないかという指摘を行った。また、それを受けて授業者は、江戸時代にはまだ貨幣経済が現代ほどには発展していなかったこと、商品をアピールするにしても、まだ現代のような必死さが必要でなく、むしろ同時代にあった読本や、黄表紙のような戯作の影響も受けている可能性があることを述べた。

　ここでの生徒とのやりとりは、授業者はまったく予期していなかったことである。しかし、ベン図→マトリクス図と明快な図の形に落とし込んでいったことにより、最終的に生徒たちはこの二つの広告の裏側にある時代背景を考察することができた。学習指導要領に沿っていうならば「考えの形成」、指導要領の用語にこだわらず、より一般的な表現で言うなら「考察」まで踏み込めたことになる。生徒たちはワークシートのマトリクス図に線を引いて、そこに現れる時代背景などを考え、書き込んでいた。

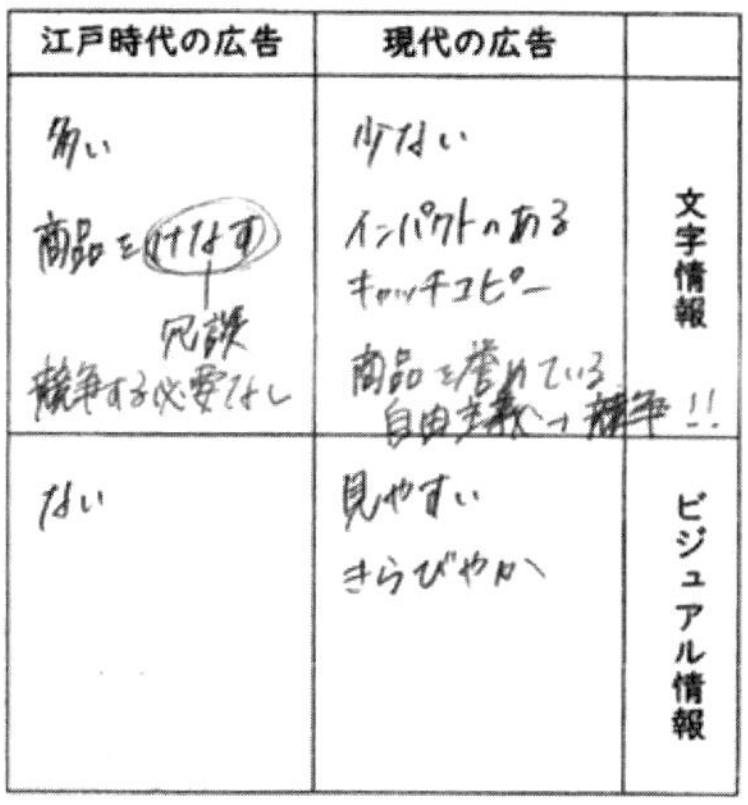

図３：生徒が書き込んだマトリクス図

2 実践の考察

以上の実践の展開について、若干の考察を試みる。

①〈比べ読み〉は「言語化能力」の育成を促す

まず、指摘したいことは、最初に読んだ評論文の情報を元に、学習者が広告についての考えを細分化し、言語化していったことである。生徒たちは最初、二つの広告について「全然違う」という抽象的なレベルでしかその差異を認識していなかった。しかし、北田の評論文という「道具」をきっかけとして、それを比較する観点を手に入れ、その観点に沿って、その「違い」を徐々に明確に言葉へ変えていった。★2 最終的には、その違いが何に起因しているのかも考え、両者の差異の時代的な要因もつかんでいった。このように、ある評論文を「道具」として比較の手掛かりとして用いることは大変有用であり、生徒たちが大まかに認識している差異を明確に、言語化することができる。

　ここに〈比べ読み〉の一つの効果があるのではないか。つまり、〈比べ読み〉を行うことによって「言語化能力」の向上を期待することができるのではないか。複数の教材を並置することによって、それぞれの教材について、生徒たちは、これまでとは異なる視点でその教材を見ることができる。異なる視点は同時に深い視点ということもできるだろう。一つの教材を読んでいるだけでは、その教材を相対化したり、批判的に読んだりすることはできない。それとは対照的な教材や、その文章について書いてある文章を参考にすることに

★2 ここがポイント！

本単元では、評論文教材をそれ自体の読解を目的とするのではなく、「道具」として位置づけ、広告の分析・批評へとつなげています。論理展開や構成を把握して書き手の主張を理解するといったお決まりの評論文の扱い方ではなく、目的を遂行するための資料として位置付けられているのです。こうした「読むこと」の学習はＰＩＳＡをはじめとするコンピテンシーとしての「読解力」育成とつながります。

よって、はじめてその教材について言葉にすることが可能になるのである。浜本純逸は、国語科教育の重要な目的の一つとして「言語化能力」を挙げたが、それは生徒たちの目から見たら不分明で抽象性に満ちた世界を自分なりの言葉で分け、具体的にする作業である。そう考えると、今回の実践は、広告という教材について、評論文をきっかけとして、それを言葉へと変換する作業が行われたと見ることができるだろう。本単元で行った「比べ読み」は、最初に北田の評論文という「道具」を提示することによって、実在する広告を、その「道具」を通してより具体的に言語化するという作業であった。

②教師による指導の重要性について

また、同時に重要なのは、教師による指導の重要性である。このように書くと、アクティブ・ラーニングをはじめとする「主体的で対話的な学び」が求められている現代の学習環境と真逆の方向を志向しているかのように思えるかもしれないが、そうではない。比べ読みの指導の場合、比べ読む二つの教材（本単元の場合であれば、二つの広告）を提示して簡易なワークシートに二つの特徴を書くだけ、という授業も散見される。しかしそれでは本時が目標としているような「複数の資料を関係づける」ような力は育たない。ある程度教員が主導しながら生徒の意見を発問で引き出しつつ、それをどのようにまとめ、どのように図にしていけばよいのかということをお手本として見せ、それを参考にした上で生徒自身に比べさせることが大事ではないだろうか。

こうした意見は前時代的だと思われるかもしれない。しかし、お手本がある場合とない場合では、生徒たちの思考の深まりも異なってくるように思われる。現に、今回の単元では教員主導で最初の〈比べ読み〉の活動を行った結果、生徒は、授業者が予期していなかった「考えの形成」までをも行い得たのである。お手本を示し、教員が教え込むことはどこか生徒の自主性を損ねているかのような気分にもなるが、しっかりと指導すべき部分で指導することが、逆に生徒の思考を促すことにもつながるのである。

②思考ツールを〈使い倒す〉

思考ツールの使い方についても、留意すべきことがあるだろう。〈比べ読み〉においては、思考ツールの使用が大きな効果を発揮する。しかし注意したいのは、思考ツールはあくまでも「ツール」であり、目的ではないということである。この点、先ほど筆者が述べた、評論文を「道具」として用いる意識と類似する点があるが、あくまで重要なのはその授業を通してどのような力を身に付けさせたいのか、ということである。本授業では、複数の資料を比較し、それを関連付ける力の育成を目指したが、その中で思考ツールを用いたのは、それを用いることによって、複数の資料の比較が行いやすくなるからである。したがって、思考ツールはあくまでも、道具にすぎず、その枠を丁寧に埋める必要はない。このような言い方が許されるならば、思考ツールは、学習のために〈使い倒される〉必要がある。★③ 思考ツールの枠を大胆に

★③ ここがポイント！

第三章でも、同様の指摘がありました。そこでは、与えられた思考ツールを変形させて使用していましたが、ここでも、学習者の思考の広がりと動きに応じて「使い倒す」ことの重要性が指摘されています。逆に言えば、枠があるからこそ、そこからはみ出ようとしたり、変形しようとしたりする働きとなって思考を活性化するのかもしれません。

超えるような書き込みがあったとしても、それが授業で目指す力の育成に資するような書き込みであれば構わないのである。例えば、本授業で用いたいくつかの思考ツールを見てみよう（図4）。

これらはマトリクス図に広告の比較を書いたものであるが、それぞれマトリクス図の枠を超え出て言葉を書いていたり、枠いっぱいに字を書いていたりと比較的自由にその枠を使っている。また、ワークシート外に文字を書き、それを矢印でつなげている部分もある。こうしたワークシートの使い方は従来のワークシートを用いた学習では歓迎されないものかもしれない。しかし私の教室ではあえて、「ワークシートは枠にとらわれずに、自由に自分が思ったことやクラスの人の発言で良いと思ったものをどんどん書いて良い。目的のために十分〈使い倒し〉てください」と指導している。先ほども述べたように、本時の授業の目的は、あくまでも二つの広告と評論文を比べ読み、それらを比較することにある。決して、「きれいにワークシートを埋める」ことが目的ではないのである。現にここでのワークシートは、それぞれの生徒が広告を比較しながら気付いたことや、クラスメイトの意見で自分が気になったもの、あるいは教員の発言等を自由に埋める自分なりの「思考ツール」になり、最終的には生徒それぞれの思考ツールが出来上がっている。

「思考ツールを用いた授業実践を行う」というと、どうしても、「思考ツールをしっかりと使う」ということに意識がいってしまい、それによってかえって生徒の思考を狭めがち

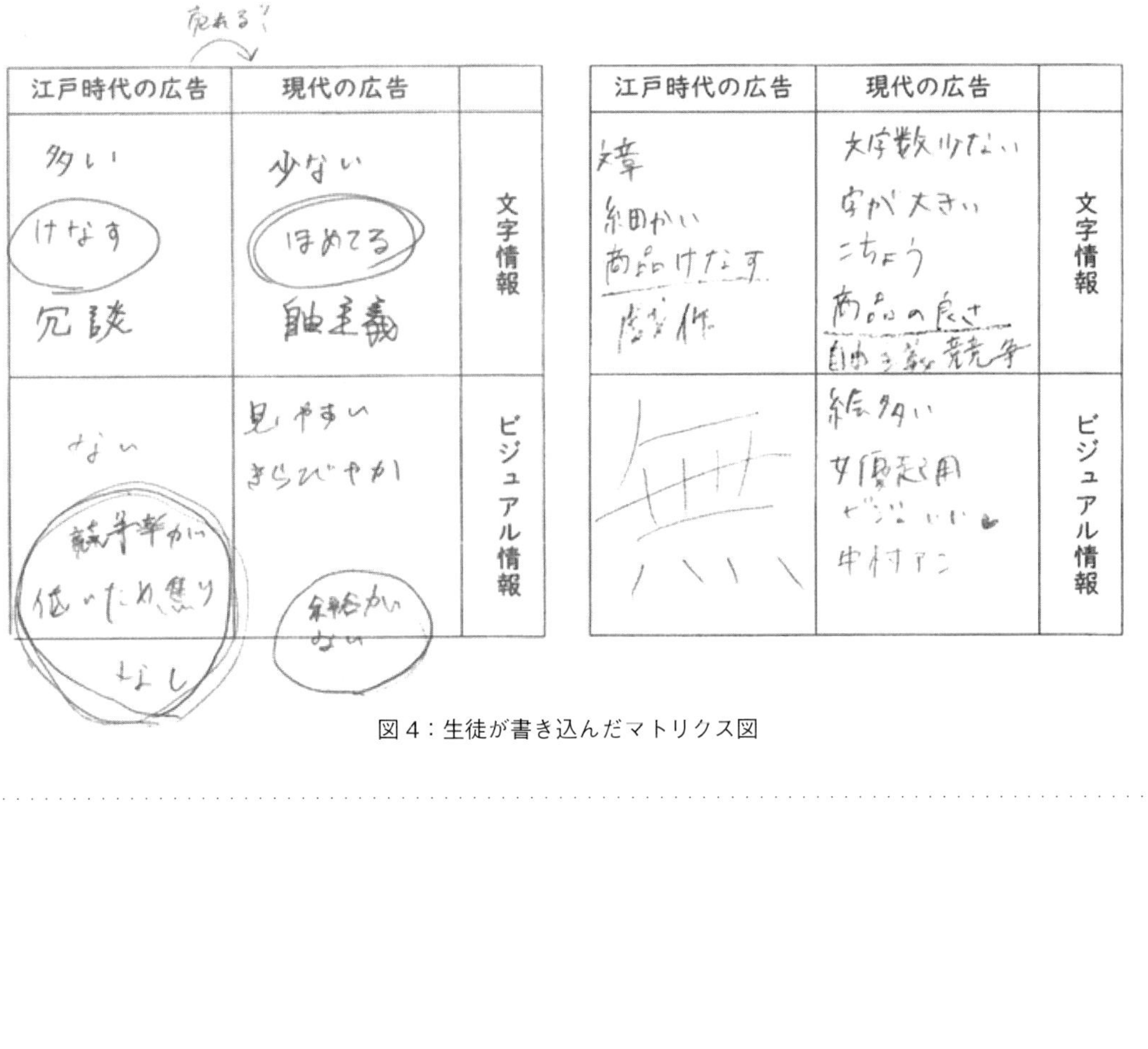

図4：生徒が書き込んだマトリクス図

になってしまう。しかし、常に授業の目標に立ち返り、思考ツールはあくまでも生徒の思考を促すためのものだと認識し、ある程度の自由さをもって書かせることが重要であろう。

3 本単元の課題

①評価規準・達成目標の明確化

実際に実践を行ってみると、生徒それぞれで多種多様な反応があることに驚かされる。特に〈比べ読み〉の場合、答えは一つではない。また、思考ツールを上手に活用すればするほど、生徒の思考はそれぞれ多様になっていき、授業がさまざまな方向に拡散していくことになる。特に今回の授業の場合、一部の生徒の発言を拾いながら、当初授業で予定していなかったことまでをもクラス全体で考えることになった。このように、比べ読みの授業では生徒の反応がさまざまであり、授業が多方面に拡散することが考えられるので、あらかじめこの授業の目標がどこにあるのかを、他の単元に比べても明確にする必要がある。

②クラスの雰囲気づくり

今回私が実践を行ったのは2クラスで、その両方ともで概ね良い反応を得ることができた。特に両方のクラスとも教員の呼びかけに対して多くの反応があるため、それをきっかけとしてどんどん思考ツールを埋めることができた。また、グループワークの際も、活発に意見が出ているようであった。

しかし、それはこの授業で扱った教材や方法だけが原因ではない。これまで、該当クラスではグループワークだけではなく、一斉授業の際も学習者への発問を多く行っており、なおかつ、どのような意見でもなるべく否定をせずに、受容することを授業者は心がけてきた。そのため、学習者は比較的自由に意見を発信することができ、また発言することに対しても躊躇がない学習者が多いクラスとなった。このような下地があったことも功を奏し、彼らにあまり馴染みのない〈比べ読み〉の活動でも、さまざまな意見を出すことができたのだと思われる。

〈比べ読み〉の場合、正解が一つに定まるわけではないので、クラスの学習者がどれだけ自分の頭で考え、それを発信していくのかが、授業が良い方向に展開するか否かを決めていく。しかし、それまでの単元で、授業者が一つの正解を求めるあまり、学習者が間違えることを恐れ、発言が少ないクラスになってしまっていた場合、いくら単元計画を綿密に練っていたとしても授業の活性化は望めない。普段の授業から、発言することを恐れない、正解にこだわりすぎないクラスの雰囲気をどう作るのかが重要になってくるのである。

③評論文教材自体を批判的に読むこと

また、本単元では、「評論教材自体を、実際の広告をきっかけにして批判的に読む」ということができなかった。今回の単元では、評論文に書かれていることをきっかけとして、実際の広告を分析した。しかし、使用した北田の評論文は、広告についての一つの見方を提示しているのに過ぎないため、実際の広告を分析したあとに、評論文自体をもう一度批判的に捉え直すことも可能であったはずである。今回は授業時数や授業展開の関係により、こうしたことができなかったが、複数の教材を用いる〈比べ読み〉の場合、そこで用いられた教材のそれぞれが相対化され、批判的に検討することが可能になるはずである。そのため、以後、こうした実践を行う際には、用いた評論文自体の再検討までをも視野に入れた単元構想を組んでみたい。

また、評論文に関連して、その選定についても問題提起しておきたい。今回は「広告」について書かれた評論文の中でも、北田暁大の文章を選定したが、「広告」を対象とした文章は数多くある。しかし、その中のどれが、実際の広告を分析する際の観点として有用なのかは検討の余地があるだろう。たとえば教科書に収録されている文章では岩井克人の「広告の形而上学」があり、教科書に収録されている以外の書籍でも吉見俊哉らカルチュラル・スタディーズの研究者が広告について言及したものや、マーケティング・商業の側から、企業人が広告についてきわめて実利的な用途から書いたものも数多く存在する。これらはすべて、実際の広告を分析する際の「道具」になるであろう。では、「道具」として使うにはどれがもっとも有用か。今回の授業で用いた北田の文章以外にも数多くの選択肢があるため、さらなる検討が必要であろう。

ここで留意したいのは、やはり本単元において筆者が繰り返し述べて来た「評論文を『道具』として用いる」ことである。教員側としては、この単元の最初に読ませる評論文を、歯応えのある、生徒たちからすると読むのにすこし苦労する文章にしたいと思ってしまうのではないだろうか。もちろん、そうした教材も、広告分析の際に有用であるならば望ましいものであるだろう（実際、今回筆者が使用した文章も決して簡単なものではなかった）。しかし、この授業の目標は、難しい評論文を読み解くことではなく、評論文をもとにそれと関連付けながら、広告を読み解くことにある。そのため、評論文自体が生徒たちにとってあまりにも難しすぎると、その後の広告の分析作業ができなくなってしまい、結果、〈比べ読み〉の単元としては不十分になってしまうのである。複数の資料を関連付ける力の育成を行う授業のためには、選定する評論文の価値が変わってくる。通常の読解の授業ではあまり歓迎されないような文章も、この授業では「道具」としての使用価値が認められ、使われる場合があるかもしれない（前述したマーケティングや広告を生業とする企業人が書いた文章などがこうした文章にあたるかもしれない。企業人が書いた文章などは、あまり国語の教科書には載らないだろう）。これまでの「読解」を中心とする授業が基準となっていた教材についての価値観を一旦忘れ、常にこの授業の目標に立ち返り、教材の価値観を変えていくことが肝要なのである。

Ⅳ 広がるアイデア

1 評論文を「道具」にする単元

本単元で行ったのは、評論文を参考に実際の広告を分析する学習活動であった。このように、評論文を現実の世界の分析に活かす学習単元は他にも多く考えられる。

例えば、中学生の教科書に採録されている布施英利「君は最後の晩餐を知っているか」を参考に、レオナルド・ダ・ヴィンチ「最後の晩餐」とそれ以外の絵画を比較する活動などもよいだろう。この文章では、「最後の晩餐」がいくつかの観点から紹介されているが、その観点は他の絵を分析する際にも有用なものである。

あるいは都市について書かれた評論文を読み、それをもとに実際の都市を歩いて、都市空間を分析する作業も考えられる。中沢新一『アースダイバー』は、地形やそこで起こった歴史上の出来事を参考に、東京について独特の観点から語っている。中沢の評論を参考にしながら都市を歩き、最終的に『アースダイバー』で語られていない都市について自分で分析することもできるだろう。

こうした例は、さまざまなジャンルに応用ができる。映画やアニメーションについての評論文をもとにして実際の作品を分析することや、文学評論に基づいて文学作品を読むことも考えられよう。いずれにしても、評論文を「道具」として使うことに留意すれば、さまざまな単元の可能性が開かれるのだ。

2 ICTの活用

本単元では強調しなかったものの、〈比べ読み〉の単元においてはICTを用いた思考ツールの使用も重要になる。例えば、本単元でいえば、最初に二つの広告の違いについて自由に意見を出してもらった。今回の実践では教場での発問や、プリントに考えを書いてもらったが、それをマイクロソフト社が提供する「Forms」というアプリで集計することもできよう。これは、オンライン上で回答ができる簡単なアンケートツールで、提出された回答は、教員用の回答確認画面からすぐに見ることができる。なおかつそれらの回答はExcel シートで一覧として出力することもできる。

また、興味深い機能として、回答をワードクラウドの形にしてくれる機能も搭載されている。ワードクラウドとは、あるまとまった文の中で、出現頻度が少ない単語は小さく、出現頻度が高い単語は大きく示される図のことである。上記に挙げた図は、ワードクラウドの例である。これは本

図５：ワードクラウドの例

単元ではなく、『走れメロス』とシラー『人質』の読み比べを行ったときのもので、「『人質』にはない『走れメロス』の特徴とはなにか」という問いについて回答してもらった際のワードクラウドである。この図を用いることで、一目見ると、生徒たちの多くが『走れメロス』の特徴として「比喩表現」やそれによる「臨場感」「躍動感」を答えていることがわかる。また、回答者の答えがこのように図にされることによって、学習者は他の生徒がどのようなことを考えたのか、その傾向をすぐにつかむことができる。

　このようにしてワードクラウドに登場した単語を取り上げて、マトリクス図に整理する作業なども効果的である。ワードクラウド自体は、インターネットの無料サイトでも作成が可能なので、興味を持たれた方は自身で作成してみてほしい。このような図が簡単に作成できる利点等も含め、formsは大変便利なアプリであるので、ぜひ導入を検討してみてはいかがだろうか。

　これ以外にも〈比べ読み〉に有用なICTツールは多数存在する。その中の一つが、ロイロノートだ。これは、インターネットを通じて学習を支援するシステムであり、その機能の中には、本授業でも用いたベン図やマトリクス図などのテンプレートがあらかじめ格納されている。生徒はそれらに書き込むことで思考ツールを用いた活動を簡単に行うことができる（図6）。また、ロイロノート最大の特徴は、提出された回答の共有・比較がきわめて簡単に行えることである。教員側のPCからは学習者から出された回答が一つの画面の中で見ることができ（図7）、その中から選んだ任意の作品を拡大してみることもできる。また、それだけでなく、二つの作品の比較なども行える（図8）。これらの画面はすべて、生徒のPC画面に投影することが可能で、生徒はクラスメイトの作品との比較を通して自分自身の考えと比較し、さらに思考を深めることができるのである。〈比べ読み〉の作業にとってICTツールは大きな武器になるので、ぜひ使用されたい。

（谷頭和希）

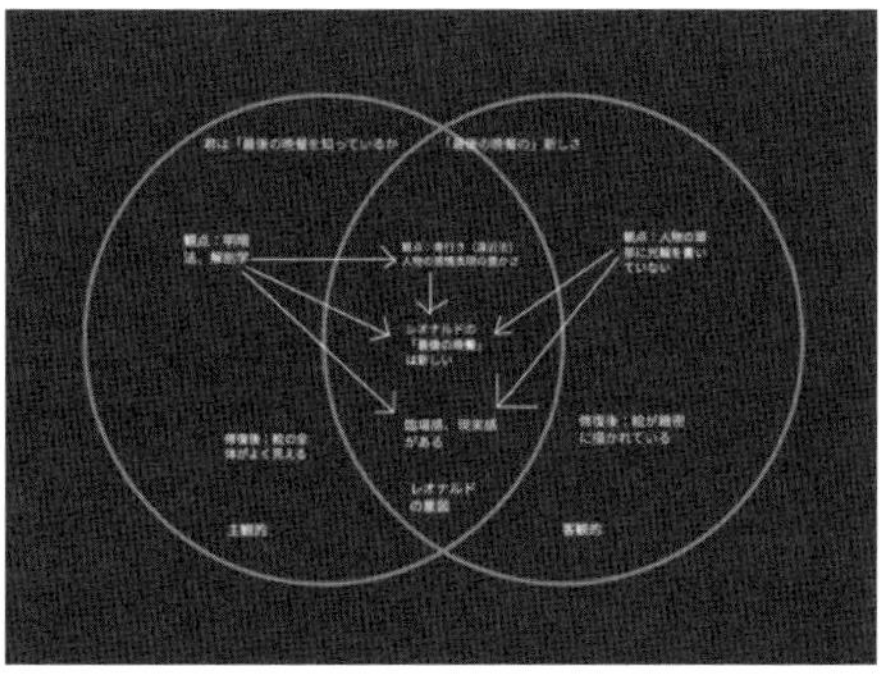
図6

図7

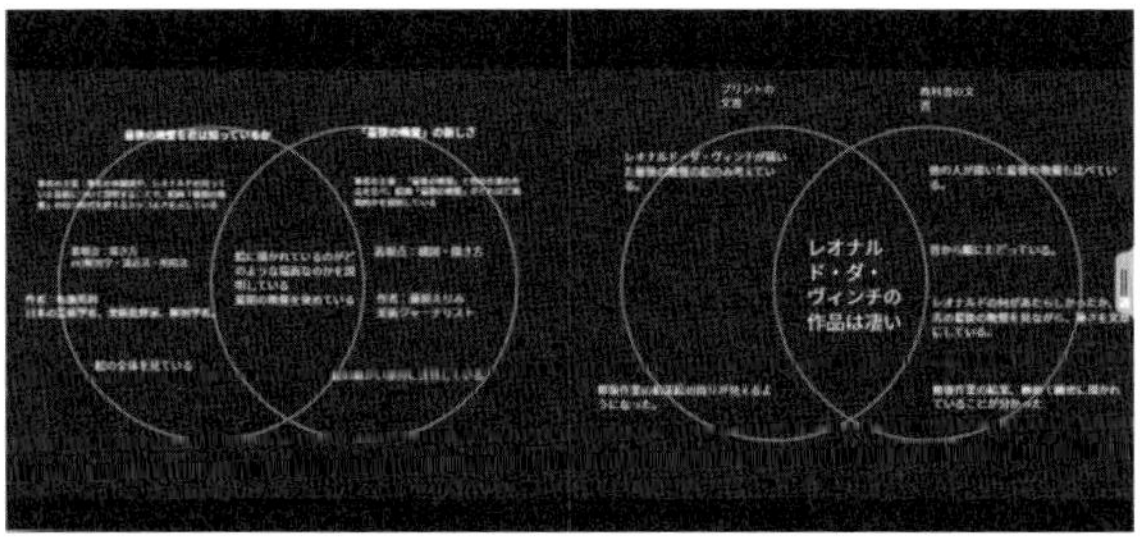

図8

〈注〉

（1）北田暁大『広告都市・東京—その誕生と死（増補）』筑摩書房、二〇一一

（2）坂口由之「〈連載〉粋と洒落！　江戸の広告作法『えどばたいじんぐ』④」アドミュージアム東京
(https://www.admt.jp/communication/column/article/?article_id=18)

（3）「Lightee（ライティー）—ライオンが本気で作った美白ハミガキ」ライオン株式会社
(https://lightee.lion.co.jp/)

（4）内田樹『街場の共同体論』（潮出版社、二〇一四）の文章。本文は、社会のすべてが資本主義による「フェアな競争」によって駆動されていく現状を書きながら、現代社会を分析した文章となっている。

7 論理国語 評論文を読み比べて批判的に考える

教材

「紙の本はなくならない」（内田樹）
「情報化と紙の本のゆくえ」（宇野常寛）

【思考ツール】マトリクス表／クラゲチャート／バタフライチャート

Ⅰ 単元の概要

1 単元観

本単元では、二つの評論文を比較し、整理・分析することで、各評論文における情報の妥当性を考えたり、その位置づけを読み取ったりする学習を展開する。「紙の本はなくならない」（内田樹）（注1）は、電子書籍には代わることのできない「紙の本」の良さについての筆者の考えが、わかりやすい論理、読みやすい書き方で展開されている。「情報化と紙の本のゆくえ」（宇野常寛）（注2）は、電子書籍か紙の本かという点にとどまらず、より本質的な問題に触れるとともに、「紙の本」については内田との対照性がある。紙の本のゆくえについて、異なる主張を展開する二つの評論文を読み、それぞれの評論文における根拠を整理し、批判的に検討する。そして、最後に批評文として自らの考えをまとめる。

2 本単元における〈比べ読み〉のねらいと意義

紙の本が今後どうなるかという、比較的生徒にとって身近なテーマではあるが、生徒の考えだけでは、偏った視点による根拠にもとづいてしまう可能性がある。紙の本と電子書籍をめぐる、二人の筆者の異なる考えを扱った評論文を読み、その主張の根拠を吟味することで、自分に不足していた視点を得ることができるとともに、筆者の根拠を批判的に考えることで、自らの考えを深めることにもつながる。

一つの評論文を精読する授業では、筆者の論を正しく読み取り、その主張を理解することに終始しがちだが、異なる意見を展開する二つの評論文を読むことで、それぞれの意見とその根拠を批判的に捉えることができる。他者の文章を鵜呑みにするのではなく、自分の意見を深め、形成するために用いるという姿勢を身につけさせる契機とすることができる。

3 教材と学習活動について

「紙の本はなくならない」（内田樹）、「情報化と紙の本のゆくえ」（宇野常寛）は、それぞれ長くない文章ではあるが、一読して内容を理解することは難しい。まずはクラスで内容を把握し、その後マトリクス表で根拠を整理する学習活動へと進めたい。根拠を整理した後、二つの評論文に著された考えは、どのような関係にあるのかを考えさせるため、「内田論は、宇野の言う『いい話』にあてはまるのか」という問いを考えさせた。この問いをまずは自分で考え、その後グループで考えを共有することにより、様々な角度から、二つの評論文における意見とその根拠について考えることができる。そのうえで、自らの考えを深め、〈批評文〉を作成する。批評文を相互評価することで、紙の本のゆくえについて、さらに多くの視点による考えに触れることができる。

Ⅱ　指導と評価の実際

　第一次では、導入として電子書籍と紙の本の利用状況などを生徒同士で話し合わせた後、「紙の本は今後どうなるか」について、各自意見と根拠をワークシートに記入させる。ここでは、根拠の妥当性などについて指導はしない。さまざまな意見があって当然であることを共有した後、「紙の本はなくならない」「情報化と紙の本のゆくえ」を紹介する。授業で扱う評論文であってもそれはある筆者の一つの考えにすぎないものであることを共有し、批判的に捉えてよいという姿勢をもたせる。ペアで説明し合うなど方法はさまざまあるが、内容がわからないまま第二次に入らないよう、工夫する。

　第二次では、二つの評論文それぞれについて、「主張」と「主張の根拠」をワークシートのマトリクス表で整理する。整理したものをグループで共有させ、確認させる。整理するうちに、「情報化と紙の本のゆくえ」は、単に紙の本は不要であるという主張ではないことに生徒は気づく。それをふまえたうえで、二つの評論文は、どのような関係にあるのかを考えさせるために、「宇野が言う『いい話』は、内田論にあてはまるのか」という問いを考えさせる。まずは一人で考えさせ、ワークシートの「自分の考え」「その理由」を記入させる。その後グループで考えを共有させ、さまざまな視点による考えに触れさせる。二つの評論文の関係、位置づけをふまえたうえで、それぞれの根拠の妥当性、説得力の有無やその理由、不足する観点や情報などについてグループで話し合わせる。第二次の評価規準は、〔知識・技能〕の「主張とその前提や反証など情報と情報との関係について理解を深めている。」である。授業後に回収したワークシートの記述の点検をし、各評論文の主張とその根拠を整理することができている、また、問いに対して、考えとその理由を矛盾なく述べることができていれば、評価規準を満たしていると考え、Ｂとする。

　第三次では、第一次でワークシートに記入した「紙の本は今後どうなるか」についての自分の意見とその根拠を、マトリクス表に整理した二つの評論文の主張と根拠、問いに対しての考えと比べさせる。比較することで、意見が変わったり考えを深めたりできるとともに、自分の意見の根拠の不足に気づくことができる。それらの変容や気づきを生かし、改めて、「紙の本は今後どうなるか」について、自分の意見とその根拠を挙げる。考えの変容、考えの深化に自ら気づけるように、第一次のワークシートに記入させる。第三次の評価規準は、〔思考・判断・表現〕の「主張を支える根拠や結論を導く論拠を批判的に検討し、文章や資料の妥当性や信頼性を吟味して内容を解釈している。」である。ワークシートの記述を分析し、評論文における意見の根拠を吟味できていれば、評価規準を満たしていると考え、Ｂとする。

　第四次では、第三次に深めた考えをもとに批評文を作成させる。グループで交換して読む、ＩＣＴを用いてクラス全体で共有するなどし、新たな気づきを得られるように促す。その後、単元全体の振り返りを行う。記述の点検や行動の観察により、主体的に学習に取り組む態度について評価する。

【単元指導計画表】

1 単元名

評論文を読み比べて批判的に考える

2 単元の目標

(1) 主張とその前提や反証など情報と情報との関係について理解を深めることができる。〔知識及び技能〕(2) ア
(2) 主張を支える根拠や結論を導く論拠を批判的に検討し、文章や資料の妥当性や信頼性を吟味して内容を解釈することができる。〔思考力・判断力・表現力等〕B (1) ウ
(3) 言葉がもつ価値への認識を深めるとともに、生涯にわたって読書に親しみ自己を向上させ、我が国の言語文化の担い手としての自覚をもち、言葉を通して他者や社会に関わろうとする。「学びに向かう力、人間性等」

3 本単元における言語活動

複数の筆者による評論文を読み比べ、批評文を書く。

4 単元の評価規準

知識・技能	思考・判断・表現	主体的に学習に取り組む態度
①主張とその前提や反証など情報と情報との関係について理解を深めている。((2) ア)	①「読むこと」において、主張を支える根拠や結論を導く論拠を批判的に検討し、文章や資料の妥当性や信頼性を吟味して内容を解釈している。(B (1) ウ)	①複数の評論文を比べて読むことを通して、主張を支える論拠等情報と情報の関係について理解し、内容の解釈を深めることに向けて粘り強い取り組みを行う中で、自らの学習を調整している。

5 指導と評価の計画(全5単位時間想定)

次	時	主たる学習活動	評価する内容	評価方法
1	1・2	•「紙の本は今後どうなるか」について、自分の意見と根拠を挙げる。 •「紙の本はなくならない」と「情報化と紙の本のゆくえ」を読み、内容を把握する。	—	—
2	3	•「紙の本はなくならない」と「情報化と紙の本のゆくえ」について、マトリクス表を使って、主張とその根拠を整理する。 • 問い「内田論は、宇野の言う『いい話』にあてはまるのか」について考え、グループで考えを共有する。 • それぞれの文章について、根拠の妥当性、説得力の有無とその理由、不足する観点や情報などについて、グループで話し合う。	［知識・技能］①	「記述の点検」
3	4	• 1次で挙げた「紙の本は今後どうなるか」についての自分の意見とその根拠について、マトリクス表や問いに対しての考えと見比べる。 • 自分の意見の根拠として不足する観点を補ったり、新たに生まれた考えを加えたり、自分の意見を見直したりする。	［思考・判断・表現］①	「記述の分析」
4	5	• 批評文を書く。 • グループで批評文を交流する。 • 単元全体を通した学習の振り返りを行う。	［主体的に学習に取り組む態度］①	「記述の点検」「行動の観察」

Ⅲ ズームアップ

1 第二次　主張と根拠の整理から見えてくるもの

本実践の第二次では、マトリクス表を用いた。「紙の本はなくならない」「情報化と紙の本のゆくえ」それぞれについて、「主張」と「主張の根拠」をワークシートのマトリクス表で整理させた。整理するうちに、「情報化と紙の本のゆくえ」は、単に紙の本は不要であるという主張ではないことに気づくとともに、二つの評論文は論点が異なっていることに、生徒たちは気づいたようである。

生徒Aのワークシート（図1：生徒Aワークシート①）を見てみると、「紙の本はなくならない」の「主張の根拠」の欄に、「(電)どこを読んでいるかわからない　／　(紙)身体実感によってわかる→マッピング」のように、筆者の述べる電子書籍と紙の本の特徴を対比的にまとめている。そして、「情報化と紙の本のゆくえ」の「主張の根拠」のはじめには、「(紙)→(電)　表面的」と記し、紙の本から電子書籍への移行は「表面的」なことであり、「人間と言葉の関係が大きく変化」することの一部であると筆者が述べることをまとめている。つまり、「紙の本はなくならない」において主張の根拠として述べられている「紙の本か、電子書籍か」という対比関係が、「情報化と紙の本のゆくえ」では「表面的」とされていることを読み取り、整理することができている。読み取ったことを可視化したことで、「紙の本はなくならない」と「情報化と紙の本のゆくえ」が同じ階層における話をしているの

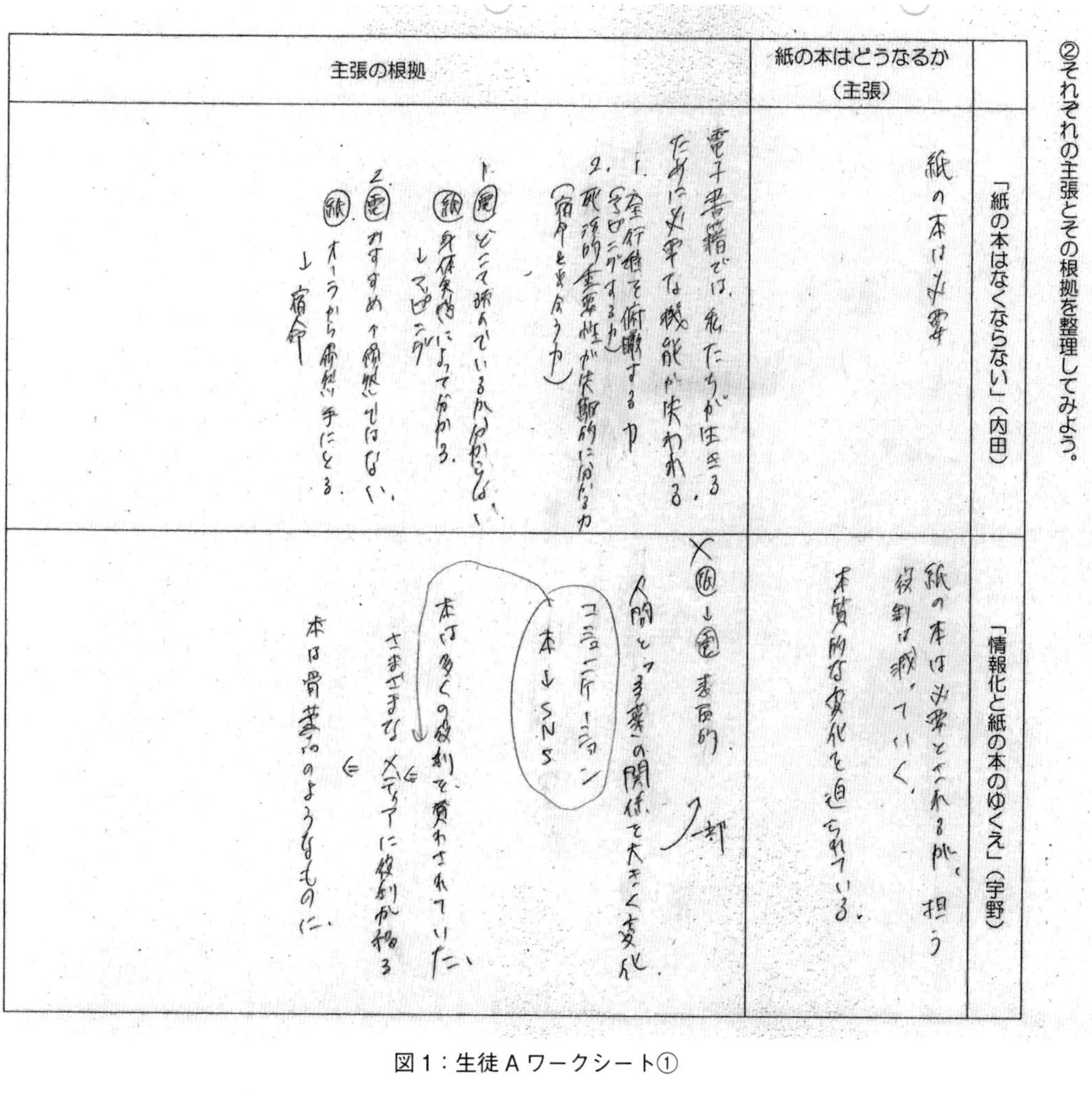

図1：生徒Aワークシート①

ではないことが明確に整理、理解できたはずである。また、グループワークにおいてこのマトリクス表を見ながら話し合うことで、グループの他のメンバーも、二つの評論文の関係性を明確に理解できたであろうと考えられる。

2 第三次　内田論と宇野論の関係

第三次において生徒Aは、「内田論は、宇野の言う『いい話』にあてはまるのか?」という問いに対して、「あてはまらない」を自分の考えとし、その理由として、「内田論では、電子書籍では人間に必要な能力が失われるという視点で紙の本が良いといっている。それは、宇野がいう人間と『言葉』の関係が圧倒的に速く変化していることを隠すために紙の本が良いと言っているわけではない」と記している（図2：生徒Aワークシート②）。マトリクス表で気づいた論点の違い、階層の違いをもとに、二つの評論文の論点、重視する点を明確にすることができている。★①「主張とその前提や反証など情報と情報との関係について理解を深めている。」という〔知識・技能〕の評価の観点において、情報と情報との関係について理解を非常に深めていると評価できる。

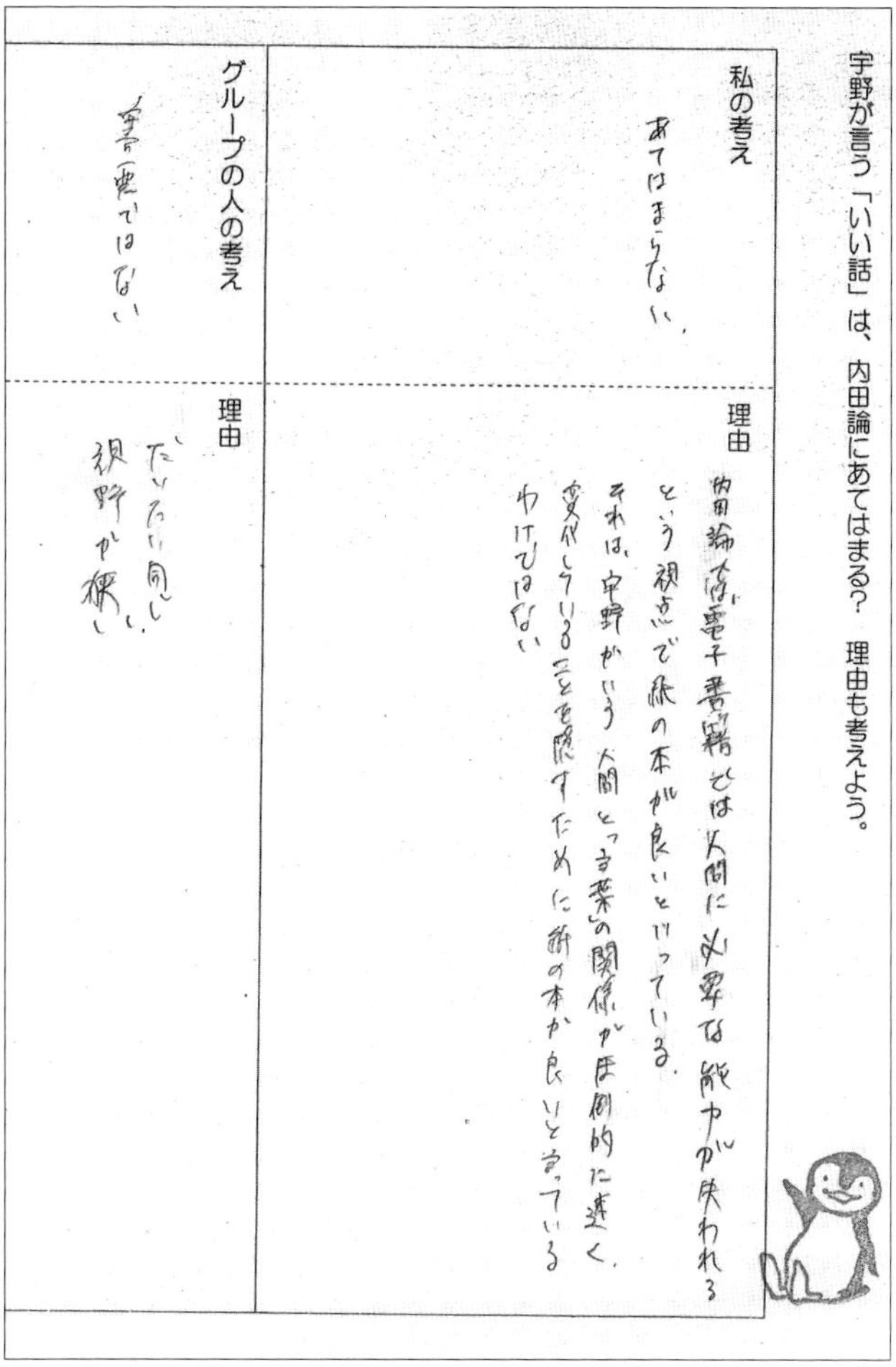

宇野が言う「いい話」は、内田論にあてはまる?　理由も考えよう。
私の考え
あてはまらない。
理由
グループの人の考え
理由

図2：生徒Aワークシート②

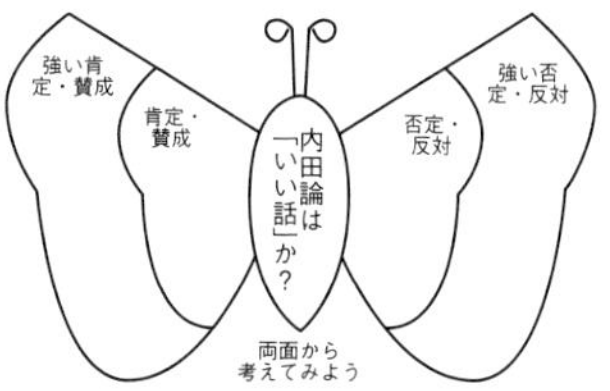

バタフライチャートの例

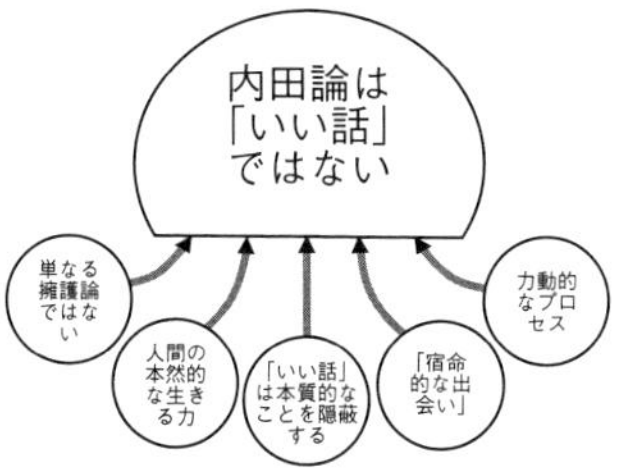

クラゲチャートの例

★①ここがポイント!

二つの評論文は、同じ話題を扱ってはいますが、ぴったりと折り重なるような対称性があるわけではありません。

一つの評論文で展開されている議論を別の評論文に適用しようとしたとき、両者の主張や論の展開について精緻に把握した上で、慎重に評価することが求められます。「内田論は『いい話』か」という問いは、この学習者のように知らず知らずのうちに批判的に読むことにつながっています。

こうした相互に関連付けて読ませるために効果的な問いにじっくりと向かい合うためにも、上記のような思考ツール（クラゲチャートやバタフライチャート→153ページ）は有効です。

3 第三次　批判的な読みと考えの深化

生徒Aは、第一次で、「紙の本は今後どうなるか」という問いに対して、「必要なくなる」という意見を記し、「電子書籍のほうがいい！」理由として、「常に手元にあるスマホで簡単に読める」「片手で読める」「場所をとらない」「楽に買えてすぐ読める」を挙げる。また、「紙の本がダメ」な理由として、「環境によくない」「劣化して読めなくなったりする」を挙げる。第三次の意見の見直し後では、意見を「今後紙の本はなくなりはしないものの、次第に廃れていく。電子書籍に移る」とし、その理由として、「口承→書きに移ったように、時代が進むにつれて言葉を伝える形式が変化」「現在、書きからネットへの変遷の途中にある」「口承のように完全になくなるわけではないが、担う役割は少なくなる」「SDGsの観点から、ペーパーレスが進んでいる」を挙げる（図3：生徒Aワークシート③）。

第一次の際の意見とその理由では、自分一人の視点によるものが主であり、自分の経験における読む際の利便性という考えに偏っている。しかし、比べ読み後の意見は分析的である。「情報化と紙の本のゆくえ」の考えを取り入れつつ、「情報化と紙の本のゆくえ」とは異なる自分の意見を、自分の言葉で述べることができている。生徒Aは、「情報化と紙の本のゆくえ」の考えを主に取り入れてはいるが、ワークシート②（図2）で「紙の本はなくならない」の論は「電子書籍では人間に必要な能力が失われるという視点で紙の本が良いといっている」と記入しているように、その本質を理解しており、内田論が「表面的」であるからといって、その考えを否定しているわけではない。第三次での意見の根拠について、生徒Aは、二つの評論文の情報を交差させて自分の考えの根拠としている。「紙の本はなくならない」において内田は、「紙の本から電子書籍に媒体が移るとき、書物と出会い、書物を読み進むために、私たちが必要としていた機能の『何か』が失われる。」と、紙の本の存続の必要性を述べるために、「口承が中心であった時代から、書きものに媒体が移ったとき、私たちの脳で活発に機能していた『長い物語を暗唱する能力』は不要になった。」ことを挙げる。生徒Aはこの「口承が中心であった時代から、書きものに媒体が移った」という情報を、「情報化と紙の本のゆくえ」で述べられる「人間と知（を伝達する情報）との関係」が「決定的に変化している」という文脈において、捉え直し、自らの意見の根拠としている。つまり、一方の評論文の根拠としての情報を、もう一方の評論文の文脈で捉え直し、自らの意見に取り込んでいるのである。

こうしたことは、筆者の主張を正しく捉える「教材の読み取り」ではできなかったことであろうと考える。比べ読みをしたことで、それぞれの文章で書かれている情報を対象化し、各評論文における筆者の立場をふまえた上でその情報を批判的に分析し、それらの位置づけ、関係性、意味を考えることができている。「教材の読み取り」では、授業で扱う文章を正しく読み取ることに終始することで、文章における筆者の主張を批判的に捉えることや、文章にある情報を他で活用することなどはなかなかできない。比べ読みをすることで、生徒がこのような批判的な読みや、文章を活用する読みができたのだと考える。

「主張を支える根拠や結論を導く論拠を批判的に検討し、文章や資料の妥当性や信頼性を吟味して内容を解釈している。」という〔思考・判断・表現〕の評価の観点において、情報を批判的に検討し、文章や情報の妥当性や信頼性を吟味して内容を解釈できていると評価できる。

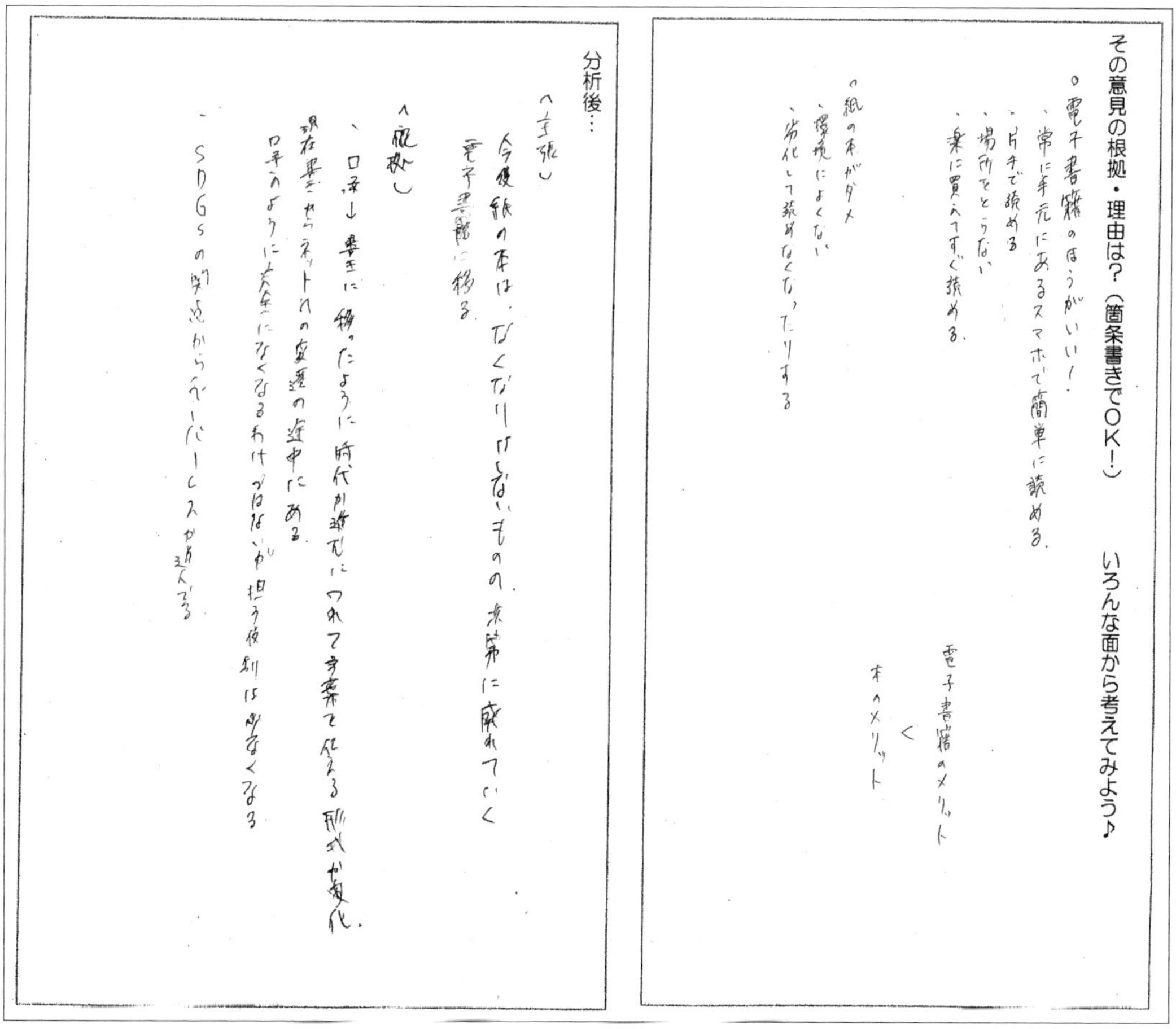

その意見の根拠・理由は？（箇条書きでOK！）
いろんな面から考えてみよう♪
○電子書籍のほうがいい！
・常に手元にあるスマホで簡単に読める。
・片手で読める
・場所をとらない
・楽に買えてすぐ読める。
○紙の本がダメ
・環境によくない
・劣化して読めなくなったりする
電子書籍のメリット ＞ 本のメリット
分析後…
〈主張〉
今後紙の本はなくなりはしないものの、次第に廃れていく
電子書籍に移る。
〈根拠〉
・口承↓書きに移ったように時代が進むにつれて言葉を伝える形式が変化。
現在書籍からネットへの変遷の途中にある。
口承のように完全になくなるわけではないが担う役割は少なくなる
・SDGsの観点からペーパーレスが進んでる

図３：生徒Ａワークシート③

4 第四次　批評文の作成

第四次で生徒Aは、次の批評文を作成した。一人一台パソコン端末を持っているので、Wordで作成させ、オンライン上で提出させた。以下がその批評文である。

【生徒Aの批評文】

宇野は、「情報化と紙の本のゆくえ」において、時代の流れやメディアの特性、多様性を踏まえて、広い視野で未来を見て、紙の本のゆくえについて論じている。一方、内田は、今「紙の本」がなくなることのデメリット、人間に必要な能力が失われることに注目し、「紙の本」について論じている。

「情報化と紙の本のゆくえ」において、宇野は、「技術革新がもたらす社会の変革は今、日本の文字文化については、より本質的なレベルで進行していると考えています。それは紙の本がなくなって電子書籍にとって代わられる、という表面的なレベルの変化ではありません。」と述べる。つまり、「紙の本はなくならない」で内田が言うような、紙の本がいいか電子書籍がいいかという議論は、宇野に言わせると表面的なことであるということだ。

内田は「口承が中心であった時代から、書きものに媒体が移った」と述べ、そこで「長い物語を暗誦する能力」が失われたと言う。そして同じように、紙の本から電子書籍に媒体が移ることで、人間に必要な能力が失われると述べる。しかし、私たちは口承ではなく書きものに媒体が移ったことでできることがたくさん増えている。多くの記録を残し、多くの人がその情報に触れることができる。また、誰もが自分の考えを残すことができる。実際、この文章も「書きもの」として自分の考えを残すことができている。口承では隣の人に一回だけ伝えることはできても、クラス全員に伝えることは難しいし、何度も振り返ることもできない。つまり、媒体が変わることで失うものがあるかもしれないが、得るものもあるはずだ。宇野は文字情報を「どのようなものに載せて人に届けられるべきか」という点に着目し、媒体が多様化することによって得るものや未来に目が向いている。そして、「現在は本を読むこと以外に、情報に触れるための回路がたくさん登場していて、必然的に本それ自体が機能面を含めた更新を迫られている」と言って、紙の本を全面的に否定するわけではなく、紙の本が得意とするものは紙の本が、電子メディアが得意とするものは電子メディアが担うという形になっていくという考えだ。社会が変わり、電子メディアが多く活用されている状況において、「口承が中心であった時代から、書きものに媒体が移った」のと同じように、電子メディアに媒体が移ることによって、私たちの文化や生き方も変わる。それが宇野の言う本質的な変化ということだ。

宇野は、大きな視点で媒体の変化と私たちの文化の変化を述べ、未来について論じているが、内田はこの瞬間において「紙の本」がなくなることによって失われるものに注目していて、メディアが移ることについて大きな視点でそ

の利点を論じられていない。

第一次から第三次までの授業を通して、二つの評論文の考え、情報を的確に比較・整理して、検討を加えることができている。比較・整理した内容を踏まえて、二つの評論文がどのような方向性で論じているのかについても、自分の考えを明確に書くことができている。また、自分を取り巻く現在の環境にも言及する工夫も見られる。ワークシート②（図2）で、書いていたグループの人の意見「視野が狭い」という考えも取り入れられているように見受けられる。

こうした様子からは、〔主体的に学習に取り組む態度〕において、情報を的確に比較し整理しながら複数の筆者の考えを比べることに向けて粘り強く取り組み、自らの学習を調整していると評価できる。

ここに述べたことは、生徒Aだけに限らず、多くの生徒で確認できたものである。特に、マトリクス表を用いることで、二つの文章の論点の違いを視覚的に捉えることができた生徒は多かった。また、比べ読みをすることで、それぞれの文章の情報を対象化し、批判的に捉え、それぞれの評論文の立場をふまえたうえで内容を検討し解釈することができていた。「内田は作家で本好きだから、紙の本の良さを訴えたいのだと思う。視野が狭い。」などと述べている生徒も複数いた。書き手の立場や意図についても考えようとする姿勢が見られた。筆者の主張を文章に沿って正しく読み取り、理解する「教材の読み取り」ではこのような読みは難しいであろう。比べ読みを通して、批判的に読む力、目的をもって読む力を養う一端となる実践となったと考える。

5 実践の課題

一方、今回の実践の課題としては、本実践で用いたマトリクス表だけでは、二つの評論文の論点、階層の違いを読み取れたか確認できない生徒がいた点、グループでの話し合いの結果が確認しづらかった点が挙げられる。第一次と第三次の意見とその根拠を比較すると、意見、根拠ともにより分析的に、より深化している生徒がほとんどであるが、二つの評論文の論点や階層の違いを読み取れたかという点までは確認できない生徒がいる。「教材の読み取り」のように、授業者が説明をしながら読みを進めていくわけではないので、比べ読みの際、おさえるべき、理解すべき点を生徒が読めているのかどうかの確認が難しい。グループでの話し合い、考えの共有の時間を充実させるとともに、グループワークで理解したこと、気づいたことを記入させる時間を確保することが重要なのではないかと考える。多くの人の読みや考えに触れることで、自分が気づいていない点に気づくことができ、十分に読み取れていなかった場合にも補える機会をもつことができるのではないかと考える。もしくは、イメージ図などで、二つの評論文の関係性や立場の違い、二つの評論文それぞれの情報の関係性を示させることも考えられる。

Ⅳ 広がるアイデア

今回の実践では、マトリクス表のみを用いて、二つの評論文の主張とその根拠を整理させたが、二つの評論文がどのような関係になっているのかを整理させる場面がなかったことが反省点として挙げられる。二つの評論文の関係・構造を視覚化するために、イメージマップ等を作成させ、グループやペアで説明し合うという活動を入れるとよかったのではないかと考える。この活動があれば、二つの評論文の関係を読み取れなかった生徒もグループやペアにおける説明によって気づく機会を得られる。また、生徒たちが作成したイメージマップにより、二つの評論文の関係・構造を読み取れているのか、授業者が把握・評価することが容易になったのではないかと考える。

複数の文章にあたることによって、生徒は、筆者の主張を正確に読み取るだけではなく、筆者の述べる様々な情報について、一つ一つどのような位置づけにあるのか、どのように扱われているのか、どのような意味をもつのかを考えながら、その情報を組み合わせて読むことができた。生徒は、教科書に掲載されている文章であっても、それは一つの意見に過ぎないことを身をもって感じたであろうと考える。この、筆者の主張やそこにある情報を鵜呑みにするのではなく、一つ一つ吟味しながら読むことは、生活するうえで必要な力であり、また、非常に重要な力である。

社会で必要とされる力であること、生活するうえで非常に重要な力であることを実感するためにも、新聞や、現在起こっている社会問題や世界情勢などを扱った評論（雑誌などからでも）を用いて比べ読みを行うことは非常に有益であると考える。扱うテーマについては慎重な選定が必要であるが、社会科公民分野との連携を図るなどして、背景となる知識を社会科で学んだうえで、新聞や雑誌評論などを読み比べることができれば、より深くより批判的に情報を読み、複眼的に問題を考えることが期待できる。現在起こっている問題について書かれた新聞記事や雑誌評論であっても、それは一つの意見・考えに過ぎないことを前提に、批判的に情報を読み取る力をつける大きな一歩となると考えられる。

また、この活動において、教材となる新聞資料、雑誌評論などを多く集めることができれば、グループごとに扱う教材の組み合わせを変更してみると、おもしろいだろう。一グループで扱う教材は二つとは限らない。時間や生徒の実態が許せば、三、四つ扱ってもよい。グループごとに扱う教材の組み合わせを変え、比べ読みをし、意見文や批評文を書くなどの活動をした後、クラス全体で意見を交流すると、どのような教材を扱ったかによって、情報の受け取り方、情報をどのように扱うかが変わってくるであろう。読んだ文章やその組み合わせによって考えや捉え方が変わる可能性があるということを生徒自身が実感できるはずだ。もしくは、クラス全員が同じ教材を扱い、グループごとに異なるテーマを設定するということも考えられる。同じ文章を扱っても、読む目的が異なれば、受け取る情報、情報の扱い方、情報の検討の仕方は変わることが予想される。なぜそのような意見をもったのかをクラス全体で共有することで、何を読むかによって、もしくは何を目的にするかによって、情報のどこに着目し、どう読み取るかが変わることを理解することができるだろう。

（下西美穂）

〈注〉

（1）『新編　論理国語』（大修館書店、二〇二三）所収。出典は、池澤夏樹編著『本は、これから』（岩波書店、二〇一〇）。

あらすじ　「紙の本はなくならない」（内田樹）

紙の本はなくならない。電子書籍の第一の難点は「どこを読んでいるかわからない」ことである。読書とは、「読みつつある私」と「読み終えた私」との共同作業である。第二の難点は「宿命的な出会い」が起こらないことである。本との出会いには「独特のオーラに反応して、引き寄せられるように手に取った」という「物語」が必要だが、電子書籍はそれがない。電子書籍に媒体が移るとき人間が必要としていた機能の「何か」が失われる。

（2）『新編　論理国語』（大修館書店、二〇二三）所収。出典は、宇野常寛『日本文化の論点』（筑摩書房、二〇一三）。

あらすじ　「情報化と紙の本のゆくえ」（宇野常寛）

現在、メディア環境は大きく変化しつつある。「紙の本」のよさは残るといった「いい話」は正しいが、技術革新による文化の形は新美南吉の時代より圧倒的に速く、決定的に変化している。SNS等、日常的な書き言葉のコミュニケーションはこれまでにないほど浸透している「言葉」とのかかわり方自体を問い直す時代にいる。かつては、「紙の本」が多くの役割を担ってきた。しかし、現在は、情報に触れるための回路がたくさんある。

8 文学国語

文学理論を扱って近代小説の「語り」を批評する

教材

『テクスト分析入門』（松本和也）
「山月記」（中島敦）

【思考ツール】タイムライン／ベン図／同心円図

Ⅰ 単元の概要

1 単元観

「文学国語」は、学習指導要領「解説」で「主として『思考力、判断力、表現力等』の感性・情緒の側面の力を育成する科目」とされている。一方で、「文学的文章を読み進める際の読みの観点を獲得」し、作品をより深く解釈することにも言及されている。そこで本単元では、時間や視点の使われ方に着目して作品を解釈することを目標に設定した。中心となるのは、「山月記」において語りの構造がどのような意味を持つのかを考えさせる活動である。

実践は、国際バカロレアディプロマコース（以下、「ＤＰ」）の三年次六名の「言語と文学」(注1)の授業で、二年間のコースと最終試験を終えた時期に行った。実はコースの最初の単元で「焦点化」を扱ったものの消化不良気味であったため、改めて取り上げ、ＤＰの学習の締めくくりにしたいと考えた。

2 本単元における〈比べ読み〉のねらいと意義

本単元では文学理論のテクストと小説を教材としており、〈比べ読み〉の中では複数の情報を関連付けて読むタイプになる。

高校入学後、初めて小説を扱う単元で初発の感想を求めると、作品から読み取れる「教訓」を書く生徒が一定数いる。それも小説を読む一側面ではあるが、教訓探しに止まっていると作品を評価する段階まで進むのは難しい。小説を読む観点を学び、それを用いて実際に読むことを通して、観点の理解は確かなものになり、作品をより深く捉えることができるだろう。このような観点は別の作品にも応用が可能であり、新課程で重視されている生徒自身の主体的な学習活動の手がかりとなり得るものである。

3 教材と学習活動について

文学理論では松本和也『テクスト分析入門』から「ストーリー」と「プロット」、「テーマ」「語り」「焦点化」に関する部分を使用した(注2)。「高瀬舟」を例として述べているため、高校生でも比較的理解しやすいと思われる。

「山月記」は教科書の定番教材であるが、語り手による李徴の説明の後、虎になった李徴の告白を袁傪が聞く形で展開され、袁傪の心情が語られる箇所はきわめて少ない。しかし三箇所の（　）書きで示された部分に代表されるように、登場人物の判断か語り手自身のそれか諸説分かれる箇所があり、生徒自身がテクストを根拠として構造を捉え、読みを交流するのに適した作品と言える。

学習活動においては、一場面ずつ細かく読み進める形式はとらず、作品全体との関係で部分の意味を考えることに主眼を置いた。その際、構造を可視化できるベン図や同心円図を利用した。

Ⅱ 指導と評価の実際

●第一次（物語の時間や視点に関するテクストを読み、特徴を整理する。）

今回用いる物語論のテクストは量が多いうえ、生徒には馴染みの薄い概念も含まれていて重要な箇所の見当がつけにくいため、「山月記」の分析で特に参考になる箇所は事前に指示しておく。また授業時間で読み終わらない場合は、家庭学習とする。

個人で文章に一通り目を通した後、グループごとに特徴を整理させる。ここでは、重要と思われる情報を取り出し、必要に応じて文章に戻る読み方となる。生徒の実態や授業時数によって、整理する項目を指定しても良い。本実践では「ストーリーとプロット」「語り・焦点化」に絞って整理させてから、全体でポイントや疑問点を共有した。

●第二次（物語論をふまえて「山月記」を読む。）

場面や人物等の基本設定の確認では、まず思考ツールであるタイムラインを用いてプロットとストーリーを整理させる。作中で伝えられている順序（プロット）通りに内容をまとめたうえで、物語内の時間（ストーリー）がどのように表されているかを個人で記入する。次に冒頭で物語内容から超越した語り手が述べた内容を、後に李徴の声が語り直す効果についてグループで考えさせる。続いてベン図によって李徴と袁傪の共通点と相違点を整理させる。

本実践で〈比べ読み〉の中心となるのが、語りの特徴と効果について考える活動である。始めに三つの同心円を用いて、語り手・袁傪・李徴の三者の語りが各場面でどのように表れているかを確認させる。次に三者の語りが混在し判断が付きにくい場面をスタックベン図で整理させ、意見を交流する。

最後に、語りの構造をふまえて主題を考えさせる。まず個人で考えた後、グループで話し合い、全体で共有する。この活動は、次の批評文を書くための準備として位置付けているが、時間がなければまとめの活動にしても良い。本実践も、この段階までとしている。

なお各授業の終了時には、個人でコメントを書かせている。これらの振り返りやグループでの作業・話し合いには共有のノートアプリやスライドを使い、教員の状況把握や互いの活動の共有、復習と次時の導入がスムーズに行えるようにした。

●第三次（作品に関する批評文を書き、交流する。）

批評文を書く前に評価の観点を示しておくと、生徒がポイントを意識して取り組める。A：作品に関する知識・理解、B：内容の解釈や表現の特色の評価、C：批評文の構成・表現等が考えられるだろう。

観点別学習状況の評価は、物語論の要約と批評文の観点Aを〔知識・技能〕、批評文の観点B・Cを〔思考・判断・表現〕、毎回のコメントを〔主体的に学習に取り組む態度〕に振り分けると、概ね同じ割合になる。

評価規準の明示

評価する項目のみでなく評価規準または判断基準の最高点の文言を示すと、課題で何が求められているのかを生徒が実感しやすく、作成のヒントにもなる。たとえば批評文の課題として「作者は主題を示すために、どのような表現を選択しているか」という問いを設定した場合、以下のような文言が考えられる（最高点の場合）。

A：作品に関する知識・理解
　自分の考えに関連させて作品の知識や理解を十分に示している。作品を適切に参照し、考えを裏付けている。

B：内容の解釈や表現の特色の評価
　説得力のある主題を設定し、表現の特色や主題との関係性について鋭く評価している。

C：構成・表現
　論旨が明快で、一貫性のある構成である。適切な用語・構文を用いている。

【単元指導計画表】

1 単元名

文学理論を扱って近代小説の「語り」を批評する

2 単元の目標

(1) 文学的な文章やそれに関する文章の種類や特徴などについて理解を深めることができる。〔知識及び技能〕(1) ウ
(2) 語り手の視点や場面の設定の仕方、表現の特色について評価することを通して、内容を解釈することができる。〔思考力、判断力、表現力等〕B (1) イ
(3) 言葉がもつ価値への認識を深めるとともに、生涯にわたって読書に親しみ自己を向上させ、我が国の言語文化の担い手としての自覚をもち、言葉を通して他者や社会に関わろうとする。「学びに向かう力、人間性等」

3 本単元における言語活動

・作品の内容や形式に対する評価について、評論や解説を参考にしながら、論述したり討論したりする。

4 単元の評価規準

知識・技能	思考・判断・表現	主体的に学習に取り組む態度
①文学的な文章やそれに関する文章の種類や特徴などについて理解を深めている。((1) ウ)	①「読むこと」において、語り手の視点や場面の設定の仕方、表現の特色について評価することを通して、内容を解釈している。((1) イ)	①作品の内容や形式について論述する活動を通して、近代小説の語りを理解し、作品の解釈を深めようとすることに向けて粘り強い取り組みを行う中で、自らの学習を調整している。

5 指導と評価の計画（全9単位時間想定）

次	時	主たる学習活動	評価する内容	評価方法
1	1・2	○単元の目標や手順を確認し、学習の見通しを持つ。 ・今まで読んできた作品（「羅生門」、「こころ」等）における語り手の設定やその効果について復習する。	—	—
		○物語の時間や視点に関するテクストを読み、特徴を整理する。 ・個人で読む ・「ストーリー・プロット」「焦点化」について読み取ったことをグループでスライド等にまとめ、共有する。	［知識・技能］①	「記述の点検」（共有スライド） 「行動の観察」（発表）
2	3・4	○物語論をふまえ、「山月記」を読む。 ・作品に関する印象・疑問点を共有する。 ・場面や人物等の基本設定を確認する。 ・ストーリーとプロットをタイムラインで整理する。 ・李徴と袁傪の人物像をベン図で整理する。	［主体的に学習に取り組む態度］① （授業終了時のふりかえり）	「記述の点検」（ワークシート）
	5・6・7	○作品における語りの特徴と効果について考える ・作品全体の語り方を場面ごとに、語り手・袁傪・李徴に分けて同心円で整理し、その効果について考える。 ・第4場面の李徴の詩について、それぞれがどのように評価しているかをスタックベン図にまとめる。 ・語り手の詩の評価は述べられているか、根拠を元に考えを話し合う。 ○作品の構造をふまえ、主題について考える。 ・個人・ペアで考え、全体で話し合う。		
3	8 + 自	○作品に関する批評文を書き、交流する。 ・作品について、1000字程度の批評文を書く。	［知識・技能］① ［思考・判断・表現］①	「記述の分析」（批評文）
	9	・各自の批評文を読み合い、コメントを書く。		
		・単元全体をふりかえり、学んだこと・考えたこと（文学作品を読む際の留意点等）をまとめる。	［主体的に学習に取り組む態度］①	「記述の点検」（ワークシート）

Ⅲ ズームアップ

1 思考ツール使用の実際

ここでは物語論の知見をふまえ、複数の思考ツールを用いて「山月記」を読み進めた授業の実際について述べていく。

①作中の時間をタイムラインで確認する

ワークシートの左側に物語の展開順に出来事を整理した後、実際の時間の順に形式段落を並べかえる作業を個人で行った。なお場面は、Ⅰ①李徴の説明と消息不明になった経緯、Ⅱ②〜⑤虎になった李徴と袁傪の再会、Ⅲ⑥虎に変身するまでの過程と直後の心境、Ⅳ⑦〜⑬詩への執着と即興の詩、Ⅴ⑭〜⑮李徴の自己分析、Ⅵ⑯〜㉒李徴の妻子に関する依頼と別れで分けている（丸数字は形式段落を表す）。

「山月記」の場合、冒頭で物語内容を超越した語り手が語った、すなわち焦点化ゼロの内容を、李徴の声の告白という形で語り直している。そこで、このプロットの効果や意図について三人グループで考えさせた。以下はグループから出た意見である。

【Aグループ】

a：客観的に見た李徴と本人の意識の違いを感じさせる。

b：過去のことを振り返る様子をリアルに表現している。

c：Ⅰの時間は早く進むが、以降の進みは遅いことから、細かく見るといろいろな心情があるが外から見たら何も分からないことを示している。

【Bグループ】

d：事情（行方不明や虎への変身）を後から知ることで、読者はその状態に納得しやすくなる。

e：李徴自身の成長（⑮虎になって初めて自分自身の欠点に気づく：稿者注）が分かりやすくなる。

a・b・d・eは李徴の語りに関する指摘だが、cは作中の時間のスピードに注目している。以前の単元で、主人公の心理や登場人物が見る情景を描写する箇所と、時間の経過を一文で示す箇所では時間の速度が異なることを何度か話題にしたことがある。本実践で扱った物語論のテクストにはなかったが、それを思い出し、活用したものと思われる。

学習の転移

国際バカロレアの各コース（科目）では、学んだ概念や学習方法を別の作品の読解や別の教科の学習に応用できるように単元を計画することが推奨されている。

「山月記」はいかに語られているか―(1)時間―

★プロットとストーリーを整理し、時間がどのように語られているかを整理しよう

	【プロット】			【ストーリー】
Ⅰ	（1）	若くして	○進士に合格	① ②袁傪も同年に合格 ②李徴の最も親しい友 ⑮師や詩友を求めなかった （臆病な自尊心・尊大な羞恥心）
	（2）		○江南尉となるが、やめて詩作にふける	
	（3）	数年ののち	○家族と生活のため再び地方の役人に	
	（4）	一年ののち	○出張で汝水のほとりに宿泊、発狂して行方不明に	⑥変身までの過程と直後の心境
Ⅱ	（5）	翌年	○袁傪が仕事で商於に宿泊	②～⑤
	（6）	その翌朝 〈暗いうち〉	○袁傪が虎になった李徴に会う	
Ⅲ	（7）		○李徴が袁傪に語る	
			・虎になった時の状況・心境	⑥現在の心境
Ⅳ			・詩への執着	⑦～⑬
Ⅴ	（8）	〈暁近く〉 ＝夜明け前	・虎になった理由	⑭～⑮ ⑮後悔
Ⅵ	（9）	〈暗さが薄らぐ〉 ＝夜明け	・妻子の今後を袁傪に頼む	⑯～⑲
			○李徴と袁傪が涙のうちに別れる	⑳㉑
	（10）	〈袁傪一行が丘に着いた時〉	○一匹の虎が道に出て吠え、叢に戻る。	㉒

★プロットにどんな特徴・効果があるか？

図1：タイムライン（ワークシート）

②登場人物をベン図で整理する

①の活動と同じグループで、李徴と袁傪の共通点と相違点をホワイトボードにまとめた。以前『こころ』の「中」で先生と大学生の「私」の父、「私」と兄をベン図で確認したことがあり、他のDP科目でもしばしば使っているのを目にする。しかし、作業開始時は思いつくままに記入していたため、対照的な項目は同じ位置に書くように注意した。

両グループとも、Ⅰ・Ⅱの語り手による説明や李徴の語りを参照して整理していた。作中で袁傪の説明は少ないため、「監察御史」という官職や部下が多いという点を根拠として人物像に迫っている。特にAグループでは「才能を空費」した李徴と「才能を活かし」エリートコースに乗った袁傪を対比して捉えていた点が注目される。

一方、共通点の指摘は同年に進士に合格、友人程度であった。これは進士合格の難しさなど当時の社会情勢、すなわち読解の背景となる知識の不足によると考えられるが、補足情報を与えれば、高い教養やエリートとしてのスタートなどの共通点にも気づけたであろう。その中で、Bグループは李徴の「人間は誰でも猛獣使い」という言葉から共通点に記し、李徴は失敗したが袁傪は自らの猛獣を使いこなしていたと指摘している点は興味深い。

授業後に各自がまとめた振り返りには、以下のような記述があった。

> f：李徴と袁傪はどちらも才能に恵まれており同じ地位であったが、二人を比較することで虎になった李徴と昇進した袁傪が対比されていることに気づいた。才能よりも個人の性格が人生に大きな影響を与えていることを示している。
>
> g：李徴と袁傪の性格は正反対に近く、あえて虎と人間で会話させることでその違いを明白にしている。さらに落ちこぼれと成功者という対比で終わらせず、元々は共通点があったという意外性を感じさせる効果がある。
>
> h：袁傪は李徴を外から見ている人物で、李徴に対する感想など彼の心情は書かれていない。袁傪がどう思っているかは想像するしかない。これは他人からの評価は分からない、あるいは他人はそこまで考えていないことを表している。

fやgからは、思考ツールを用いて人物を整理することで特徴や説明に割かれる文の量が明確になり、その効果や主題を考える手がかりとなっていることがうかがえる。hは読解初期の段階でテクストの〈空所〉に言及している点は鋭いが、①のcと同様に〈空所〉の意味については「他者からの評価は分からない」という短絡的な指摘にとどまっており、さらに深めさせたい（稿者注：hはグループAのメンバーである）。

テクストの〈空所〉

「空所」はW・イーザーの提唱した概念で、文字通りテクスト内で描かれていない箇所である。本単元で文学理論のテクストとして使用した書籍の中で、松本和也は「読者は、小説の意味を捉えようとするモチベーションが高まり、その謎＝空所を埋めようと想像力を駆使する」と述べている（同書、六八～六九頁）。当然ながら、恣意的な解釈ではなく一貫性のある意味を構築することが求められる。

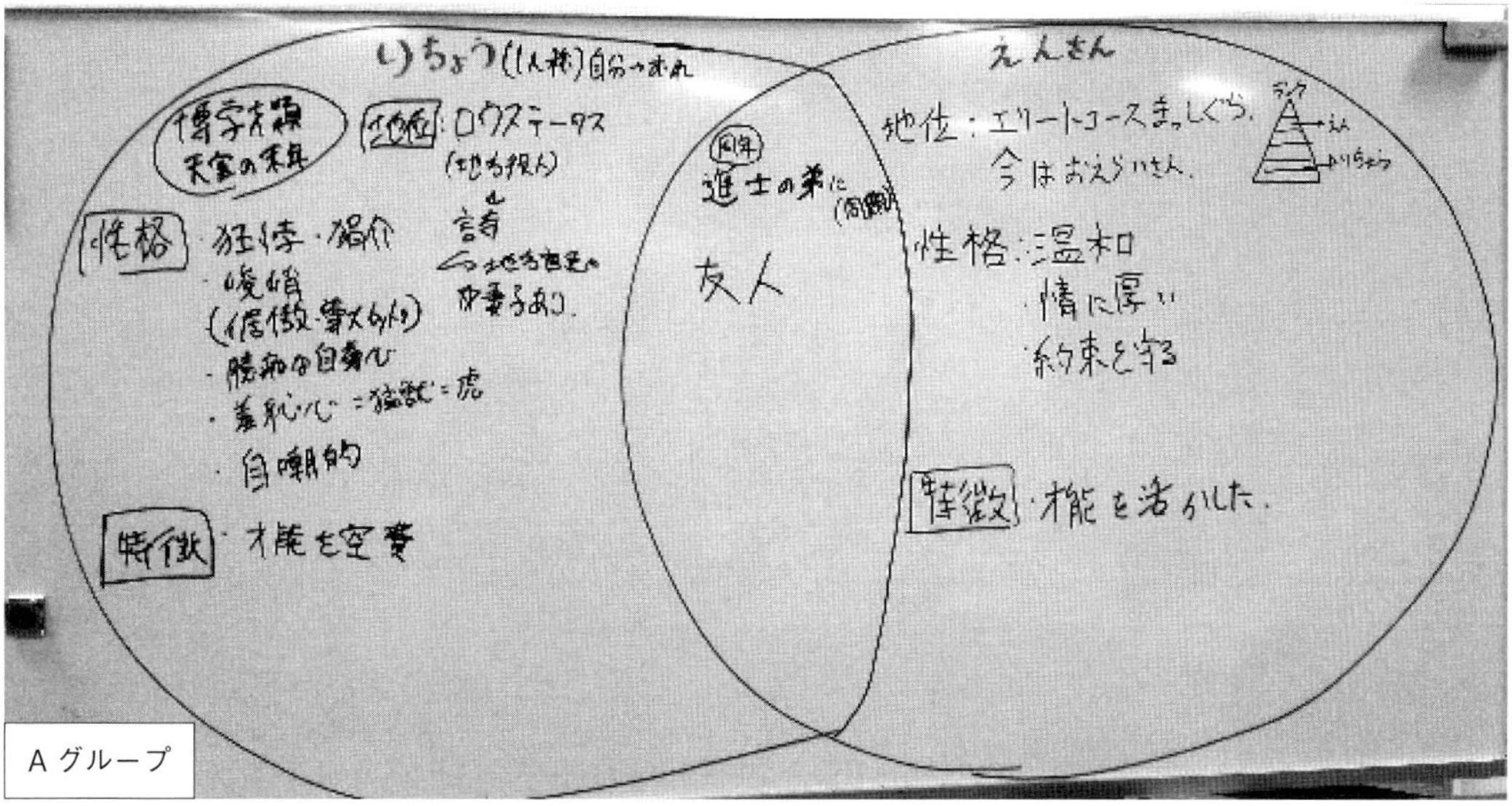

A グループ

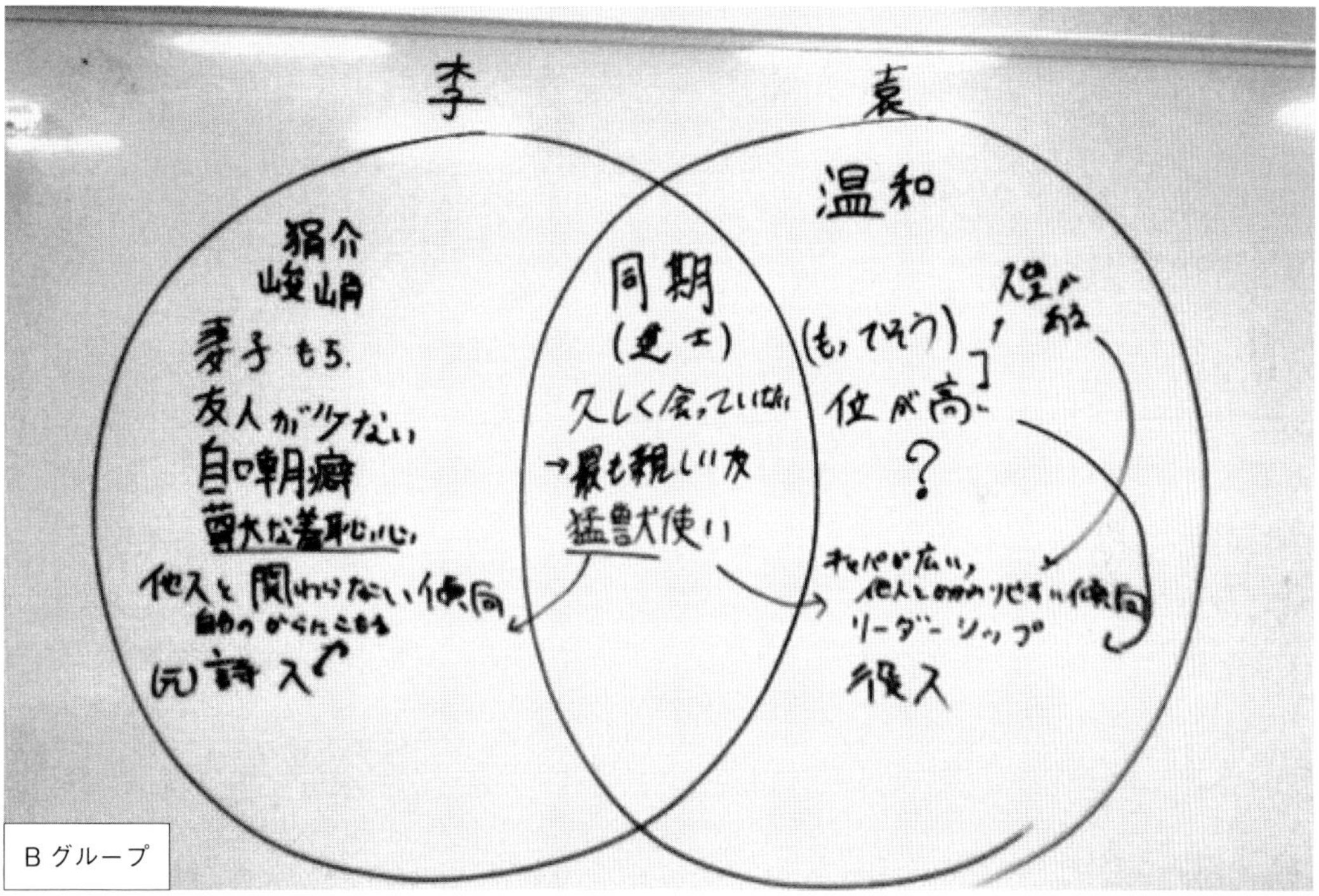

B グループ

図２：ベン図（ホワイドボード）

③語りの構造を同心円で捉える

①では物語内容を時間によって整理したが、ここでは語りに着目して構造を捉えた。図3の生徒のワークシートには、本人の整理以外に共有した内容も含まれている。またワークシートの◎・○等は語りの量を表す。全場面を確認した後、特徴や効果について全体で話し合った。話し合いの内容は、主に次の三点にまとめられる。

i：焦点化ゼロで始まり焦点化ゼロで終わる形式は、昔話のような印象を抱かせる。最初に基本情報を示すことで読者を物語内容に引き込みやすくする。

j：ⅢやⅤのように李徴のみ、あるいは圧倒的に多い内的焦点化によって李徴と読者との距離が縮まる。

k：袁傪への内的焦点化は少ないが、時々表れることで、李徴の語りが際立つ。また読者も袁傪と同じ立場で聞いているような効果がある。

いずれも作品全体の語りを可視化することで、作品における語りの意味を考えることが容易になった。しかし図3の記述にある通り、③の最初の段階では物語論の概念を消化しきれず、「視点」「語り」「焦点化」の用語が混在し、戸惑う生徒もいた。これは語りと焦点化について授業者自身の理解が浅く、思考ツールの利用時点では詰め切れていなかったことが原因である。そこで次の授業時に同心円の各項目が表す範囲を以下のように整理した。

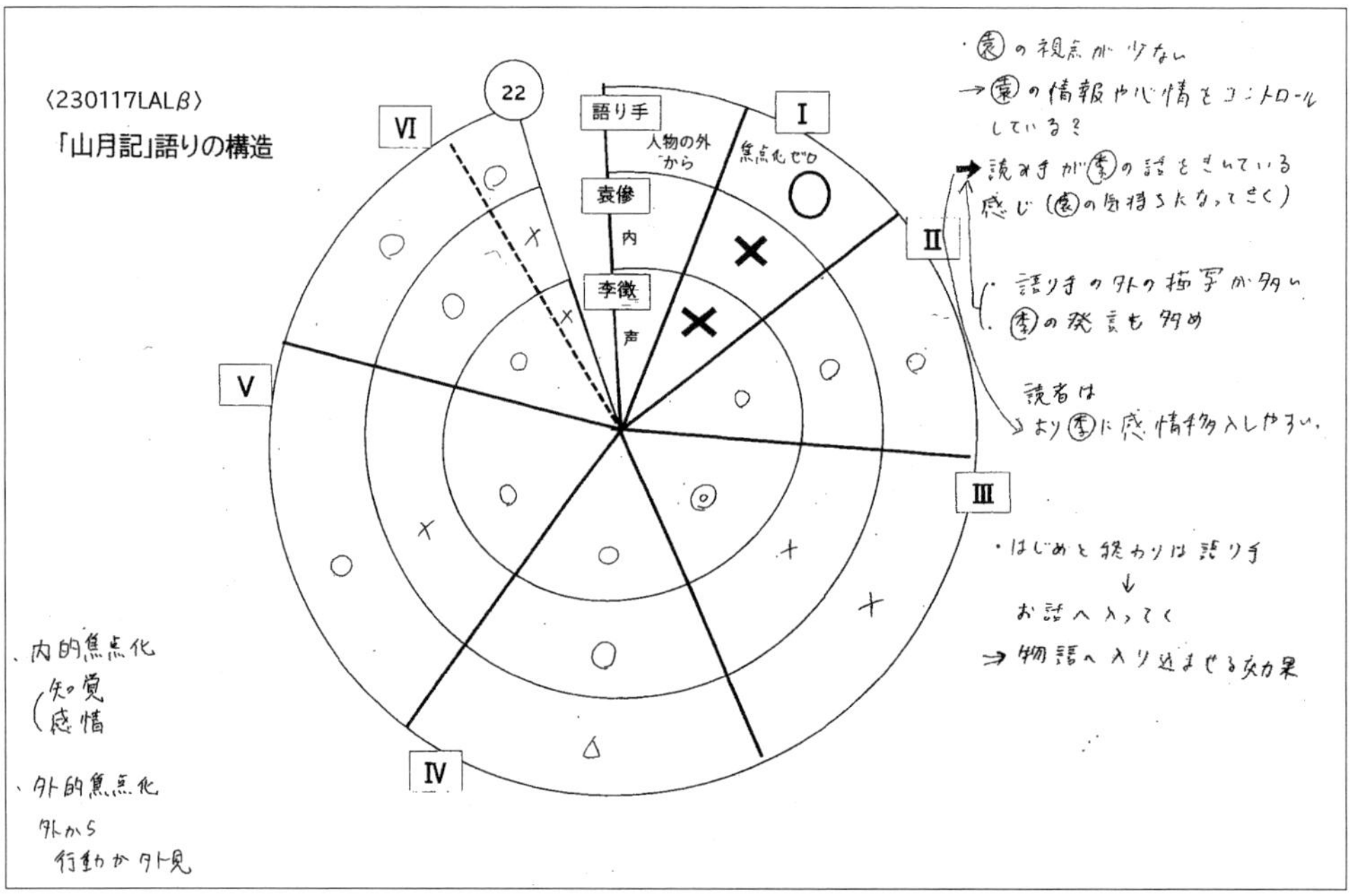

図3：同心円（ワークシート）

同心円の意味

場面ごとの三者の語りの量を示すだけなら表でも良いかもしれない。三重の円にすると主人公への近さや人物を外から語っているか内面を表しているか、客観的か主観的かなども示せるため、ここでは同心円を用いた。

・語り手…焦点化ゼロ、李徴・袁傪の外的焦点化
・袁傪…袁傪への内的焦点化、間接話法、（直接話法）
・李徴…李徴への内的焦点化、直接話法、（間接話法）

この修正が当授業時間内にできていれば、次のⅣ場面⑧⑨段落におけるスタックベン図を利用した語りの図化や、（　）書きの解釈も充実したと思われる。実際には三種の語りの図化は生徒にとっては難しく、思考ツールを解釈を深める目的では有効に使えなかった。

2 実践の成果と課題

単元の最後に、時間の使い方、語りの構造や表現などが作品にもたらす意味、そして主題について三組のペアで話し合い、共有スライドにまとめた。各ペアから複数の主題が示されたが、その内容は以下の二点に集約される（「・」部は根拠や説明を表す）。

l：本人の認識と周囲からの認識は異なっている。
・最初に語り手が李徴の人生を説明した後、再び李徴が自分の人生について振り返っている。
・袁傪への内的焦点化は少なく、李徴の振り返り（告白：稿者注）に時間が多く使われることで、李徴の過剰な自意識が強調されている。
m：人間には自分自身でも何かが起こらないと気づかない一面があり、それに惑わされる。
・李徴の語りの口調や分量、頻度によって、後悔や反省が強調されている。
・袁傪の助言はなく情報も少ないのは、李徴の遅い気づきを見放しているからではないか。
・強いイメージがある虎への変身で、「臆病な自尊心」「尊大な羞恥心」という弱い内面を皮肉的に表している。

lはペア全てに共通している。一般的にこれまでの指導で主題の一つとされてきた運命（人生）の不条理、芸術への執着と苦悩等への言及がなく、自己と他者に集中したのは、語りの構造や、李徴の語る内容より語る形式に注目した読みを授業者が強調したためと思われる。それは単元末の個人の振り返りにも表れている。

n：「李徴の人生」という同じ事柄でも、語り手と李徴という語る人物や時間（量やスピード：稿者注）によって印象が全く異なることに気がついた。意図的にある登場人物の発言を減らすなど情報をコントロールすることで、読者が誰の視点に入り込むかが変わってくる。
o：語りの視点を段落で分けることも一文に複数の視点を詰め込むこともあるというのは作品を複雑化しているように思えるものの、反対に始まりや終わりでの簡潔で明確な説明や（　）の使用など

読者に伝える工夫も使用しているように見えた。その意図が、主題を伝えるうえでどう役に立っているかを、今回（最終時：稿者注）のディスカッションで少し分かった気がする。

p：語りの分量の違いが、「他者と自分」という人間関係を顕著に表している。加えて、時折焦点化ゼロの語りを挿入することで、読者に二人の関係性について振り返らせ（意識を向けさせ：稿者注）、主題を強調している。内的焦点化を活用することで読者を物語に引き込みつつも、外からの語りと内からの語りを分かりやすくすることで（区別して示すことで二人の関係性を：稿者注）読者に気づかせる効果がある。

q：「山月記」は語る人物が一人ではない上に規則的でもなかったので初めは難しいと思ったが、情報を整理していったり読み返したりする中でメッセージなどが理解でき、比較的わかりやすい作品なのではないか（原文ママ：稿者注）。このような複雑な特徴がメッセージを読者に理解させるために重要な役割をもっていたり、メッセージだけではなく作品自体を理解しやすくする理由にもなっているのではないか。

ここからは生徒のコメントを引きつつ、実践について振り返りたい。nは、語られた内容だけでなく、その方法に意識を向けることで解釈が異なることに触れたものである。oやpは、語りの構造と主題との関係に言及している。特にpは焦点化の概念について、ある程度理解したうえで考察している。pは②のhと同一の生徒であり、「他者の評価」という初期の読みから「自己と他者の関係性」まで解釈を広げている。これらの記述から、文学理論を学び、時間や語りに注目して作品を解釈するという単元の目標は概ね達成できたと言えよう。★①

しかし語りの形式に注力することで作品に深く迫り得たかという点では疑問も残る。また、文学理論のテクストとして「焦点化」を選択したことについても同様である。松本は「前後の文脈に注意をはらって焦点化の分類は行わなければならない」と指摘している(注3)。DPでの二年間の学習を経て、焦点化への抵抗感が薄れたかと期待したが、授業後のコメントや授業時の「混乱」「困惑」の声に対して、綿密かつ臨機応変な支援ができなかった。語りに関しては、語り手の声（態度）と視点に分けて分析する方法もあり、物語論に関する知識不足や単元計画の甘さを痛感した。★②

ただ前述のように、今回の物語論のテクスト以前に得た語りに関する知識を「山月記」で活かした場面も見受けられた。その意味では、語りの形式に着目して読んだ経験が今後、他の作品を読む際に応用され、より豊かな解釈へとつながる可能性はある。

最後に、思考ツールの利用にも触れておく。qのコメントからは、何度も読み返しながら情報を整理した様子がうかが

★① ここがポイント！

学習者が、物語内容だけでなく物語行為の視座から作品を捉え直すためには、指導の工夫が必要です。本実践では、ここまでの指導過程から、主人公の行動と意識・心理にだけでなく、それらがどのように語られているか、という問いと常に伴走しながら学習者自身が個々の解釈を深めてきたことが分かります。

★② ここがポイント！

実践の成果だけでなく、こうした反省的な気付きはとても重要です。特に、「語り」の分析方法に関する新たなアイデアが実践を通して浮上した点は、本単元の核心部分に関わることであり、PDCAサイクルを意識した教育活動としても、むしろ、評価すべき点です。

える。本実践における基本設定や語りの構造のように、作品内の情報を相対化・視覚化して捉える際に、思考ツールは有効な手立てとなり得る。分析の枠組みを単純化して示す思考ツールによって、内容の把握が容易になり、意味付け（解釈）も行いやすくなるのであろう。一方で、単純化した時にこぼれ落ちるものもある。すくいきれない部分をどうするか、読みを深める使い方の工夫など、さらに検討していく必要がある。思考ツールの種類と使い方だけでなく、〈比べ読み〉の教材の選択と比較の観点の設定にも通じることではあるが、単元の目標を達成するために「何」を「どのように」使うかを見きわめながら、今後も授業を作っていきたい。

Ⅳ 広がるアイデア

1 物語分析の知見を手がかりに読む～「関連付ける」～

本実践で使用した物語論のテクストは、勤務校の生徒が自力で読むには壁が高く、授業者の足場づくりも不足していたが、物語論あるいは作品を平易なものにすれば、今回設定した目標を十分に達成する単元の展開も可能である。

たとえば大塚英志『ストーリーメーカー』で「行きて帰りし物語」について言及されている箇所(注4)を読み、好きな小説を選んで分析してみる。互いに発表し合った後で、物語論のテクストに戻り、「行きて帰りし物語」が物語の一番の基本と大塚が指摘する理由を改めて考えることもできるだろう。

また昔話の機能や登場人物、属性に関する論文を使用しても良い。CiNii等にアクセスする環境があれば用紙で配る必要がなく、論文特有の表現を学ぶこともできる。グループごとに担当する話を決めて発表し、昔話全般の特徴を捉えたり、海外の昔話と比較して文化の違いを考察させたりするなど、発展的な活動も設定できる。

2 「人虎伝」と比較して「山月記」を読む～「重ねる」～

「比べる」「重ねる」タイプの〈比べ読み〉は、目標すなわち比較によって生徒に考えさせ、学ばせたいことと、比較の観点の設定が重要になってくる。「羅生門」と『今昔物語集』など、素材とした作品との比較の学習経験が既にあれば、「素材から変えたことに作者のどのような意図がうかがえるか」「それぞれの作品から受け取れるメッセージは何か、それは何から読み取れるか」という大きな問いを示し、生徒自身に観点を設定させても良い。

比較の際にはチャートやプロット図などの思考ツールを用いて語られる順序や内容を整理すると、各作品の特徴が一目でわかり、両者の関係や作者の意図を考えやすくなる。

3 「変身」をテーマにして作品を読む～「比べる」～

「山月記」と同様、人間以外のものに変身する作品を読み比べても面白い。カフカの『変身』のように変身をテーマ・モチーフにした作品は古今東西で多数存在するが、〈比べ読み〉を行う場合は抜粋でなく作品全体を扱いたい。教科書所収の短編なら安部公房の「赤い繭」や「棒になった男」などがあるが、この場合、次のような授業展開が考えられる。

①変身した人物は自らの変身をどう感じ・考え・行動しているか、変身した「もの」のイメージなどを、作品ごとに確認する。

②各作品において「変身」はどのような役割を果たしているか、「変身」は主題とどう関わっているかを考える。

③文学において「変身」はどんな意味を持っているか、人間はなぜ変身する物語を書くのかなどを話し合う。

『変身』以外にも、「自己と他者」「告白（人はいかに心の内を語るのか）」などをテーマに複数の作品を読み比べることもできる。

（塗田佳枝）

問いの種類

H・L・エリクソンは、問いには「事実に関する問い」「概念的な問い」「議論を喚起する問い」の三種類があるとしている（『思考する教室をつくる概念型カリキュラムの理論と実践』北大路書房）。

授業展開の①②は作品を理解するための「事実に関する問い」、③の文学における変身の意味は他の作品を読む時に応用できる「概念的な問い」に該当する。答えがなく、考えを論理的に説明することが求められる「議論を喚起する問い」を設定するなら、「人はなぜ変身に憧れるのか。あなたの考えを説明しなさい」などが考えられる。

〈注〉

（1）本科目が属する「言語A」では国際バカロレア機構が定めた『指導の手引き』を実践するのに適切な文学・非文学テクストを授業者が選ぶことができる。今回の3年次生は、コースで芥川の短編（「羅生門」「鼻」「芋粥」）、夏目漱石『こころ』、ジョージ・オーウェル『動物農場』等における語りの特徴や効果について学んできている。また作者が選択した作品の構造や人物設定、文体や修辞等が作品においてどのような意味を持つかということは、コースの学習目標の一つとして重視されている。

（2）松本和也『テクスト分析入門』（ひつじ書房、二〇一六年）より、「ストーリー」「プロット」（第2章3、一九～二一頁）、「テーマ」（第3章3・4、三九～四五頁）、「語り」「焦点化」（第4章1～4、四七～五九頁）に関する部分を選択した。

（3）前掲書、五三頁。

（4）大塚英志『ストーリーメーカー』（アスキー新書、二〇〇八年）、第 章。なお二六～三一頁、三五～四一頁は、平成二八年度検定『精選国語総合現代文編』（教育出版）に掲載されていた。

大塚は、同書で作中における具体的あるいは象徴的な境界線を超えて主人公が「向こう側」に行き、帰ってくることに物語の一番の基本があると述べている。未知のものに触れ、帰ることで、「『日常』や『現実』の確かさ」が「実感されるのが『行って帰る』物語の主題」としている。

9 文学国語

古典文学と翻案アニメーションを比べて解釈を深める

教材
『竹取物語』
『かぐや姫の物語』

【思考ツール】ベン図／フィッシュボーン

Ⅰ 単元の概要

1 単元観

本単元では、『竹取物語』(注1)の「天の羽衣」と『かぐや姫の物語』(注2)の最終場面との比較読みをし、「天の羽衣」の翻案の構想を考える。「天の羽衣」を自分ならどのように作り替えるかを書き、生徒同士で読み合うことで、文学作品の解釈の多様性に気付かせるねらいがある。

文学作品の解釈については、学習指導要領「文学国語」の〔思考力、判断力、表現力等〕B(1)エで、「文章の構成や展開、表現の仕方に対して、読み手がどのような意味付けをするかによって変わってくる」と述べられている。また、解釈の多様性を考察するためには、「読み手の知識や経験などによって、一つの作品や文章の解釈が異なり、どのような作品や文章に対しても解釈の多様性が見られることを授業の中で考察することが望まれる」と書かれている。そこで、本単元では、まず作品の「構成や展開、表現の仕方」を理解するために、ベン図を用いて整理する。次に、その構成や展開を踏まえて三つの問いに答えながら、自分の解釈を深め、翻案の構想を練る。さらに、他の生徒の考えや、同じ箇所について書かれた研究者の批評文も読むことで、様々な解釈をする可能性があるということを理解させる。

2 本単元における〈比べ読み〉のねらいと意義

本単元では、古典作品とその翻案作品の比べ読みを行う。翻案作品の作り手は、原作を自分なりに解釈し、新しい作品に作り替える。原作と翻案作品を比較することは、原作のどこにどのような解釈の可能性があるのかを考える糸口となる。

3 教材と学習活動について

『竹取物語』は、現在も多くの人に親しまれ、多くの翻案作品が存在する。その一つの『かぐや姫の物語』は、高畑勲が監督を務め、二〇一三年に公開されたアニメーション映画である。ストーリーは概ね原作を踏襲しており、竹から生まれたかぐや姫が、翁と嫗のもとで美しく成長し、貴公子たちや帝に求婚されるも、最終的に月に帰っていく。一方で、原作では描かれていない、かぐや姫が自然に囲まれて仲間たちと過ごした幼少期のエピソードなどが加えられている。

学習活動としては、ベン図を用いたまとめと、翻案活動を行う。ベン図は、二作品を特定の観点で見たときの共通点と相違点を明らかにできる。それを基に「天の羽衣」の翻案を構想することは、自分なら「天の羽衣」のどこに重点を置き、どのように表現するかを考えることであり、原作の解釈を必要とする活動である。

Ⅱ 指導と評価の実際

本単元は、千葉県の私立高校で、二年生の二クラスで行った実践（授業は実践校の教諭が行った）を基にした提案である。次は、実践校で行った、第二時までのベン図を使用した比べ読みや授業後の確認テストの結果を踏まえ、第三時以降に、生徒が主体的に解釈を深めるのにより効果的な学習活動を取り入れた提案である。

●単元の指導計画について

○第一時

『竹取物語』の「天の羽衣」を読んだ後に『かぐや姫の物語』を視聴する。その後、二作品を比較して、ベン図①（登場人物）とベン図②（展開）に読み取った内容をまとめる。ベン図②では、天人が羽衣を取り出してからかぐや姫に着せるまでの場面を取り上げる。

○第二時

ベン図②をクラス全体で確認した後、それを参考にかぐや姫の心情の変化をベン図③にまとめる。ベン図②同様、天の羽衣を着せられる直前の場面について、かぐや姫の感情を考察し、それが読み取れた表現を取り上げてベン図にまとめる。ベン図は個人作業でまとめた後、クラスで確認をする。

○第三時

『竹取物語』と『かぐや姫の物語』を比較した批評文(注4)を読み、『かぐや姫の物語』がどのような翻案作品と捉えられるかを知ることで原作を作り替える際の切り口を学ぶ。批評文やベン図を参考に、「解釈のワークシート①」で、自分なら羽衣を着る直前の場面をどのように作り替えるかをまとめる。

○第四時

「解釈のワークシート①」を読み合い、交流して他の生徒が「天の羽衣」のどこに着目して翻案を考えたのかを確認する。交流を通して考えたことを踏まえ「解釈のワークシート①」に加筆するとともに、他の生徒の翻案の構想を読んで気付いたことを「解釈のワークシート②」にまとめる。

●評価の実際

本単元では、古典作品をアニメーションと比較して解釈を深める学習の中で、〔知識及び技能〕の「伝統的な言語文化に関する指導事項と〔思考力、判断力、表現力等〕の「B読むこと」を関連付けて評価する。それぞれの指導事項については、学習の中で以下のように整理した。

・「天の羽衣」と『かぐや姫の物語』の共通点を読み取ることを通して、我が国の言語文化の特質について理解を深めている状況を〔知識・技能〕で評価する。
・「天の羽衣」と『かぐや姫の物語』の構成や展開、表現の仕方に着目して読み取った相違点を踏まえ、解釈の多様性について考察している状況を〔思考・判断・表現〕で評価する。

具体的な評価方法については、次節で詳述する。

【単元指導計画表】

1 単元名

古典文学と翻案アニメーションを比べて解釈を深める

2 単元の目標

(1) 文学的な文章を読むことを通して、我が国の言語文化の特質について理解を深めることができる。〔知識及び技能〕(2) ア
(2) 文章の構成や展開、表現の仕方を踏まえ、解釈の多様性について考察することができる。〔思考力、判断力、表現力等〕B (1) エ
(3) 言葉がもつ価値への認識を深めるとともに、生涯にわたって読書に親しみ自己を向上させ、我が国の言語文化の担い手としての自覚をもち、言葉を通して他者や社会に関わろうとする。「学びに向かう力、人間性等」

3 本単元における言語活動

『竹取物語』の「天の羽衣」とその翻案作品である『かぐや姫の物語』を比較して、「天の羽衣」の翻案の構想を考える活動。

4 単元の評価規準

知識・技能	思考・判断・表現	主体的に学習に取り組む態度
①文学的な文章を読むことを通して、我が国の言語文化の特質について理解を深めている。((2) ア)	①「読むこと」において、文章の構成や展開、表現の仕方を踏まえ、解釈の多様性について考察している。((1) エ)	①翻案作品とその原作との比較を通して、積極的に、自分のものの見方、感じ方、考え方を深め、我が国の言語文化について自分の考えをもつ中で、自らの学習を調整しようとしている。

5 指導と評価の計画(全4単位時間想定)

次	時	主たる学習活動	評価する内容	評価方法
1	1	• 学習のねらいや進め方をつかみ、学習の見通しをもつ。 •『竹取物語』「天の羽衣」を読む。 •『かぐや姫の物語』の結末部分を視聴する。 •「天の羽衣」と『かぐや姫の物語』の登場人物の共通点と相違点をベン図①にまとめる。 • 天人が羽衣を取り出してからかぐや姫に着せるまでの場面の展開について、共通点と相違点をベン図②にまとめる。	〔思考・判断・表現〕① 〔知識・技能〕①	「記述の点検」(ワークシート)
	2	• ベン図②をクラスで確認し、二作品の展開の共通点と相違点を捉えられているか、確認する。 • 天人が羽衣を取り出してからかぐや姫に着せるまでの場面に見られる、かぐや姫の心情について考察し、それが読み取れた表現を取り上げてベン図③にまとめる。	〔思考・判断・表現〕① 〔知識・技能〕①	「記述の点検」(ワークシート)
2	3	•『かぐや姫の物語』と『竹取物語』の解釈が書かれた参考資料を読む。 • ベン図にまとめた内容をもとに、「天の羽衣」を解釈し、自分なりの翻案の構想を考え、「解釈のワークシート①」にまとめる。	〔思考・判断・表現〕① 〔主体的に学習に取り組む態度〕①	「記述の点検」(ワークシート)
3	4	•「解釈のワークシート①」を読み合い、意見を交流する。 • 交流を踏まえ、「解釈のワークシート①」に加筆する。 • 他の生徒が考えた翻案の構想を読んで気付いたことを、「解釈のワークシート②」にまとめる。 • 単元のまとめをする。	〔思考・判断・表現〕① 〔主体的に学習に取り組む態度〕	「記述の点検」(ワークシート)

Ⅲ ズームアップ

1 思考ツールの使用方法

本単元では、ベン図を用いて「天の羽衣」（天人が月からやって来てからかぐや姫が昇天するまでの場面）と『かぐや姫の物語』の共通点と相違点をまとめる。ベン図は、「天の羽衣」の翻案を構想するために必要な、二作品の構成や展開、表現の仕方に着目させるための思考ツールとして位置付ける。

本提案では、〈①登場人物、②展開、③かぐや姫の心情が読み取れる表現〉についての三つの問いを立て、それぞれについてベン図でまとめさせる。三つの問いについて、それぞれの学習のねらいと、生徒の記述例を提示する。

●ベン図①　登場人物

ベン図①では、「天の羽衣」と『かぐや姫の物語』の同様の場面における登場人物をまとめる。登場人物を書き出すという比較的取り組みやすい活動を最初に行うことで、ベン図の書き方を確認すると共に、本単元でベン図を使う意図の確認を行う。

二作品の比較した場面では、かぐや姫と翁と媼、天人は共通して登場する。一方で、「天の羽衣」で主要な役割を担う帝が『かぐや姫の物語』では登場せず、逆に「天の羽衣」には登場しない子供達が『かぐや姫の物語』には登場する。以上のことを生徒自身に読み取らせた上で、もし自分が「天の羽衣」を作り替えるとしたら、誰を登場させるかと問いかけ

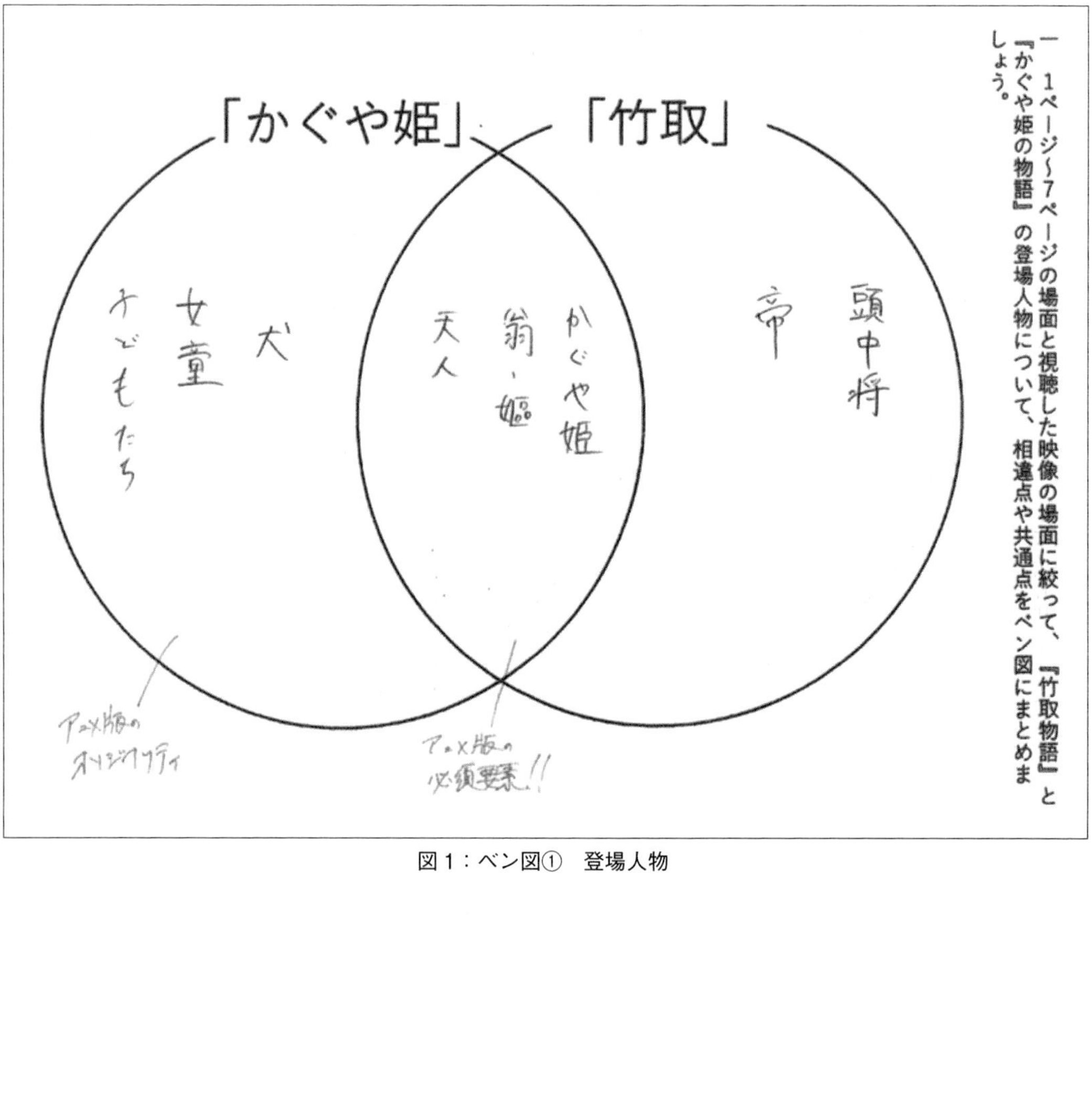

図1：ベン図①　登場人物

る。原作の登場人物をそのまま登場させるか否かは、翻案の作り手に委ねられることに気付かせる。

原作を作り替える際には、原作から変える部分と変えない部分が発生する。原作から変えない部分は、翻案作品の作り手が、原作の物語を描く中で必要だと判断した部分である。一方で変える部分は、原作を解釈することで生まれた翻案作品オリジナルの部分である。本単元の目標である原作の解釈の多様性を考察するためには、まず原作と翻案作品の違いに着目して、翻案作品の作り手が原作のどの部分に解釈の余地を見出したのかを捉えさせる。

●ベン図②　展開

ベン図②では、扱う場面をベン図①よりも場面を限定し、天人が天の羽衣を取り出してから、かぐや姫に着せるまでの展開をまとめる。展開をまとめるためには、文章の一点に着目するのではなく、時系列に沿って述べられた出来事を捉える必要がある。複数の出来事を箇条書きで書き出し、矢印で繋いだり順番が分かるように書いたりして展開として示すように伝える。

該当場面では、天人が羽衣を着せようとするのを、かぐや姫が一度止めるものの、最終的に羽衣を着せられてしまうという部分が共通している。一方で、『かぐや姫の物語』では、原作にあった、帝に手紙を書いて不死の薬と共に頭中将に預けるという展開が消えている。代わりに、すでに正気を失っているかぐや姫が羽衣を着せられそうになったところに、子

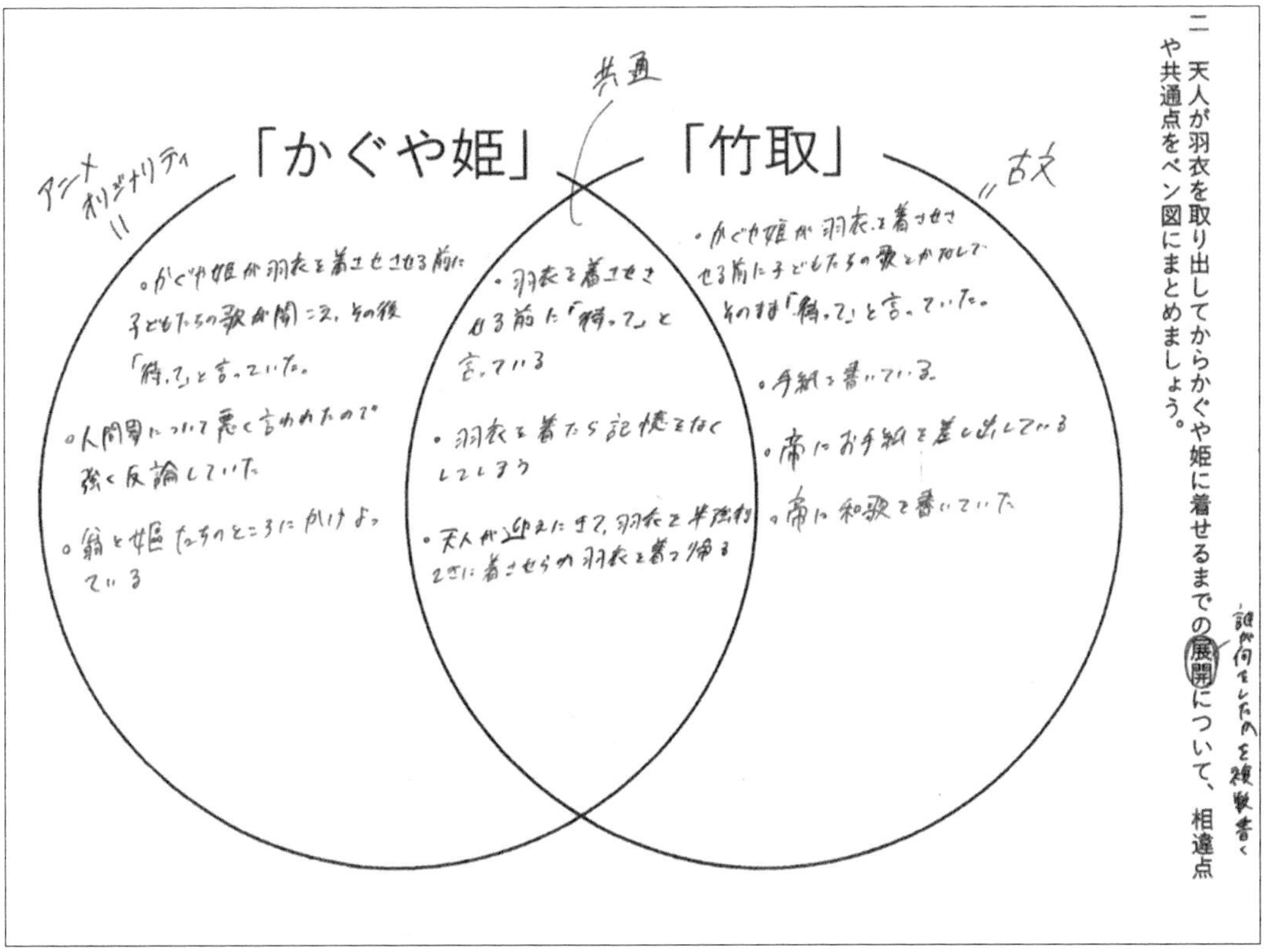

二　天人が羽衣を取り出してからかぐや姫に着せるまでの展開について、相違点や共通点をベン図にまとめましょう。
「かぐや姫」
「竹取」
共通

図２：ベン図②　展開

供達の歌声が聞こえてきて、正気に戻ったかぐや姫が地球で生きることの素晴らしさを叫ぶ場面が追加されている。

●ベン図③　かぐや姫の心情が読み取れる表現

ベン図③では、ベン図②と同様の場面におけるかぐや姫の心情について考え、どのような箇所からそれが読み取れるかを表現に着目してまとめる。この活動では、ベン図②でまとめた展開が参考になることを伝える。

羽衣を着せられそうになる場面では、二作品ともにかぐや姫が「ちょっと待って」と言って天人を止める。ここからは、地球を離れるのに心残りがあることなどが読み取れる。また、「天の羽衣」では「翁を、いとほし、かなしとおぼしつる」とあり、『かぐや姫の物語』にも、かぐや姫が翁と嫗に駆け寄って抱きしめる場面があることから、かぐや姫が翁と嫗を大切に思う気持ちなどが読み取れる。一方で、かぐや姫が想いを伝える場面では、二作品で異なる心情が読み取れる。「天の羽衣」では、帝に対して書いた手紙の和歌で「君をあはれと思い出でける」とあるところから、帝に対する愛情などが読み取れる。『かぐや姫の物語』では、天人が地球を「この地の穢れ」と言ったことに対して「穢れてなんかいないわ！」と反論するところや、そのあとの「喜びも悲しみも、この地に生きるものはみんな彩りに満ちて……」など、その場にいる人全体に向けて地球の素晴らしさを伝えているところから、地球を愛おしむ気持ちなどが読み取れることなどである。

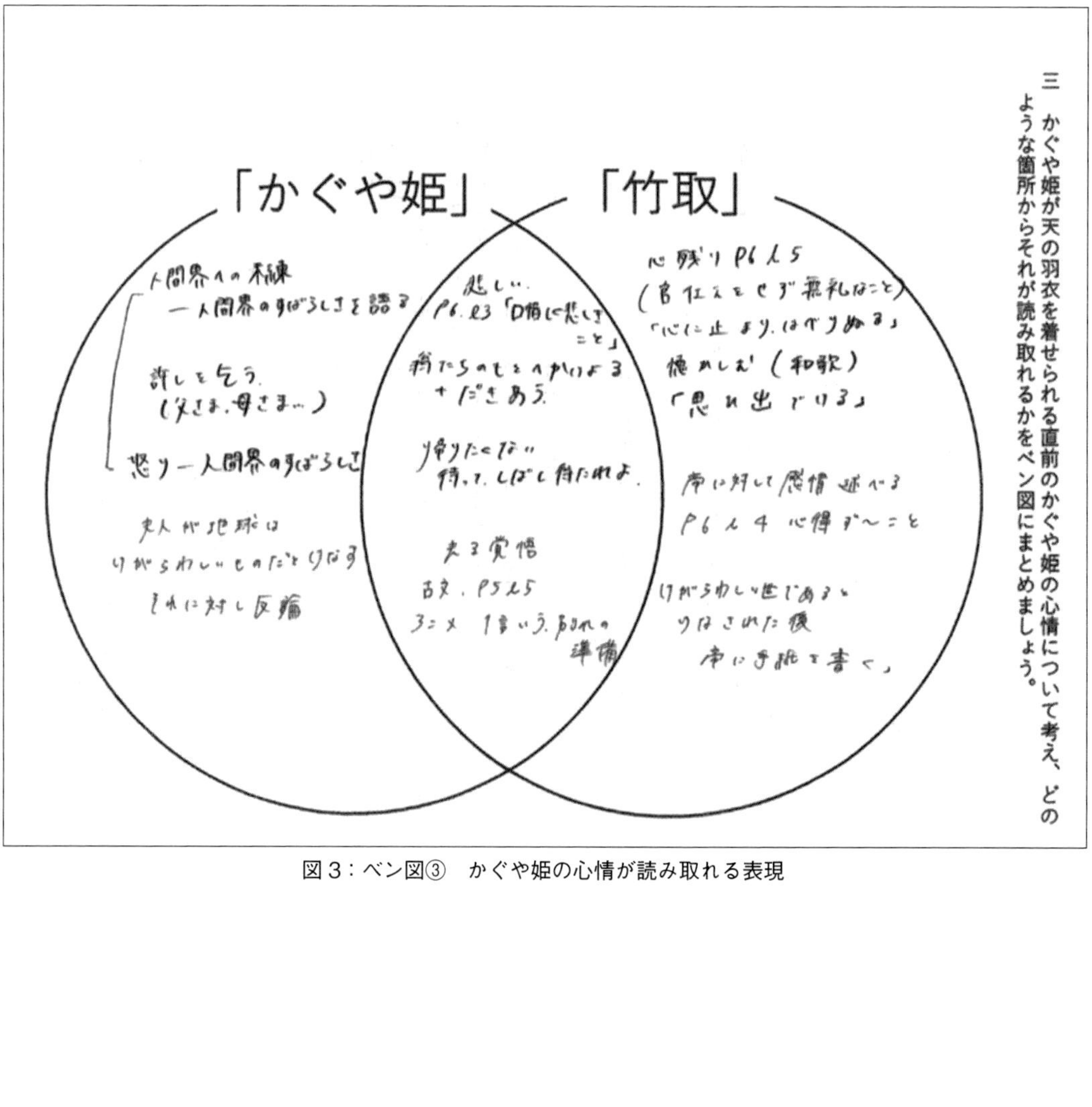

図３：ベン図③　かぐや姫の心情が読み取れる表現

2 指導目標・評価規準と関連した実践の振り返り

●古文教材の扱いについて

本単元では、教材として「天の羽衣」を扱うが、古文の原文を読むことが目的の授業ではないため、必要な部分だけを原文で提示し、それ以外は現代語訳を使用する。ここでの「必要な部分」とは、ベン図のまとめと翻案を考える活動に必要な場面であり、天人がかぐや姫に天の羽衣を着せようとする場面から、羽衣を着せられたかぐや姫が昇天していく場面までである。「天の羽衣」の解釈をする際には、どの表現に着目して解釈したのかを明らかにさせるため、原文の該当箇所を正確に引用させたい。「天の羽衣」の、これより前の箇所については、解釈の参考までに現代語訳を載せる。また、原文を示す箇所についても、生徒の実情に応じて必要なところのみ単語の意味や文法の確認を行い、現代語訳を重点的に確認する時間は設けない。そのため、原文を載せる箇所についても、単語等の確認を行う箇所以外は、古文の左側に現代語訳を併記する。

●評価について

評価は、翻案活動に関する二種類の「解釈のワークシート」と確認テストで行う。

翻案活動では、第三時で「天の羽衣」の自分なりの解釈を踏まえた翻案の構想を「解釈のワークシート①」で評価し、それを基にクラスで交流した後に、「解釈のワークシート②」で「天の羽衣」の解釈の多様性について考察できているかを

【解釈のワークシート①】

『竹取物語』と『かぐや姫の物語』の相違点をまとめたベン図①〜③と、批評文（中野貴文「走る女と忘れられた帝―『竹取物語』から『かぐや姫の物語』への継承と乖離」）を参考に、自分なら『竹取物語』で天人が羽衣を取り出してからかぐや姫に着せるまでの場面をどのように作り替えるか考えましょう。

一　「天の羽衣」のどの箇所（登場人物や展開など）を重視して作り替えますか。「天の羽衣」の言葉を引用しながら、どの箇所を指しているのか分かるように書きましょう。

二　一について、なぜその箇所を重視して作り替えたいと考えましたか。その箇所について考えたことを踏まえて書きましょう。

三　あなたなら、どのような作品に作り替えますか。一と二で書いた内容を踏まえて、「天の羽衣」との違いが分かるように、あらすじを書きましょう。また、作り替える際に参考にしたもの（『かぐや姫の物語』や批評文など）があれば、具体的にどこを参考にしたのかも分かるように書きましょう。

図4：解釈のワークシート①

評価する。

「解釈のワークシート①」では、〈①原作のどこを重視して作り替えるか、②①の箇所をどのように解釈をしたのか、③どのような翻案作品にするか〉に関する問いを立てる。その際、翻案活動の手立てとなるように、第二時までのベン図でまとめた、「天の羽衣」と『かぐや姫の物語』の共通点と相違点、第三時で読む二作品の批評文を参考にするように伝える。

第三時に読む批評文、中野貴文「走る女と忘れられた帝—『竹取物語』から『かぐや姫の物語』への継承と乖離」（注3）は、原作の言葉やアニメーションの台詞を引用しながら、月に行くことでかぐや姫が失う「心」という観点で二作品を比較した批評文である。中野は『かぐや姫の物語』について、「帝や公達との愛をアニメーションから徹底的に排除」しつつも、原作とは異なる描き方で「人の心」を描いていると指摘する。羽衣を着る直前の場面でかぐや姫が「喜びも悲しみも、この地に生きるものは、みんな彩りに満ちて……」と語る箇所を取り上げ、「原作同様、月に帰るために人としての『心』を失う場面だが、ここで彼女が最後まで訴えようとしていたのは、地球や草や木、鳥や虫たちへの愛おしみであった。」と述べている。この批評文からは、「天の羽衣」と『かぐや姫の物語』の相違点を明らかにすることで、原作を「人の心」という視点で読むことができると気付くことができる。この批評文の内容を参考に、「人の心」というテーマを生かしながら原作や『かぐや姫の物語』とは異なる思いを伝えるかぐや姫を描く翻案作品を創作する活動も考えられる。

また、ベン図にまとめた内容と批評文の内容から、原作に描かれていたかぐや姫の愛に着目して、原作とは異なる形で月に帰る前に愛を表現するかぐや姫の姿を描いたり、羽衣を着せようとする天人を拒んだ場面に着目して、その時のかぐや姫の心情を詳しく描いたりするなどの翻案も考えられる。いずれも原作のどのような記述に着目して考えを深め、どのような形で翻案作品を仕立てるのかが分かるように書かせたい。

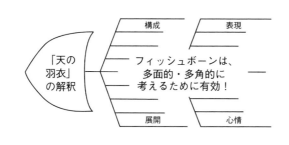

「解釈のワークシート②」では、「解釈のワークシート①」について、第四時に他の生徒と交流したことを踏まえて解釈の違いについて考えたことをまとめる。★❶ 自分が着目した箇所について他の生徒がどのように解釈したのか、また自分が着目しなかった箇所について他の生徒がどのように解釈をしたのかという視点で交流し、自分と他の生徒の翻案の構想から、どのような解釈の違いが見られたかを書く。この過程によって、同じ場面について多様な解釈が可能であると理解することができる。★❷

ここでは「私は、『天の羽衣』で帝に送った『今はとて天の羽衣着るをりぞ君をあはれと思ひ出でぬる』という和歌に着目し、かぐや姫がどうしても伝えたかった恋心が表れていると解釈して作り替えることを考えた。しかし、同じ箇所に着目したものでも、もう二度と帝に会えない時になって初めて気付いた想いが表れていると解釈して翻案しているものもあって、印象的だった。」など、具体的にどのような点で解釈の違いが見られたかが書かれていることが望ましい。

★❶ここがポイント！

情報をまとめて整理するためには、左のようなフィッシュボーンが有効です。対象について多面的・多角的に考えることができます。

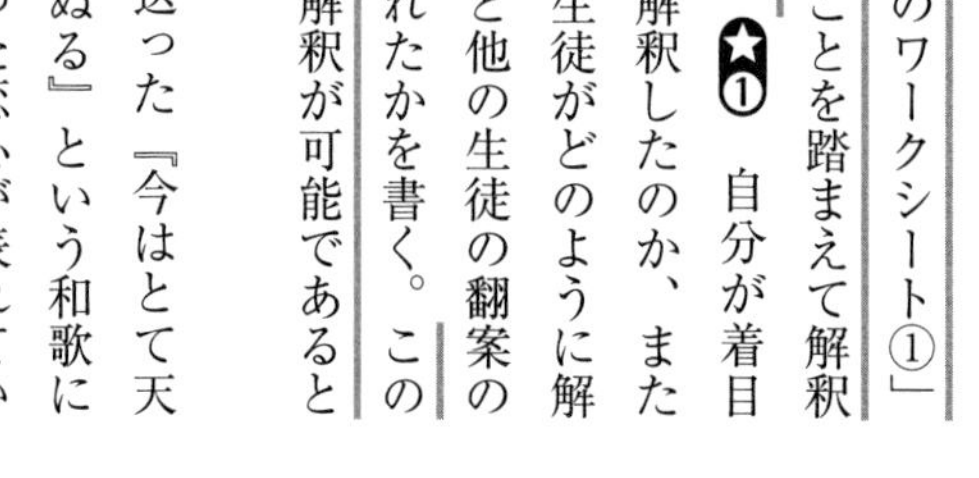

★❷ここがポイント！

本実践は、古文を現代語に訳す授業ではなく、現代を生一方の確認テストでは、二作品の共通点と相違点について理解しているかを確認する。特に共通点については、〈知識・技能〉について評価するために出題する。本単元では、〈知識及び技能〉の「(2)我が国の言語文化に関する事項」の「伝統的な言語文化、言葉の由来や変化、多様性」について、時代を超えた言語文化の特質を捉えられるように指導する。そのために、日本最古の物語と現代のアニメーション作品に共通する特徴を捉えることが重要である。確認テストでは、二作品に共通して「人の心」が表現されているということに気付くことができるかを出題する。確認テストについては、実践校での分析結果とともに後述する。

以上のように、〈思考・判断・表現〉については、ワークシートと確認テストで、〈知識・技能〉については、確認テストで評価を行うことで、単元全体を通してどのような力が身に付いたかを重点的に見ることができる。

●実践校における確認テストの実施と分析

実践校では、「天の羽衣」の『かぐや姫の物語』の比較読みの授業の後に確認テストを実施した。選択式の二設問を出題し、二作品の共通点と相違点を理解しているかを確認した。

二作品ともに、羽衣を着せられそうになる場面から、かぐや姫が思いを伝える直前の場面までを取り上げ、それぞれ「『かぐや姫の物語』の絵コンテ[注4]の一部」、「『天の羽衣』の一部」として示した。『かぐや姫の物語』については、該当場面の絵コンテを用いて出題した。絵コンテは、左側にイ

※権利上の理由により、太枠内の絵コンテは伏せています。

【『かぐや姫の物語』の絵コンテの一部】（紙面の都合上、〈場面①〉と〈場面②〉の間の、かぐや姫が翁と媼に駆け寄る場面を省略しています）

〈場面①〉

①姫「待って！」
女官、礼儀正しく
手を止めて待ち、
王を伺う。
姫、毅然と
月の王に向かい

「待ってください。
この羽衣をまとってしまったら
私はこの地の
すべてを
忘れてしまう
でしょう。
（乗り出す）ですから
いま少し」
月の王、
どうやら許した
ようだ。

〈場面②〉

涙、涙……
同時に
翁「ヒメよぉ…ヒメよぉ…」
媼「ヒメ…ヒメ…私たちも一緒に連れていっておくれ…」
②姫も泣く。
「お許し下さい。ととさま…」
女官はこういう愁嘆場は好きではない。寄って、
「さあ参りましょう。清らかな月の都へお戻りになれば、そのように心ざわめくこともなく、③この地の穢れもぬぐい去れましょう」
言いつつ④羽衣をかけようと手を動かす。

図5：『かぐや姫の物語』の絵コンテの一部

きる私たちの生活につながる言語文化として捉え、古典文学の「解釈の多様性」に気付かせていく意欲的な試みです。「文学国語」では、古文や動画等も教材として扱うことが想定されています。その好例と言えそうです。「解釈の多様性」も、一般論として、いろいろな解釈があるのだなと思うだけでは意味がありません。「解釈ワークシート」からの一連の学習活動、特に、中野氏の評論文を介在させたことは、原典と翻案作品との関係を具体的に解説しているため、個別の「解釈」事例となっており、学習者同士の交流だけでは出てこない視点を提供しています。

ラストが五コマ縦に配置され、右側に該当するコマの内容説明が記述されている。

　設問一では、二作品の相違点を出題し、「思考・判断・表現」を評価する問題にした。二作品を比べると、原作と出来事の順番が変わっていたり、描写が付け足されたりしていることがある。「『かぐや姫の物語』の絵コンテの一部」の内容説明部分に下線を四ヶ所（①姫「待って！」、②姫も泣く、③〈天人の台詞〉この地の穢れ、④〈天人〉羽衣をかけようと手を動かす、※〈　〉内は稿者による補足）に引き、「『天の羽衣』の一部」にはない描写を一つ選ばせる。正答は②であり、正答率は七八％だった。もっとも多い誤答は、③で二〇％だった。『かぐや姫の物語』では、天人が「この地の穢れ」と言ったことに対して、かぐや姫が反論して、地球の素晴らしさを訴える。そのため、かぐや姫の心情を引き出すきっかけになる台詞として印象的な箇所である。一方で、「天の羽衣」でも天人が地球を「きたなき所」と言っているが、この台詞に対してかぐや姫が直接的な反応を示していないため、共通点として読み取れていない生徒が多かったと考えられる。

　設問二では、二作品の共通点を出題し、「知識・技能」を評価する問題にした。選択肢は、以下のとおりである。

1　月に行ってしまうと帝には会うことができないので、地上の素晴らしさを訴えなければならないと思っている。
2　月に行ってしまうと帝には会うことができないので、自分の思いを伝えなければならないと思っている。
3　月に行ってしまうと地上のことを忘れてしまうので、地上の素晴らしさを訴えなければならないと思っている。
4　月に行ってしまうと地上のことを忘れてしまうので、自分の想いを伝えなければならないと思っている。

選択肢1と2には「帝」とあるが、帝は「天の羽衣」のみに登場し、『かぐや姫の物語』には登場しない。また、選択肢1と3には、「地上の素晴らしさを訴え」るとあるが、これは『かぐや姫の物語』のみで、「天の羽衣」では帝への愛情を訴える。正答は4であり、正答率は八二％だった。最も多い誤答は3で、一五％だった。最後の機会に想いを訴えようとするかぐや姫の心が共感を呼ぶということは、異なる時代に作られた作品でも共通している。本単元では、このような伝統的な言語文化も理解できるように指導したい。

　以上の確認テストの結果を踏まえると、多くの生徒が二作品の共通点と相違点を理解できていた。共通点と相違点については、ベン図を用いて読み取りを行なっていたため、思考ツールを用いてそれぞれの特徴を整理することができていたと考えられる。ただし、設問一の誤答率からは、「天の羽衣」の表現の理解に課題があるとも考えられる。本単元では、作品の表現を踏まえて解釈を行うことを目標としているため、解釈の基となる「天の羽衣」での表現を理解することも重要である。そのために、作品の解釈に必要な単語を理解するための指導を適切に行うことも課題だと言える。

Ⅳ 広がるアイデア

前節までに提案した単元では、生徒が「天の羽衣」の解釈を書く手段として、自分なりの翻案の構想を三つの問いに答えて書くという学習活動を設定した。しかし、生徒の実情を見ながら、翻案を考える際に他の学習活動を選択することもできる。いずれの学習活動も、前節までの提案と同じく、かぐや姫が最初に羽衣を着せられそうになる場面から、最終的に着せられる場面までを翻案することを想定している。

1 学習活動のアイデア

普段から文章を書くことに慣れているクラスであれば、自分なりの翻案を考えて、その紹介文を書かせることが考えられる。その際、原作の「天の羽衣」がどういう場面だと捉え、そこからどのような部分を取捨選択して翻案したものかを書く。これは、「読むこと」の学習における書く活動であるため、紹介文の書き方の型を提示して、どのような読みを行ったかを言語化させることに焦点化してもよい。

さらに、作品制作に積極的に取り組めるクラスであれば、翻案アニメーション作品の絵コンテを作る活動が考えられる。『かぐや姫の物語』の絵コンテの、羽衣を着せようとする天人を「待って」と止める場面と最後に羽衣を着せられる場面の二枚のイラストを準備し、その間の三コマは生徒に考えさせる。その際、実際の絵コンテのように、ワークシートの左側にイラストを、右側にそのイラストの場面の内容を書けるようにする。イラストは、『かぐや姫の物語』の絵コンテのように詳細でなくてよいが、誰が何をする場面か分かるように図示するとともに、その場面の登場人物の感情や、想定されるセリフ、音楽、登場人物の表情などを言葉で右側に書き込む。

2 教材のアイデア

今回の単元と同様の指導事項を取り上げて、異なる教材を扱うこともできる。

古典作品の解釈を考えさせる授業であれば、『竹取物語』のような長編作品ではなく、少し短めの作品を取り上げて、複数の翻案作品と比較する授業が考えられる。例えば、「百人一首」から一首を取り上げて、その和歌を基にした複数の漫画を比較する活動である。「百人一首」を扱った書籍は多く、現代語訳に比較的忠実に漫画化されたものから、大胆な解釈を加えたもの、現代を舞台に置き換えたものなど、様々な特色のある漫画がある。異なる特徴のある漫画を使うことで、原作の和歌を多角的な視点で読み解く参考になる。また、学習活動としては、和歌を紹介するためのキャッチコピーを考える活動も考えられる。その際、原作のどのような言葉や表現を踏まえてキャッチコピーを考えたのかの説明も書かせると、解釈を深める手助けになる。また、この活動では、漫画との比較で明らかになった、和歌の解釈の多様性を理解しているかを確認することが重要である。

近代文学作品の解釈を考えさせる授業であれば、定番教材を作り替えた作品と比較する授業が考えられる。例えば、夏目漱石の『こころ』と、その翻案作品のアニメーションや漫画と比較することが考えられる。『こころ』は、一人称視点の小説である。教科書で扱われる下巻では、主人公の「私」視点で、友人「K」と「お嬢さん」との物語が語られる。アニメーションや漫画は、主人公に焦点が当てられていたとしても、俯瞰的なカメラワークを用いることがある。小説では語られていない部分が描かれているという点で、一人称視点の『こころ』で書かれていなかった部分に気付くとともに、解釈する観点に気付くことができる。学習活動としては、視点を変えて原作の特定の場面を小説化する活動が考えられる。その際、なぜその視点を選んで書いたのか、原作のどのような点に着目して作り替えたのかを合わせて説明させると、より効果的である。

（金田富起子・市川涼）

〈注〉

（1）平安時代前期成立のわが国最古の物語。

あらすじ『竹取物語』

　竹から生まれたかぐや姫は、翁と嫗のもとで育てられる。瞬く間に美しく成長したかぐや姫は、五人の貴公子から求婚され、結婚の条件として難題を課すが、誰も難題をこなす者はいなかった。その後噂を聞きつけた帝も求婚するも、やはり受け入れられない。ある日かぐや姫は翁と嫗に、月に帰らなければならないこと、帰りたくないことを訴えるが、満月の夜に迎えに来た天人に羽衣を着せられ、月に帰っていく。

（2）スタジオジブリ作品。二〇一三年公開。高畑勲監督。教材として使用した画像は左記より取得。
「スタジオジブリ作品静止画」
（スタジオジブリ、https://www.ghibli.jp/works/kaguyahime/）

あらすじ『かぐや姫の物語』

　竹から生まれたかぐや姫は、山に住む翁と嫗のもとで育てられ、近所の子供たちと仲良く過ごしていたが、かぐや姫を「高貴な姫君」にしたい翁の思いから、都に移り住む。5人の貴公子からの求婚を断ったかぐや姫は、ある日屋敷に求婚に来た帝も拒み、その際に月に助けを求めてしまう。かぐや姫は翁と嫗に、なぜ地球に来たのかを語り、月に帰りたくないと訴えるが、満月の夜に迎えに来た天人に羽衣を着せられ、月に帰っていく。

（3）中野貴文「走る女と忘れられた帝―『竹取物語』から『かぐや姫の物語』への継承と乖離」（『高畑勲をよむ　文学とアニメーションの過去・現在・未来』中丸禎子ら編、三弥井書店、二〇二〇、所収）

（4）高畑勲・田辺修・佐藤雅子・笹木信作・橋本晋治・百瀬義行『スタジオジブリ絵コンテ全集20 かぐや姫の物語』（スタジオジブリ、二〇一三）

※本稿は旧課程の「古典B」の授業実践に基づいたものである。目標・評価規準等は現行課程のものに合わせて変更を加えている。

10 古典探究

古典と近現代の文学作品を重ねて読み「主題」という概念を捉える

教材
「命とらるる人魚の海」（井原西鶴『武道伝来記』）
「人魚の海」（太宰治『新釈諸国噺』）

【思考ツール】比較表

Ⅰ 単元の概要

1 単元観

高校生にとって、古典は近現代の作品と隔絶した世界のものと捉えられがちだ。しかし、それらをあえて同じ地平にあるものとして分析し、批評文を書き、作品を評価することは、古典の世界が自分たちの世界と交わりを持つものであること、近代的な作品批評の対象となり得ることを理解させる。本単元の特徴は比較・対照の目的をそれ自体に置くのではなく、最終的には文学的概念としての「主題」を理解することに置くという点にある。古典に「主題」という概念で切り込むことには異論もあろうが、本単元では古典と近代の隔壁を超えるためにあえてこの方法を選択している。

2 本単元における〈比べ読み〉のねらいと意義

古典や近現代を問わず、文学作品を読む際に「主題」をどうとらえるかが授業の要になっていることは多い。いわゆる「主題読み」である。しかし、そもそも主題とは何なのか、主題はなぜ、どのようにしてそれと判断できるのか、自分は読者としてどのようにその主題をとらえているのかについては曖昧なままであることも多い。「主題」の概念が曖昧であることは、時に不要な教訓的メッセージを主題として読んでしまうことにもつながる。本単元では古典とその翻案である近代小説を比較・対照し、時代や社会の変化による表現や価値観の違いをとらえさせる。またそれらの分析を通して、主題の違いとそれを生む要素を考えることで、「主題」という概念を理解し、主題がなぜ主題たりえるのかを言語化することをねらいとする。

3 教材と学習活動について

本単元では井原西鶴『武道伝来記』（貞享四年刊）巻二の四「命とらるる人魚の海」（注1）と『新釈諸国噺』（昭和一九年刊）の「人魚の海」（注2）を教材として用いる。「西鶴は、世界で一番偉い作家である。メリメ、モオパッサンの諸秀才も遠く及ばぬ」――『新釈諸国噺』の凡例における作者太宰治のこの言葉は太宰研究者のみならず、西鶴研究者の間でもよく知られている。西鶴と太宰が比較される場合には、西鶴を翻案した太宰の作品について「どのような形で太宰が翻案したか」について論じられることが多い。しかし本単元では『武道伝来記』と『新釈諸国噺』の二作品の比較・対照を経てその主題の違いをとらえ、一作品を対等に評価する。両作品は、登場人物やストーリーに大きな違いがないにも関わらず、比較の焦点によってその主題が大きく異なるように読める。例えば登場人物の「野田武蔵」の人物像と役割の違いには、近世における「武士」の生き方と近代における人間の破滅の原因をそれぞれ見て取ることが可能だ。そうした違いを生み出すものが何なのか――それを探ることで、生徒は「主題」という概念を明確に捉えることになる。

Ⅱ　指導と評価の実際

●第一次（三時間）

○第一時　単元の目標と学習の予定を知る／あらすじの把握

導入における探究の問いとして「主題の違いは何によってどのように生み出されるのか」を示し、本単元が比較・対照を通じて単に類似点や相違点を指摘するものではなく、「主題」という概念そのものを探究することを知らせた。

生徒にとって、西鶴の浮世草子を読むことは初めてであったため、近世独特の表現や「俳諧的」とされる省略の多い西鶴の文章の特徴を感じることをねらいとして、初回のみテキストの音読を行った。また逐語的な現代語訳はせず、脚注を参考にしながらグループであらすじを確認した。

○第二・三時　『武道伝来記』「命とらるる人魚の海」読解

比較分析に入る前に、西鶴の『武道伝来記』「命とらるる人魚の海」の読解を行った。読解の入口として「金内はなぜ死んだのか」「百右衛門はなぜ敵と言えるのか」の二つの問いを提示し、ワークシートに初読の段階の意見を記入させ、人物分析を通してそれを検証していくことを指示した。

人物分析にあたってはまず個人で分析を行い、後にグループで共有し共通見解を整理した。人物分析を行った後には、前掲の二つの問いについて再度考え、分析を通した読みの変化を確認した。

第三時には「本作が何を伝える話か」という問いをもとに主題を考えた。授業者から文学批評の方法例をいくつか提示し、生徒はそれらも参考にしながら時代背景や語句の意味などを追加調査して主題に迫った。

●第二次（三時間）

○第四・五時『新釈諸国噺』読解と『武道伝来記』との比較

自宅学習として『新釈諸国噺』「人魚の海」を読み、あらすじを把握してくることを課した。授業では生徒が自分なりの観点を設け、ワークシートを使って比較する作業を行った。比較の観点としては人物を設定した生徒が多かったが、中には物語の展開や作中で扱われる概念を設定した生徒もいた。

○第六時　分析結果の共有

個人での作業後に二作品の比較から見えたことをグループで共有し、異なる観点から比較した場合の主題のとらえ方の違いや作品評価について話し合った。作品を読む観点や文脈によって、主題のとらえ方が異なることに気づいた生徒が多く見られた。

●第三次（二時間）

○第七時　分析批評文作成

「二つの作品の主題の違いを述べ、その違いが何によってどのように形成されているのかを分析・考察する」ことを課題とする分析批評文を各自で書いた。課題については事前に評価規準とともに提示しておいた。

○第八時　振り返り

各自の成果物をグループで読み合い、振り返りシートを利用して作品を再評価するとともに、自分と他者の作品に対する分析批評を比較することで、自分の学びを相対的に評価した。

#【単元指導計画表】

1 単元名

西鶴と太宰―主題の違いを生み出すものは何か

2 単元の目標

(1) 時間の経過による言葉の変化や、古典が現代の言葉の成り立ちにもたらした影響について理解を深めることができる。〔知識及び技能〕(2) ウ
(2) 作品の成立した背景や他の作品などとの関係を踏まえながら古典などを読み、その内容の解釈を深め、作品の価値について考察することができる。〔思考力、判断力、表現力等〕A (1) エ
(3) 言葉がもつ価値への認識を深めるとともに、生涯にわたって読書に親しみ自己を向上させ、我が国の言語文化の担い手としての自覚をもち、言葉を通して他者や社会に関わろうとする。「学びに向かう力、人間性等」

3 本単元における言語活動

井原西鶴『武道伝来記』巻二の四「命とらるる人魚の海」と太宰治『新釈諸国噺』「人魚の海」を比較し、主題とそれを生み出す要素についての分析批評文を書く。

4 単元の評価規準

知識・技能	思考・判断・表現	主体的に学習に取り組む態度
①時間の経過による言葉の変化や、古典が現代の言葉の成り立ちにもたらした影響について理解を深めている。((2) ウ)	①「読むこと」において、作品の成立した背景や他の作品などとの関係を踏まえながら古典などを読み、その内容の解釈を深め、作品の価値について考察している。(A (1) エ)	①古典と近代小説の比較を通して、言葉の変化とその価値について理解し、解釈を深め作品の価値を評価することに向けて粘り強い取り組みを行う中で、自らの学習を調整している。

5 指導と評価の計画(全8単位時間想定)

次	時	主たる学習活動	評価する内容	評価方法
1	1〜3	•単元の目標とねらいについて知り、学習の予定を把握する。 •『武道伝来記』「命とらるる人魚の海」を読み、概要をとらえる。 •「命とらるる人魚の海」の登場人物について個人・グループで分析し、クラスで発表する。 •「命とらるる人魚の海」の主題を考え、話し合う。	[知識・技能] ① [思考・判断・表現] ①	「記述の点検」 「行動の観察」
2	4〜6	•『新釈諸国噺』「人魚の海」を読み、概要をとらえる。 •自分で観点を設けて二作品を比較・対照して分析する。 •二作品の比較から見えたことをグループで共有し、異なる観点から見た場合の主題のとらえ方の違いや作品評価について知る。	[知識・技能] ① [思考・判断・表現] ①	「記述の点検」 「行動の観察」
3	7・8	•二作品の主題の違いとそれを生み出す要素についての分析批評文を書く。 •クラス内でグループを作って批評文を読み合い、交流する。 •振り返りシートに沿って単元全体を通した振り返りを行い、文学作品の「主題」という概念と、主題を生み出す要素について自分の考えを深める。	[思考・判断・表現] ② [主体的に学習に取り組む態度] ①	「記述の分析」

Ⅲ ズームアップ

1 何のための「比べ読み」か――生徒と共有した目的

本単元では、古典と近代小説の比べ読みを学習活動の中心に据えているが、その目的は比較そのものではない。もちろん典拠である西鶴の『武道伝来記』とその翻案である太宰の『新釈諸国噺』を比較して読めば、その類似点・相違点から高校生読者には決して馴染み深いとは言えない両作品の特徴のようなものは見えるのかもしれない。またゲーム的な感覚で太宰がどう西鶴の作品を変えているのかを見つけるような「探索的」面白さは、多少感じられるのかもしれない。しかし、比較することそのものを目的にした場合の学びはそこ止まりなのではないか。文学作品を読み、その世界を面白いと感じ、さらに作品を自分で評価するに至るには、比べ読みの目的を「比較」自体に置いてはならないだろう。

今回の単元においては、単元の最終目標を「『主題』という概念を摑むこと」としている。古典の作品読解において「主題」という概念を持ちこむことには異論もあろうが、本単元では、古典と近代小説を同じ地平で継続的な時間の上にあるものと位置づけ、あえて「主題」という同じ切り口でそれぞれを読む。生徒は典拠と翻案を自分で焦点を定めて比較し、それぞれが一体何を伝える作品であるのかを読み解いた上で、「主題」というものが、一体何によって生み出され、支えられ、読者に伝わるのかということを考えることになっている。

「主題」という概念に着目したのは、「主題」が、国語科の授業で頻繁に扱われながらも、実はその定義や意味が曖昧なまま放置されているからだ。中高の国語科の授業で文学作品を扱う際に作品の主題を考えてみようとすると、一定の割合で「教訓的・社会的メッセージを読み取らねばならない」と考えてしまう学習者に出会う。勿論そのようなメッセージ性の高い文学作品もあるのだが、いくら教科書に掲載されているからといって、常に文学に教訓性が付随しているわけではない。むしろその教訓的・社会的な常識が通用しない人間社会の姿自体が主題になっている作品も多いだろう。それは近現代の文学に限ったことではなく、古典においても言えることだ。本居宣長は『源氏物語玉の小櫛』で人が心を動かされるのは、常に道理にかなったものとは限らないと説く。宣長よりも少し前ではあるが、同じ江戸時代を生きた西鶴の浮世草子が描き出しているものも「浮世」のリアルな人間たちの諸相やその社会のひずみである。

文学作品を読み解こうとする際の「主題＝教訓」バイアスから脱するためには、「主題」という概念そのものを、辞書的な定型の定義ではなく、自分で認識する必要がある。本単元の導入においては、「主題の違いは何によってどのように生み出されるのか」という問いの形で「比べ読み」をすることの目的を生徒と共有しているが、これは「それぞれの作品の主題は何か」を摑むことを想定した問いではない。「主題」そのものが何によってどう形成されていくのかをメタに認識することを促す問いとなっている。

2 作品の特色と生徒のアプローチ

本単元で教材として使用した作品は、井原西鶴『武道伝来記』（貞享四年）巻二の四「命とらるる人魚の海」と太宰治『新釈諸国噺』（昭和一九年）「人魚の海」である。西鶴と太宰の作品の関係とその比較については、従来も高校古典の教科書でたびたび扱われてきたが、多くは『西鶴諸国はなし』（貞享二年）巻一の三「大晦日は合はぬ算用」と『新釈諸国噺』「貧の意地」に限られた。また、文学研究の世界においては、二作品を対等に比較して言及するものは少なく、多くは単独の作品論か、翻案である太宰作品が典拠である西鶴の作品をどう翻案しているかという論に収まる。今回の単元で選んだ作品についても、先行の論考は限られた数しかない。しかしこの二作は次のような点で、「比べ読み」を通して「主題」という概念をとらえるにふさわしいものと判断し、教材として扱うこととした。

①これまで、教科書に採録されたことがなく、個々の作品論はあるが、読解上の「正解」のようなものが簡単には入手できない。よって主題についても自分で考えなければならない。

②舞台・登場人物・ストーリーがほぼ同じである。太宰による脚色や変更はもちろんあるが、主要な要素が同じであるため、比較するには細かな点に注意する必要があり、おのずと精読していくことになる。

③それぞれに刊行された年代が明確であり、歴史的背景や社会状況を調べ、歴史的・社会的アプローチで作品を読み解くことが可能である。

④翻案した太宰による西鶴および西鶴作品への言及（『新釈諸国噺』の「凡例」）があり、二作品の関係性について作家自身がどのように考えていたかを見取る材料がある。

ここでは特に③に注目しておきたい。単元の導入においては、それぞれの作品の基本的情報を便覧等を利用して確認したが、比較作業のプロセスにおいて作品を読み深めるには、それ以外の情報が必要であることに生徒自身が気づいた。多くの生徒はスマホやタブレット、あるいは電子辞書などを活用して、時代背景や作品の舞台となる地域について調べながら読解を進めていた。例えば西鶴の作品については、江戸時代における貞享という時代がどのような時代であったかや、その時期の「武士」の役割や生き方を調べたり、松前藩がどのような地域であったのか、作品の鍵となる「人魚」についての当時の扱われ方などを調べたりしていた。一方太宰の作品については、作品が創作・刊行された当時、特に「凡例」で太宰が記している「私はこれを警戒警報の日にも書きつづけた」という一節に着目し、戦時下の時代状況について調べている生徒もいた。生徒Aは分析批評文を書くにあたって自分で作品の歴史的背景を調査し、それを鑑みて論述したが、その後の振り返りで次のように述べている。

作者それぞれの背景などを調べてレポートに挑んだが、それがそれぞれの作品に大きく影響していて、同じ題材でも全然違う作品として読めたことが面白かった。今まで読んできた本も、歴史的背景などを少し調べるとより面白く読める気がした。

なお、生徒が個人で調べたことに加えて、授業者からもテキストの脚注を補足するための資料や情報もいくつか提示した。例えば左掲図1のように、「武家諸法度」が作品刊行に近い時期に改定されたことを示す資料や、西鶴が『武家義理物語』（貞享五年）の序文で武士について述べている記述など、テキストの脚注で示されていることに関連している資料は、歴史的・社会的観点から作品を批評する視点や作家自身の言葉からその価値観を読み取ってみようとする視点を生徒に与えることとなった。例えばテキストの脚注に示されているような「体験的合理主義への批判」という解釈がなぜ成り立つのかについて補足資料をふまえて考えた生徒もいた。そのような生徒たちは、当時の武士の理想のあり方の背景に儒家思想があったことを資料をもとに理解し、それを自分の作品分析に生かしていた。

歴史的文脈を背景に置いて読む（例）

武家諸法度　冒頭

寛文令（将軍　第四代　家綱）
文武弓馬之道専可相嗜事

寛文諸士法度（旗本法度）
忠孝をはげまし礼法をただし常に文道武芸を心がけ義理を専にし風俗を乱すべからざる事

天和令（将軍　第五代　綱吉）
文武忠孝を励まし可正礼儀事

同作者の後作『武家義理物語』序文

それ人間の一心、万人ともに変はれる事なし。長剣させば武士、烏帽子をかづけば神主、黒衣を着すれば出家、鍬を握れば百姓、手斧を使ひて職人、算盤おきて商人をあらはせり。その家業、面々一大事を知るべし。弓馬は侍の役目たり。自然のために、知行を与へ置かれし主命を忘れ、時の喧嘩・口論、自分の事に一命を捨つるは、まことある武の道にはあらず。義理に身を果たせるは、至極のところ、古今その物語を聞き伝へて、その類をここに集むる物ならし。

貞享五年戊申年楼月吉祥日

図１：授業者補足資料例

3 人物像の分析効果――生徒の読みの変化

本単元で生徒の読みに変化が表れた最初の局面は、『武道伝来記』の登場人物の分析作業後である。「単元の概要」で示した通り、登場人物の分析を行う前に、生徒は次のような問いをワークシート上で提示されている（図2）。

・（主人公）金内を死に至らしめたものは何か。
・（同輩の）百右衛門はなぜ金内の「敵」と言えるのか。

こうした問いは、人物分析を単なる事実の収集にとどまらせず、分析に一定の文脈を与える思考ツールの役割を果たす。事実、人物分析を行った前後でこの問いに対する意見が変化した生徒は多かった。

人物分析は、まずは個人で行い、その後、グループで共有・整理をした（図3・図4）。分析の共有を行う中で、生徒の多くが気づきとして挙げたのは、一見勧善懲悪的対立に見える二者（金内あるいは金内の味方をした同輩の武蔵と敵の百右衛門）の関係は、実は単純な善と悪ではないのではないか、ということだった。初読の際には気づかなかったこうした点は、『武道伝来記』の読みを深めていくことにつながっていった。人物分析を行う前は、金内の死の原因を「武士のプライド」「名誉を傷つけられたことに対するくやしさ」とする意見が多く、百右衛門は金内を侮辱し、その死の原因を作った「敵」であると見ている生徒がほとんどであった。

しかし、人物分析を行った後では、生徒の意見は変容した。例えば百右衛門は至極まっとうなことを言っているに過ぎず、敵とは言えないという意見や、金内の死は武士のプライドを貫いた結果によるものではなく、他者によってそういう状況に追い込まれた結果であると考える生徒がおり、そうした意見を共有することで、他の生徒の意見にも変化が見られた。

テキスト『武道伝来記』「命とらるる人魚の海」
単元：西鶴と太宰――主題の違いを生み出すものは何か

年　組　番　氏名

本日の問い

① 金内を死に至らしめたものは何か。
どこからそう考えられるかも指摘して書こう。

② 百右衛門はなぜ金内の「敵」と言えるのか。
どこからそう考えられるかも指摘して書こう。

図２：ワークシート例①

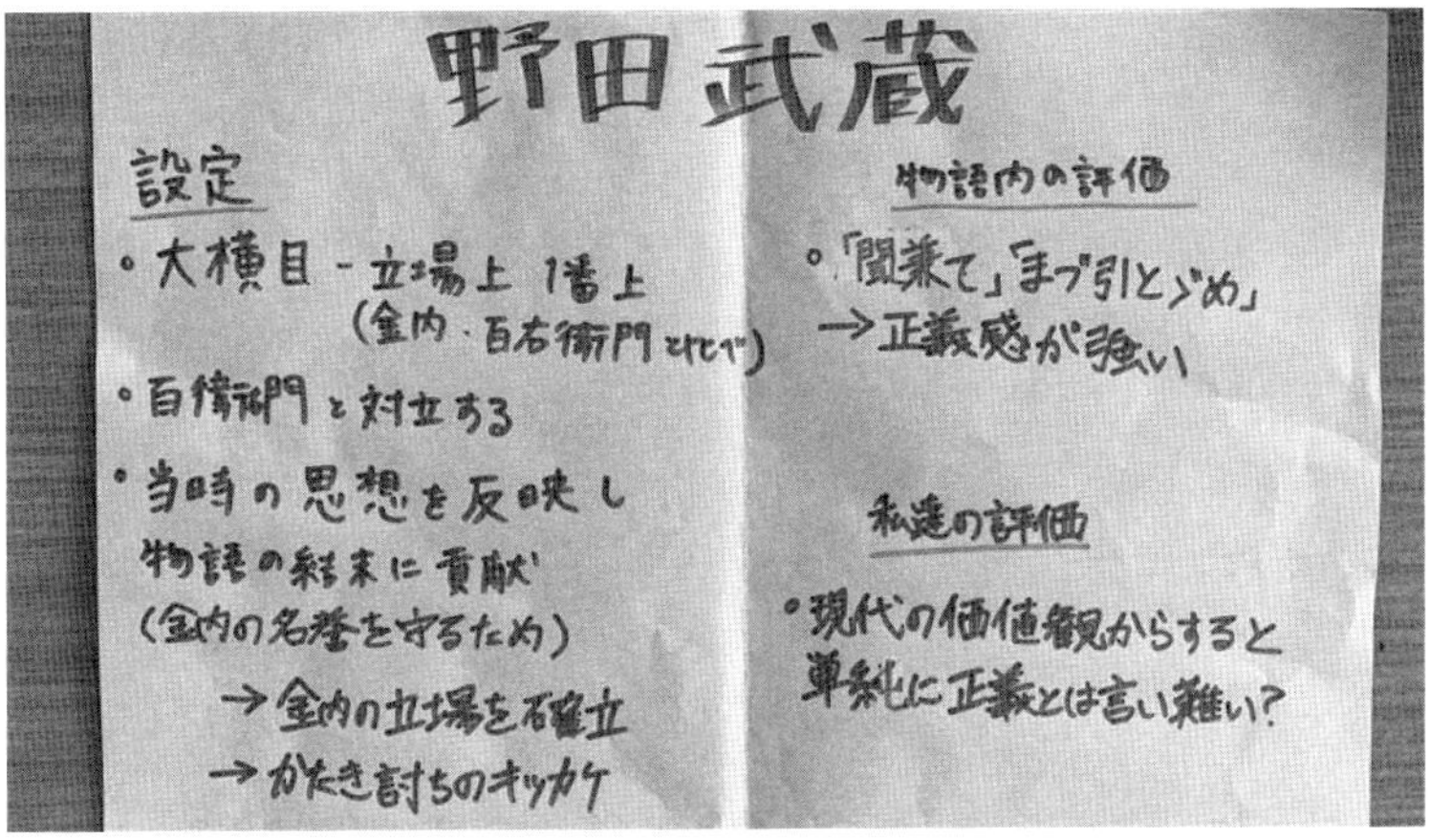

図３：生徒人物分析例①（野田武蔵）

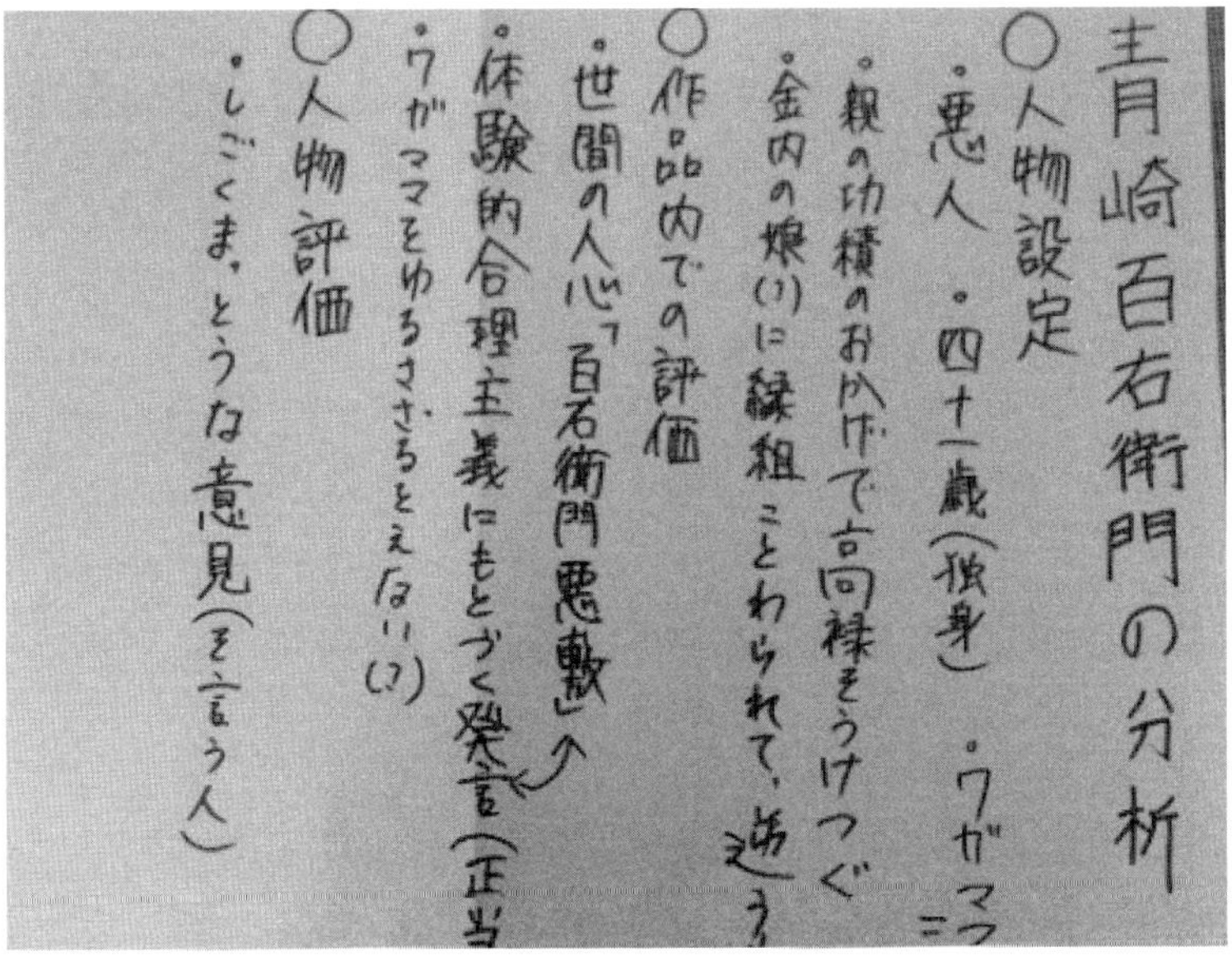

図４：生徒人物分析例②（青崎百右衛門）

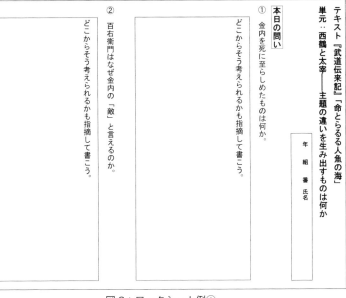

4 生徒が設定した比較の観点と分析

二作品の比較・分析は、図5のようなワークシートをツールとして用いた。形式は単純な上下の比較表の形をとっているが、重要なのは、比較の観点を自分なりに定めるということである。★① 比較の観点として生徒が設定したのは人物が多かったが、これは翻案した太宰の脚色が主要人物の描き方に多く見られたことと同時に、読解作業を人物分析から開始したことが強く影響したものと思われる。ただ、中には人物を比較する中で人物以外の比較の観点を発見した生徒もいる。

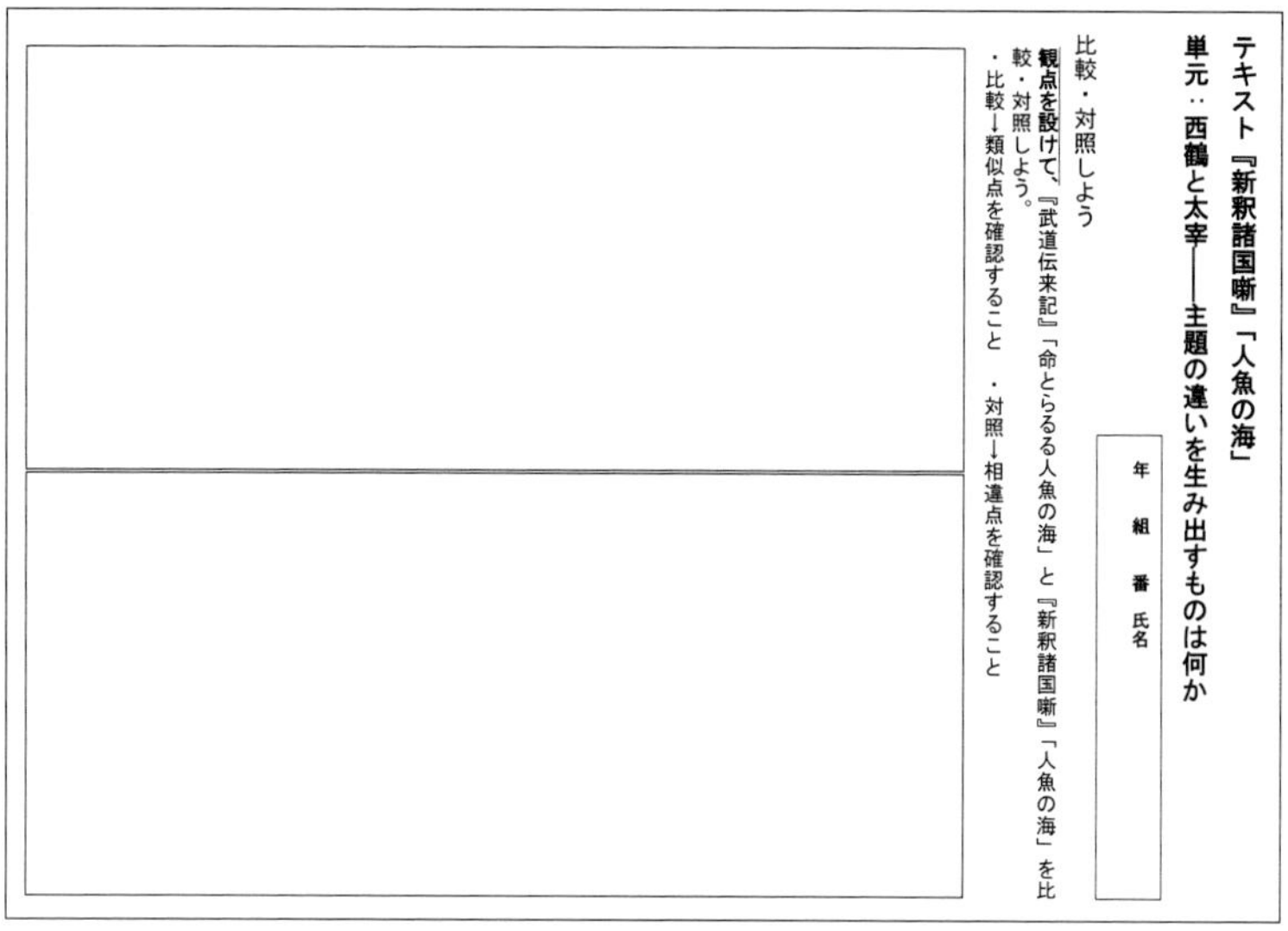
テキスト『新釈諸国噺』「人魚の海」
単元：西鶴と太宰――主題の違いを生み出すものは何か
年　組　番　氏名
比較・対照しよう
観点を設けて、『武道伝来記』「命とらるる人魚の海」と『新釈諸国噺』「人魚の海」を比較・対照しよう。
・比較→類似点を確認すること　・対照→相違点を確認すること

図5：ワークシート例②

例えば生徒Bは、「議論」という要素に注目し、それぞれの作品において「議論」がどのように描かれ、扱われているかを比較した。これは非常に興味深い観点である。太宰作「人魚の海」には、敵役青崎百右衛門の次のような言葉がある。

それがしは議論を好まぬ。議論は軽輩、功をあせっている者同志のやる事です。子供じゃあるまいし。青筋たてて空論をたたかわしても、お互い自説を更に深く固執するような結果になるだけのものさ。議論は、つまらぬ。

ここは典拠である西鶴の作品にはない箇所で、太宰の脚色が明確に見える。「議論」という概念自体が近代的な印象があるが、ここではそれが百右衛門によって「つまらぬ」とされている。金内・武蔵と百右衛門との確執は実はこの「議論」を発端とし、金内を追い詰めていく。そのような物語の展開を鑑みると、「議論」の描かれ方を比較の観点とした生徒Bの視点はかなり鋭いものと考えてよいだろう。生徒Bは、分析批評文の中で、西鶴の『武道伝来記』における議論は「金内の武士としての手柄」という論点が貫徹しており、金内が人魚探索に向かうきっかけとしての役割を果たしているのに対し、太宰の『新釈諸国噺』における議論は金内の手柄についてという論点から、議論それ自体の必要性、果ては信じることや情愛の必要性に移り変わっていると指摘する。そし

★① ここがポイント!

比較する上で重要なのは、どのような観点を設定するかです。それによって結果が変わってきます。本実践では、学習者が自身で観点を設定し、そのことで独自の読みの深まりが可能になっています。また、「主題」という概念の把捉という本単元のねらいにも直結する設定です。このように自分自身で観点を設定することができるような〈比べ読み〉を実現するためには、それまでの学習経験が重要になってきます。

て両者の議論の性質や役割の違いが、各作品の掉尾と呼応し、『武道伝来記』は武士にとって「誇りを守る」ことの重要性を、『新釈諸国噺』は「信じること」の普遍的な勝利をそれぞれ伝える作品になっているのではないかと結論付けた。主題の読み取りにはやや単純さが見えるが、この点については本人も振り返りの中で議論という要素と文章全体の関わりについて解釈を深められなかったと書いている。つまりはまだ何か足りないということに気付いているということだろう。

生徒Cは「敵討」そのものがどのように描かれているかを比較の観点として設定した。『武道伝来記』はそもそも敵討を全章の題材としている。太宰も「人魚の海」において敵討の場面は詳細に描いており、結末が大きく変わるようなことはない。ただし、太宰は西鶴の「敵討」の場面に脚色を加え、やや変化させている。その点に目を付けたのが生徒Cであった。生徒Cは二作の比較から『武道伝来記』の敵討が金内の娘によって行われていること、またその娘が「さすが武士の娘」と称賛されていることを指摘し、西鶴が描いた敵討は「当時の武士観」を映し出したものであり、「武士としての敵討」であると評価した。一方『新釈諸国噺』については、最後に武蔵が敵討に加わり、自ら切腹して果てるという展開となっていること、また作中で「私闘」扱いになっていることを指摘し、武蔵による敵討は「人を信じるための敵討」であるとした。「敵討」を観点としたこのような比較分析を経て、生徒Cはそれぞれの主題を「変遷し混乱する武士観やその生き様」と「信ずるものの持つ力、信義」と結論づけてい

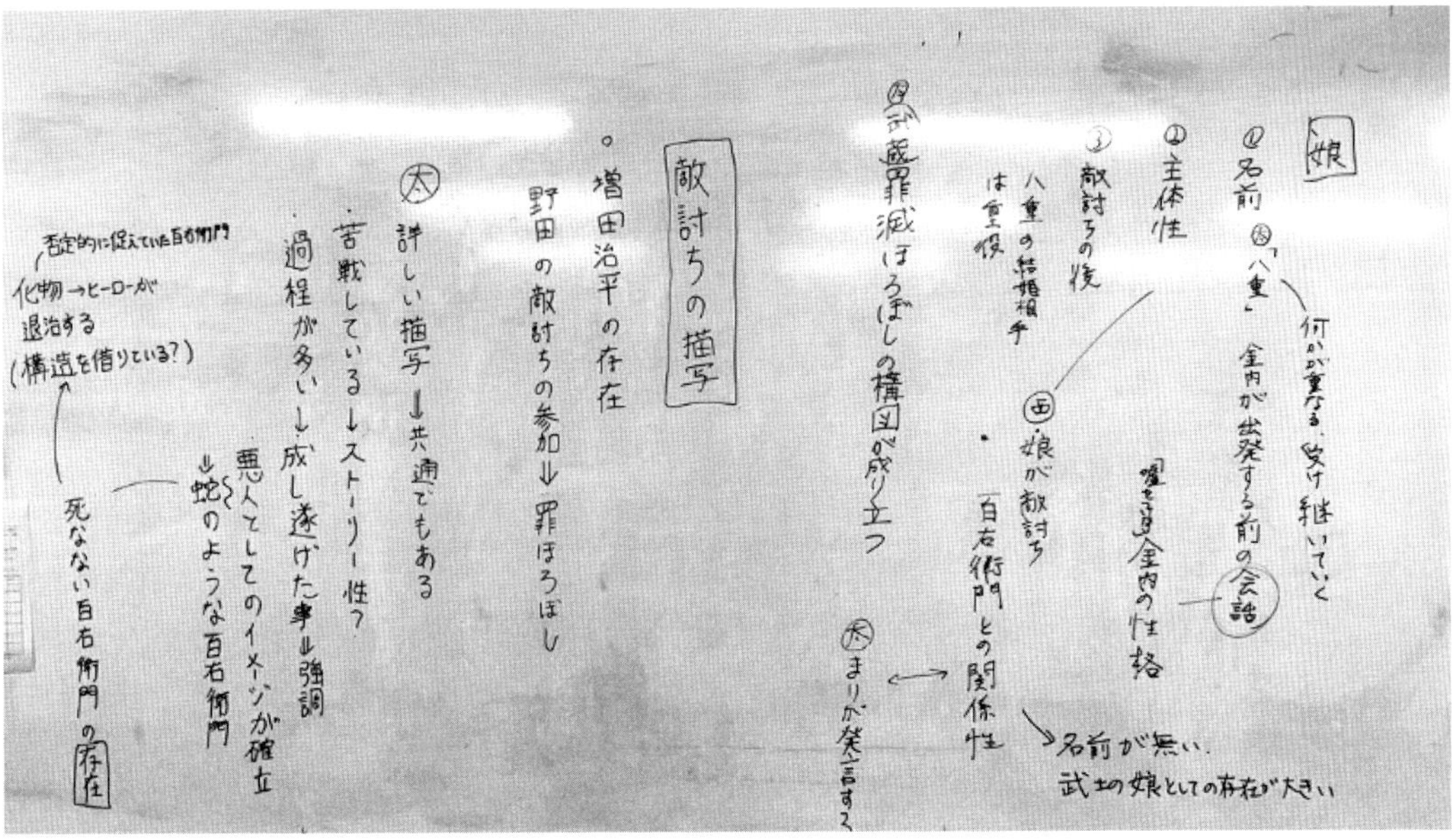

図6：生徒の比較分析作業の板書

る。この生徒の振り返りには「翻訳・翻案は解釈であり、小さな変化（脚色や改変）も大きな違いを生む」とのコメントがある。ここには、作品の主題の違いが実は細かな表現の違いによって生み出されていることを理解していることがうかがえる。

5 振り返りを通してみる生徒の理解

作品の比較分析と分析批評文を書くことを通して、生徒は何を理解したのか、またそれをどう自覚しているのか。前者については、総括的評価課題として課した分析批評文に見て取ることができよう。少なくとも、提出されたものを見る限りにおいて、初読の段階ではうまくとらえられていなかった二作の主題を、全員が自分なりに言語化していたことは確かである。またそれが何によって生み出され、支えられているのかについても、考えの浅深や文章の巧拙はあれども、単にストーリーというような漠然としたものを要素として挙げるものはなく、人物・表現・設定・細かな展開の差を指摘しているものがほとんどであった。そうした全体的傾向からは、少なくとも生徒が「主題」の違いは、ストーリーの違いではなく、作品の微細な要素とその組み合わせによって生み出されていると理解したことが窺える。では後者についてはどうか。生徒が自分の学んだことをどう自覚しているかを網羅的に確認する術は今ない。しかし、本単元の振り返りの中にその一端を見ることはできる。以下に生徒の振り返りの一部を掲げる。振り返りは図7のようなワークシートを用い、以下のような指示や問いを提示した。★②

1　自分の書いたもの（分析批評文）を見直してみよう。

①自分はそれぞれの主題をどのようにとらえているか。

②書き足りなかった点、この点をもう少し書けばよかったという点はどこか。

③比べ読みをしてみて、学んだこと、気づいたことなど。

2　クラスの人と交換して読み合ってみよう。

①交換した人は、どんな違いに着目して、それぞれの主題をどのようにとらえているか。

②自分が書いたものとの共通点や相違点などがあれば書こう。

これらの問いに対して、生徒の振り返りには以下のような記述が見られた。

【1比べ読みをしてみて学んだこと、気づいたこと】

A…細かな要素の重要性

・一見、ストーリーの内容や構造は同じように見えても、細かく要素に区切って比較をすることで、明らかな違いが浮かび上がった。これらを根拠に主題の違いまで論じることができたため、大まかな概要だけではなく、ミクロな視点を持って分析を行う重要性を認識することができた。

・翻案は細かい描写の中に作者の選択があるため、その選択によって全く違う作品世界が形成される。

★② ここがポイント!

本実践の優れたところの一つは、こうした「振り返り」を学習過程に適切に位置づけ、この活動が指導目標の実現に大きく寄与している点です。第二章でも触れましたが、「主体的な学び」のポイントは「見通し」と「振り返り」ですが、本単元では学習者の「主体的な学び」がこうした可視化できるツールによって見取りやすくなっています。

・人物設定・言葉の選び方で、トーンだけでなく、主題の違い、社会構造に焦点があたるか、個々の特徴に焦点があたるかなど読者がどのような印象を持つかに違いが出る。同じようで全く違う作品に変えることができる。
・ストーリーが何かを説明するのではなく、その中の人物たちが主題というものを決定づけていくと感じた。

B…関連付け・文脈の重要性
・太宰が変更した点一つ一つが細かい意味を持つというよりも、それらを組み合わせることで主題や大きなテーマとつながってくる。
・一見すると同じ内容と読める所も、前後の関係性に注目して読むと全く違う意味として受け取れる部分があり、作者が伝えたいことが大きく異なると気付いた。

単元：西鶴と太宰——主題の違いを生み出すものは何か

年　組　番　氏名

振り返り

1　自分の書いたものを見直してみよう。

①　自分はそれぞれの主題をどのようにとらえているか。

井原西鶴『武道伝来記』「命とらるる人魚の海」（1687）

太宰治『新釈諸国噺』「人魚の海」（1944）

②　書き足りなかった点、この点をもう少し書けばよかったという点はどこか。

③　比べ読みをしてみて、学んだこと、気づいたことなど。

2　クラスの人と交換して読み合ってみよう。

読みあった人⬇

①　交換した人は、どんな違いに着目して、それぞれの主題をどのようにとらえているか。

□主に着目していた作品の相違点

□主題

井原西鶴『武道伝来記』「命とらるる人魚の海」（1687）

太宰治『新釈諸国噺』「人魚の海」（1944）

②　自分が書いたものとの共通点や相違点など（感想でもよい）。

図7：ワークシート例③

ここにも掲げたように、生徒の振り返りの中で最も多くみられたのは、Aに区分されるような振り返りである。こうしたコメントからは、我々が普段「主題」と呼んでいるものが何によって形成されているのかを自覚的に学んだことが明確に見て取れよう。そうした点で、本単元の「比べ読み」は、当初の単元の目標を達成していると評価できる。さらに、Bに区分されるような記述からは、作品を形成する要素が単独で働いているのではなく、それらがどのように組み合わさり、どのような歴史的・思想的背景をもって文脈を形成しているかが主題に大きく関わると理解していることも見て取れる。Bのような理解を示した生徒はそれほど多くはなかったが、ここにも曖昧になりがちな「主題」というものが形成されていく過程が生徒の中で言語化されていった跡が見える。

6 比べ読みの課題

今回の実践では、典拠と翻案という明確な関係性を持つ作品を比べ読みの対象として扱った。それは「主題」という概念に迫ることを目的としたからである。しかし、古典と近代・現代文学を比較する際に、常に典拠と翻案という関係を持つ作品だけが適切なわけではないだろう。重要なのは、1で述べたように、その「目的」をどこに置くかである。目的を明確にし、生徒と共有できていなければ、比べ読みはそれ自体が目的化してしまうことに陥る。

実は今回の単元においても、一部の生徒は比較分析作業を通して、二作の類似点と相違点を指摘するにとどまり、それを通して二作の主題を掘り下げていくことが難しかった。それは分析批評文や振り返りの記述にも反映されている。分析批評文においては、個々の要素の違いやその意味には言及できているものの、それが各作品の主題をどのように形成しているのかまでを十分には論じることができず、振り返りにおいても「主題を言語化しきれなかった」と書いていることが多かった。こうした生徒が一部でもいたことは、単元設計上の仕組みや仕掛けの不足が原因と考えられる。例えば比較分析作業に使用した図5のようなワークシートが、単純な比較表の形ではなく、分析から統合へと思考が移行しやすいようなフレームを提示することができていれば、「比較から何が言えるか」「個々の要素の違いをつなぎ合わせて何が言えるか」を生徒が考えやすかったかもしれない。

比べ読みの単元には「比べる」ということ以外の目的（ゴール）が必要だ。それと同時に、比べたことを統合したり関連付けたりできるような仕組みも、ゴールにたどり着くためには必要となる。

Ⅳ 広がるアイデア

1 古典と近現代

近現代の小説には、古典を翻案したものや古典に題材をとったものが多くある。古典の授業においては、こうした典拠・題材と翻案を比較対象として単元を設計することで、古典と近現代の時代的社会的背景の違いとそれらが作品の文脈にどのように影響するかを探究させることも可能であろう。

たとえば芥川龍之介の作品では「羅生門」と『今昔物語集』の比較は従来から教科書でも提案されてきているが、ここでは他の作品を比べ読みのアイデアとして提案しておきたい。

文章の形式に比較の観点を置くならば、「手紙」や「書簡」が面白い。書簡体小説と呼ばれるものは古典にも近現代の小説にもあり、手紙や書簡（あるいはその形式をとった文章）自体は、日本の古典だけでなく、漢文にも見つけることが可能だ。

書簡体小説で比較するならば、井原西鶴『万の文反古』と井上ひさし『十二人の手紙』や三島由紀夫『三島由紀夫 レター教室』はどうだろうか。西鶴作品はそれぞれが独立した短編だが、一話の中にも人間関係や手紙の書き手と受け取る（はず）の相手を取り巻く環境が見えてくる。井上や三島の作品は、手紙の形式や目的も様々で、それ自体が通信文や手紙の種類の多様さを認識させ、かつ全体が一つの「物語」をなしてもいる。「手紙」という形式がもつ効果や役割、それらがどのような時代や社会を反映しているのか、また「手紙」が表現する人間社会の普遍性など、比較することで作品自体が面白く読めるだけでなく、文学の形式の効果についても探究することが可能である。

2 「旅」をテーマにした比較

今回取り上げた西鶴と太宰の作品は、どちらも冒頭に主人公金内の職務のための船旅を描く。ただし、太宰の「人魚の海」は、その部分に多くの脚色が施され、船に乗り合わせた人々の様子が詳細に描かれる。西鶴の当時も船旅は当然行われていたはずだが、太宰が描く船内の様子は臨場感もあり、あたかも読者がその船に乗り合わせた客であるように思わせる。太宰はなぜ船内の旅客の様子を詳細に描いたのだろうか。旅途ではいろいろな人の人生が交錯する。旅の目的も行先も様々だ。そうした人間たちがたまたま同じ場所で危難に見舞われた時に見せる本性や滑稽さ、その多様さを描こうとしたのだろうか。

「旅」という空間が何を映し出すのか、なぜ作家は「旅」という枠組みを使ったのか、それを探究することは、「旅日記」「紀行」という形式の効果や役割を理解することにもつながり、また「旅」という行為が古来人間にとってどのような意味をもつものだったのかを探ることにもなろう。

「旅」を描いた古典作品は従来も古典の教科書に採録されているが、あえて比べ読みの対象として取り扱われてきた例は少ないように思う。『土佐日記』・『更級日記』・『十六夜日記』・『おくのほそ道』などはその当時の旅の様子や習慣などを知ることができる作品である。今回はここに近世の『東海道名所記』（浅井了意）や『東海道中膝栗毛』（十返舎一九）などを加えた「旅」をテーマにした比べ読みを提案したい。比較対象となる作品の数も多く、長編もあるので、全書全編を網羅することはできないが、交通網が整備されていない古代から中世を経て、旅行が娯楽として庶民の間でも行われた近世に至るまで、「旅」がどのように描かれてきたのか、その旅程や旅にまつわる習俗を比較してみることは、国語科の授業を超えて教科横断的な単元の設計も可能にする。また、近世には旅のガイドブック的な作品も多く刊行されており、これらと現代の旅行ガイドなどを比較し、「旅の手引き・ガイド」という形式について探究することも、「旅」という概念についての理解を深めることにつながるだろう。

（杉本紀子）

〈注〉

(1) 井原西鶴著、谷脇理史・冨士昭雄・井上敏幸 校注『新日本古典文学大系77 武道伝来記 西鶴置土産 万の文反古 西鶴名残の友』岩波書店、一九八九。

あらすじ 「命とらるる人魚の海」（井原西鶴）

松前の奉行役人中堂金内は監察からの帰り、鮭川という入海で人魚に遭遇する。同船の人々は驚き気を失うが、金内は半弓で人魚を射る。本国松前に帰還し人魚を射た手柄を周囲に称えられるが、青崎百右衛門は金内の話を偽りのように扱う。憤った同輩の野田武蔵は反論するが、百右衛門はさらに金内を責めた。金内は武士の名誉をかけて人魚を探そうとするものの結局人魚を捕らえられず、鮭川の海で亡くなる。金内の死と百右衛門が敵であることを知らされた娘と妾の鞠は、親の仇を討ち、野田の家はその後も栄えた。

(2) 太宰治『お伽草子・新釈諸国噺』岩波文庫、二〇〇四。青空文庫『新釈諸国噺』（底本：『お伽草紙』新潮文庫、一九七二～一九九九）。
https://www.aozora.gr.jp/cards/000035/files/2269_15103.html

あらすじ 「人魚の海」（太宰治）

『新釈諸国ばなし』の「人魚の海」は、西鶴作の『武道伝来記』巻二の四「命とらるる人魚の海」と大筋の展開は同じであるが、以下の点に違いが見られる。

・金内の冒頭の船旅での船内の様子（『新釈諸国噺』では船内の人々の様子を脚色し、詳細に描く）
・野田武蔵の藩での地位の表記（『武道伝来記』では「大横目」、『新釈諸国噺』では「上役」）
・青崎百右衛門と野田武蔵の議論（議論の焦点と長さが異なる）
・金内が人魚探索に向かった鮭川での漁師たちとのやりとり（『新釈諸国噺』ではかなり長い脚色が施される）
・百右衛門を討つ場面での野田武蔵の役割と切腹（『武道伝来記』では野田武蔵は敵を討つ場面には登場せず、切腹もしないが、『新釈諸国噺』では直に娘たちを助太刀し、最後に自ら切腹して果てる。）
・末尾の語り手の言葉（『武道伝来記』では野田家が栄えたという記述で終わるが、『新釈諸国噺』は「この段信ずる力の勝利を説く」という語り手の一言が加わる）

※本稿は旧課程「古典A」の授業実践に基づいたものである。目標・評価規準等は現行課程のものに合わせて変更を加えている。

付録 思考ツール一覧

座標軸

（→41ページ）

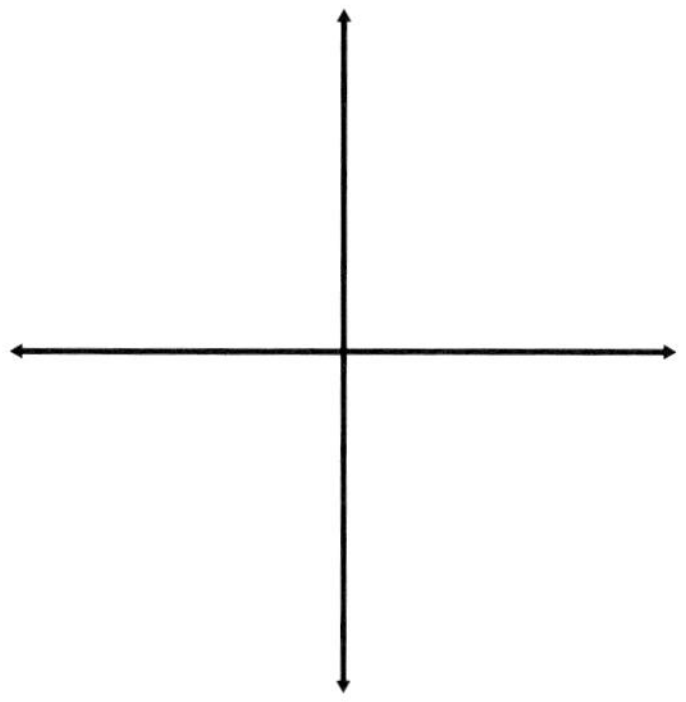

目的 二つの軸で整理し、対象の位置づけを明確にする。

活用アドバイス

十字ではなく、L字型や立体的な図形にすることも可能である。「3現代の国語　資料の比較を通して『判断』の過程に自覚的になる」（41ページ）では、生徒がテンプレートに自分なりの工夫を加えて作成している。一軸だけのものは「綱引きチャート」とも呼ばれ、グラデーションを示すのに役立つ。

ベン図

（→29・67・79・105・119ページ）

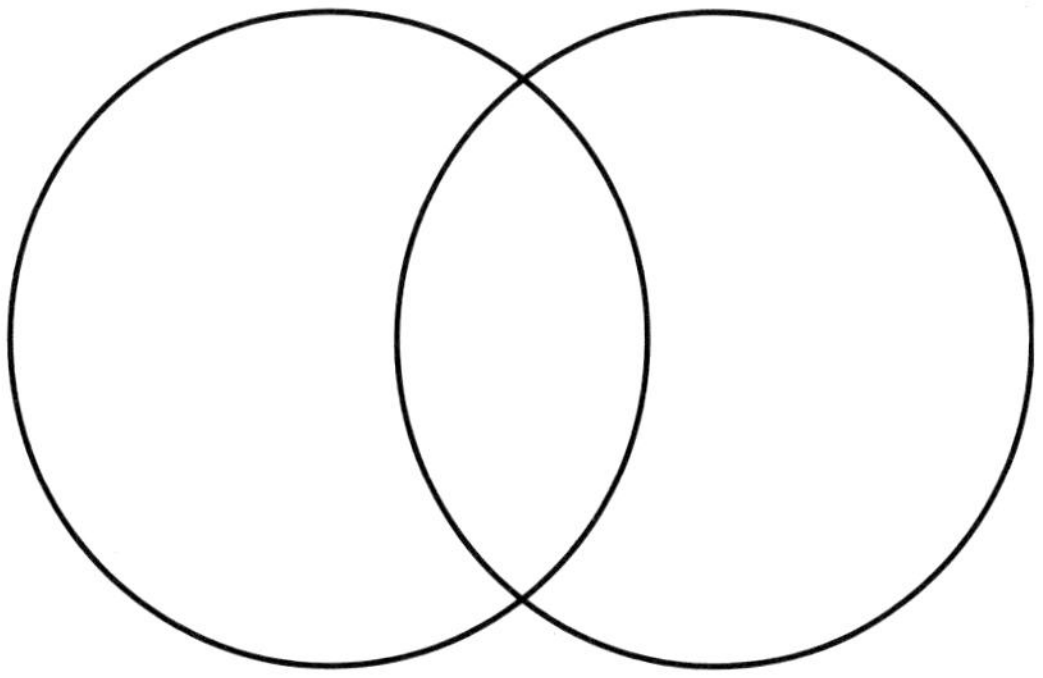

目的 複数の対象を比べて共通点や相違点を明確にする。

活用アドバイス

評論で対比されている事項の比較や、小説における二人の人物の比較、二つの文章の主張の対比などに活用できる。「6論理国語　評論文を『道具』として広告を比較する」（79ページ）では、江戸時代と現代の歯磨きの広告の違いをまとめさせている。

マトリクス・表

（→29・41・53・79・93ページ）

目的 複数の観点によって物事を分類・整理する。

活用アドバイス

マトリクスにまとめることで、それぞれの物事・要素の特徴が明確になる。比べ読みで扱いやすい思考ツールである。「4言語文化　同一作者の作品を読み比べて特徴と魅力を見つける」（53ページ）では、二つの文章における、テーマ、登場人物、話の展開、比喩表現、作品から受け取ったメッセージなどをまとめさせている。

マップ

（→17・53ページ）

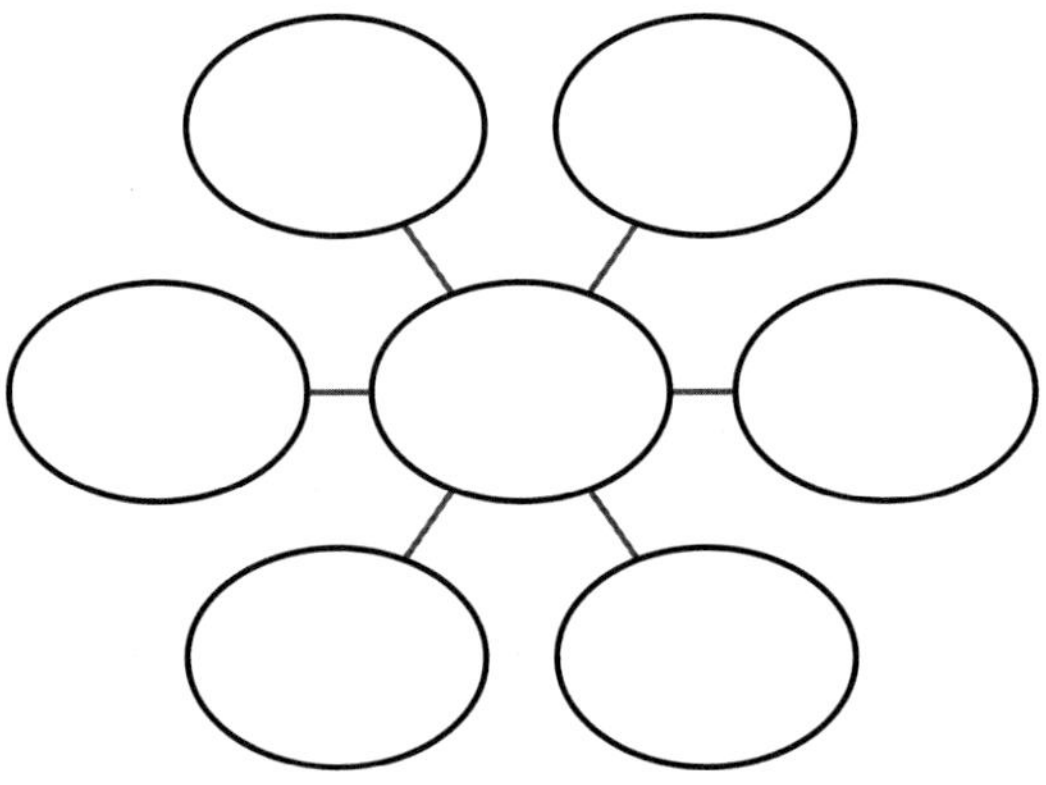

目的 連想を広げ、アイデアを生み出す。

活用アドバイス

中心の円にテーマなどを書き、そこから連想するものを次々に書き出していく。「1現代の国語　新聞投書を読み比べて自分の意見を持つ」（17ページ）のように、何かのテーマについて、自分の意見を考える際のブレインストーミングに活用できる。

同心円図

（→53・105ページ）

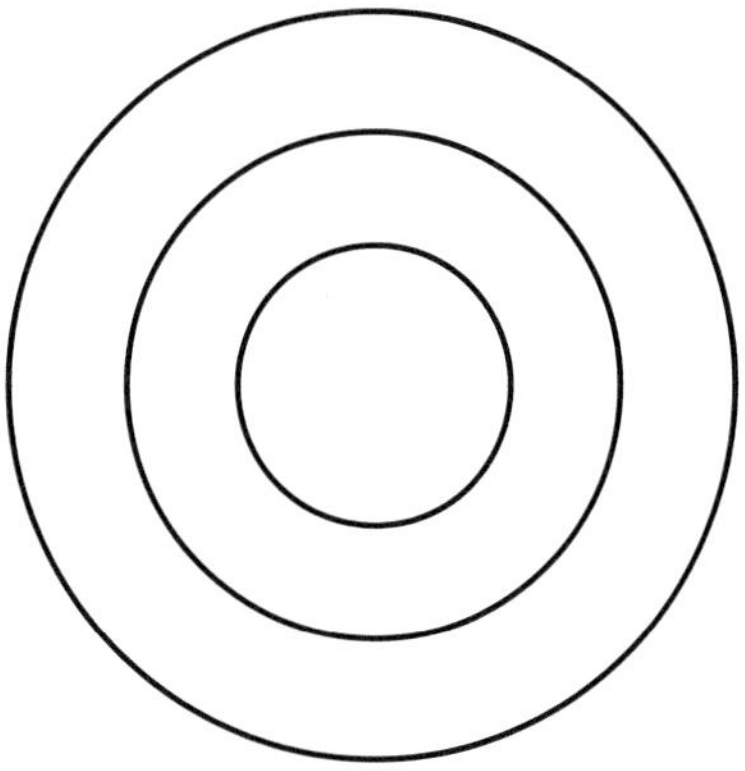

目的　中央の円から輪の広がりで、時間、距離などによる変化を捉える。

活用アドバイス

輪の広がりが何を意味するのかを決め、それに伴う変化を書き出し、その推移を読み取る使い方が定番ではあるが、多様な使い方もありうる。「4言語文化　同一作者の作品を読み比べて特徴と魅力を見つける」（53ページ）では、小説のテーマや表現方法の差異をまとめている。また、「総論」の図1（9ページ）にあるように、重要度などの構造を視覚化する使い方も考えられる。

ステップチャート

（→53・105ページ）

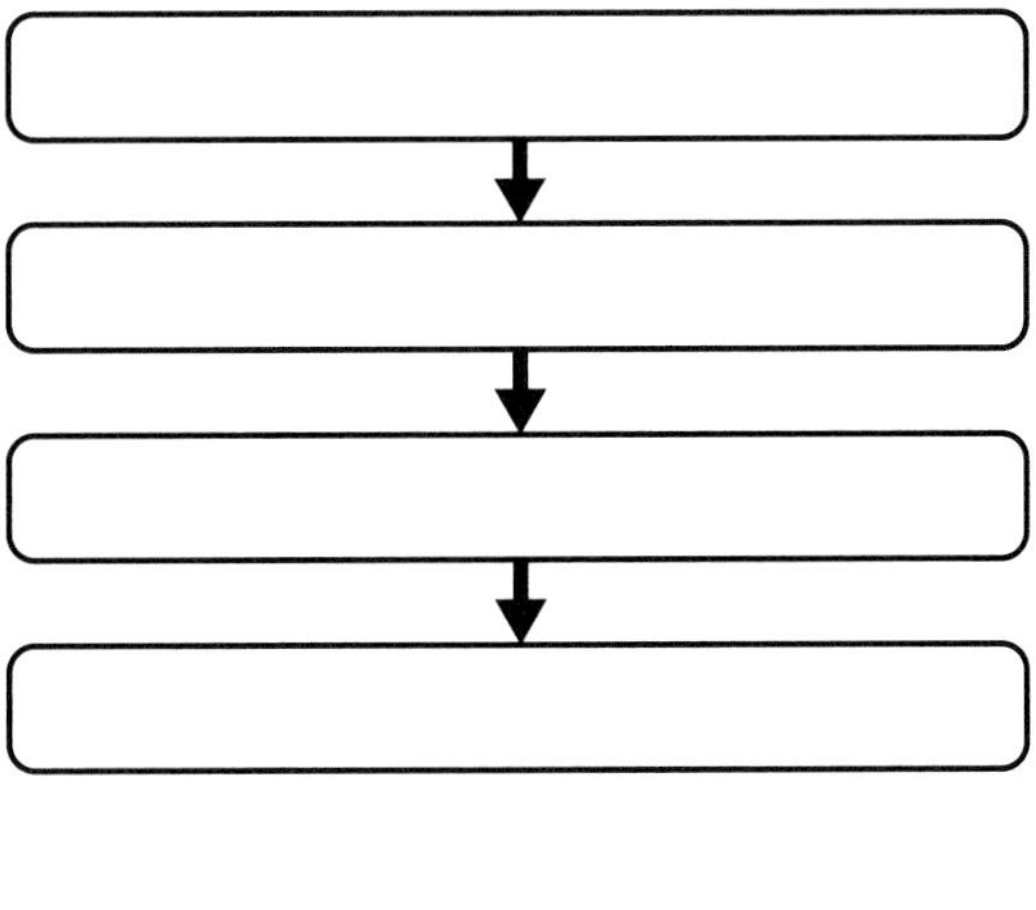

目的　アイデアや情報を適切な順番に並び替える。

活用アドバイス

アイデアや情報をわかりやすい順番に整理するのに有効である。マップ法やKJ法などで生み出し、まとめたアイデアを他者に適切に伝えるための組み立てに活用できる。また、「8文学国語　文学理論を扱って近代小説の『語り』を批評する」（105ページ）では、タイムラインの形式で、小説の内容を時系列に沿って簡潔に整理している。

熊手チャート

（→67ページ）

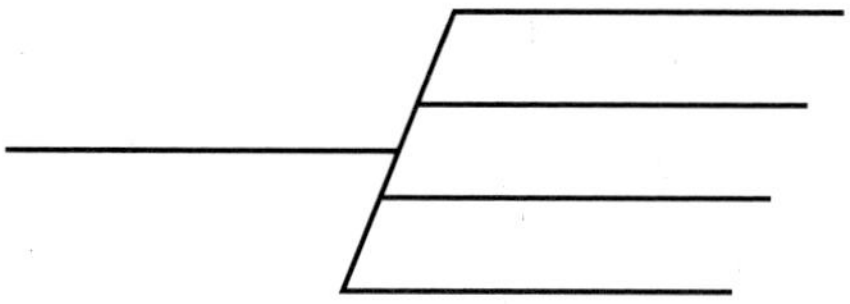

目的 物事を多面的に考える。

活用アドバイス……テーマやキーワードについて、複数の視点、要素に分け、多面性を浮き上がらせるのに役立つ。「5言語文化　英語俳句から五・七・五の日本語表現を吟味する」（67ページ）では、英語で書かれた俳句中の英単語の適切な和訳を考えるために使用することを提案している。

フィッシュボーン

（→119ページ）

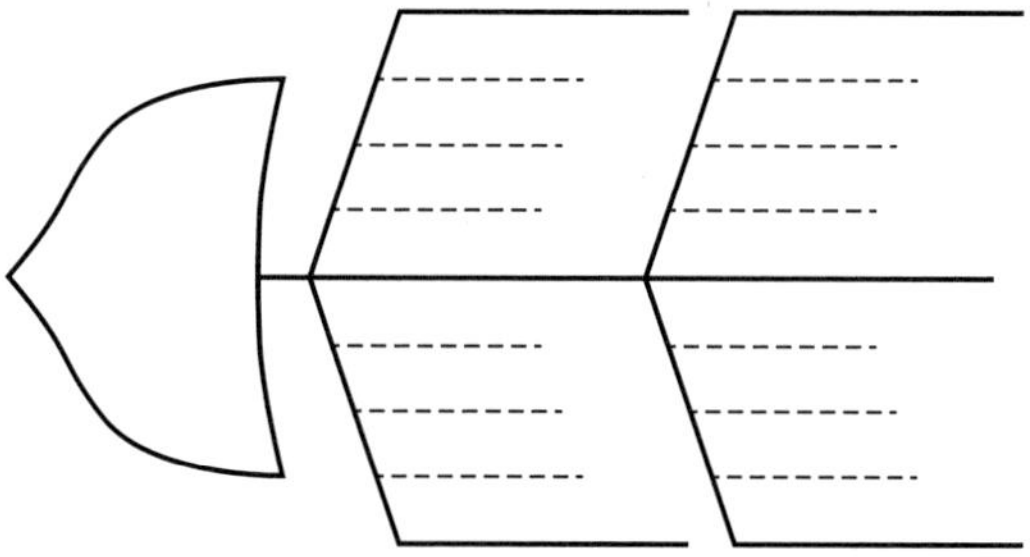

目的 物事を多面的・多角的に考える。

活用アドバイス……テーマや課題を考える際、複数の観点から複数のアイデアを書き出せる。「9文学国語　古典文学と翻案アニメーションを比べて解釈を深める」の「ここがポイント！」（126ページ）では、文学作品の解釈について、構成、表現、展開、心情といった複数の観点から考えを整理することを提案している。

バタフライチャート

（→93ページ）

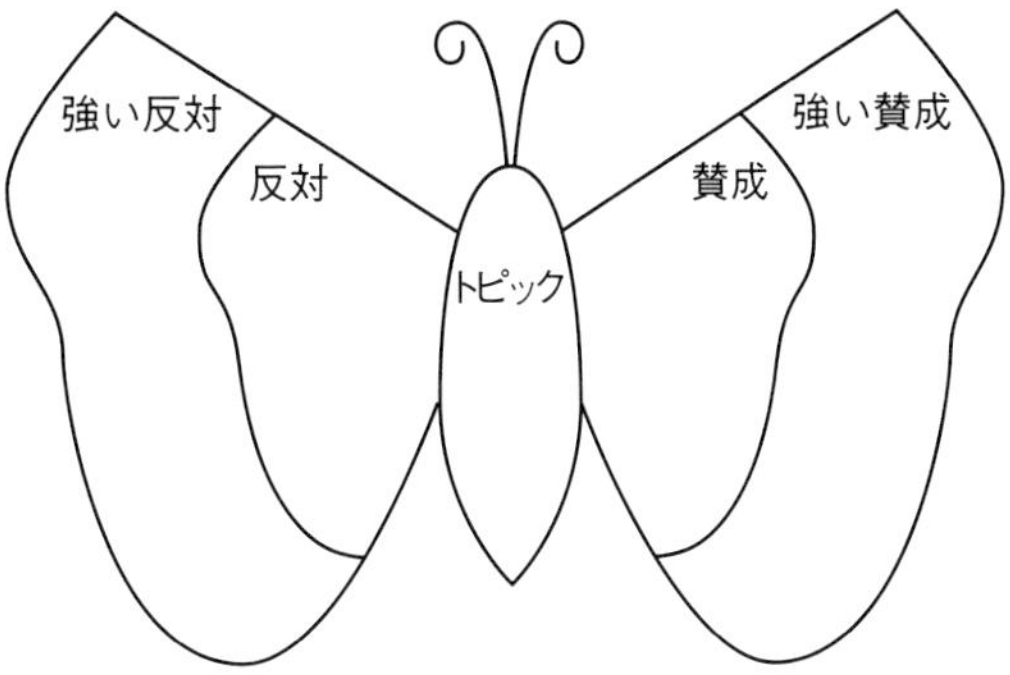

目的　賛否二つの視点から意見を深める。

活用アドバイス

テーマやトピックを蝶の体に書き、二つの羽に、それぞれ賛成と反対の考えを書き出すことで、二つの視点からバランスよく考えを深められる。「7論理国語　評論文を読み比べて批判的に考える」の「ここがポイント！」（97ページ）では、評論文を批判的に検討するためのツールとして提案している。

クラゲチャート

（→93ページ）

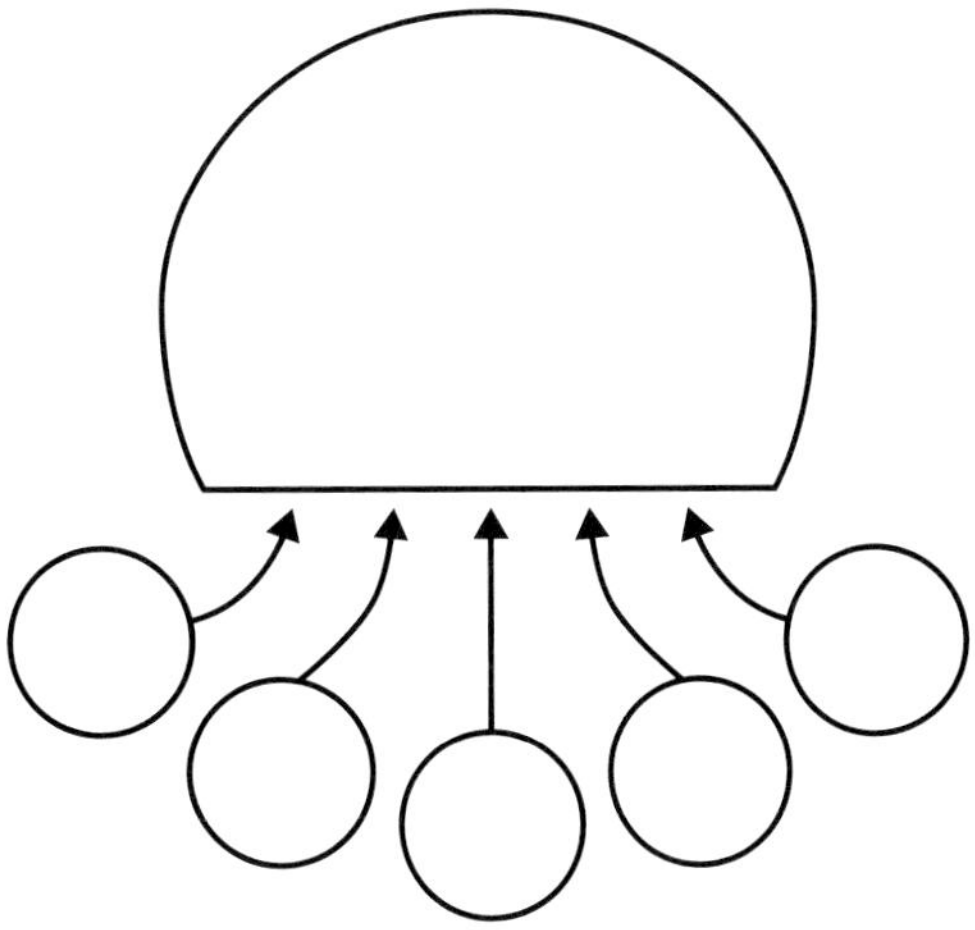

目的　理由を明確にして主張する。

活用アドバイス

自分の主張をクラゲの本体に書き、それを支える理由・根拠をそれぞれの足に書き出すことで、主張と理由・根拠を明確化できる。「7論理国語　評論文を読み比べて批判的に考える」の「ここがポイント！」（97ページ）では、評論文を批判的に検討するためのツールとして提案している。

あとがき

私たちは、常日頃、いろいろなことを比べながら暮らしている。

「おなかが痛い」。

薬箱の中から、いくつかの胃腸薬を取り出す。

どんな症状なのか。食べ過ぎや飲み過ぎによるものなのか、それとも空腹時の痛みか。膨満感やもたれを伴うものか、それとも吐き気があるか。そんな症状や原因をあれこれ思いながら、効能書きを読み比べて、早くこの苦痛から解放してくれそうなものを選ぶ。

このように、より適切な解を導くために、私たちは複数のものを比べて判断している。

こんなこともある。

「犬神家の一族」はこれまで何度も映像化されている。個人的には、小学生の頃に観た市川昆監督の作品が最も印象に残っている。映画を観てから原作を読むことはよくあるけれど、編者の場合は「犬神家」が最初だったように記憶している。

最近では、NHK BSプレミアムでドラマ化された。吉岡秀隆の金田一耕助も悪くはなかったが、やはり、原作の持つ重苦しい雰囲気を独特の映像美で表現した市川作品は他を寄せ付けない。それどころか、原作以上に、横溝ワールドを増幅する世界観の表現になっていると、製作から数十年たった今も思わされる。

比べることは、いずれかの特徴をより際立たせることもある。

そもそも、私たちは様々なものを読んでいる。

街中の看板、ポスター、テレビ画面の映像とテロップ、マンションの掲示板に貼られた排水菅一斉清掃のお知らせ、そして、毎日山のように届くeメール。私の場合は、紙に印刷された活字だけを純粋に追いかけながら読み浸ることより、圧倒的に多くの時間を、雑多な情報を関連づけながら、即座に何かを判断したり、行動に結びつけたりすることに費やしている。

それはあまりにも日常的で、そして、流れるように過ぎていく。後になって、悔やんだり、間違いに気付いたりして冷や汗をかくことも少なくない。さらに、自分の意思で選択したと思っても、情報の波に流されて実際はそう選ばされていた、などということもなくはない。

読むということは、私たちの生きることに直接結びついている。

もちろん、読むことの価値はほかにもある。

一つの作品をじっくりと読み浸る喜び。一人の読者としての充実感に震えて、書店や図書館に通う。ある文章に触発されて、次から次へと読書の連鎖が始まる。忙しい日常の時間とは異なる時間の流れの中に没入していく。

読むことは、私たちの人生を豊かにしてくれる。

学校の中の、国語という時間の中で、私たちは学習者として何をどう読んできただろうか。そして、学習者に何をどのように読ませてきただろうか、と考えてしまう。

国語科の歴史を振り返ってみても、教室で何かを読むことに圧倒的な時間を割いてきたはずなのに、本当に学習者が自分自身で読むことと向き合わせてきたのだろうか、と考えてしまう。

高校国語は、「話すこと・聞くこと」「書くこと」の領域が十分に行われていない等の課題が指摘されるが、けっして「読むこと」が現状のままでいいというわけではないだろう。

授業改善の焦点は、学習者が自分自身で読む力を付けること、様々な情報を関連付けて判断したり考えを形成したりする力を付けること、関心を持って古典・文学を読み深める力を付けること等、「読むこと」にも多く存在する。

一つだけ言い訳をしたい。

本書のタイトルには、〈比べ読みの力〉というキーワードがついている。編集段階では、「力」は付いていなかったし、本文では使っていない。お読みいただいたように、〈比べ読み〉は、手段・方法なのだから、本書の意図からするとちょっと矛盾しているようにも感じる。

実は、本書を皮切りに、大修館書店高校国語実践アイデア集がシリーズ企画として進行している。編集担当の木村信之氏から、シリーズの、〈…力〉を統一して付した仮のタイトル案を見せられて、整い方に妙に納得してしまった。木村氏からは、「〈比べ読み（をとおして読みを深めるため等）の力〉です」と念押しされた。今では、このタイトルも悪くないと思っている。

本書の企画から完成まで、一年もなかった。執筆者の方々にはたいへんな無理をお願いした。十分な実践の期間もなかったため、過去の実践事例をリメイクしたり、単元指導計画の一部のみをあらためて実践したり、とにかく工夫して執筆してもらった。心から感謝申し上げる。

本書の執筆者は、若手から中堅、ベテランまで、幅広くお声掛けした。日頃から独自の課題意識をもって実践にあたっている方々である。各章をあらためて読み直し、「読むこと」の授業改善に多くのヒントが散りばめられていることに驚嘆するばかりである。

本書が、明日の授業づくりの一助となることを願う。

最後に、本書の企画段階から、せっかちな編者にしっかり付き合ってくれた、教育プロダクト事業部の木村信之氏、新井康平氏には、心から感謝申し上げる。

なお、本書は、科研費助成事業（基盤研究C、２１Ｋ０２５０１、研究代表者　幸田国広）の成果の一部である。

二〇二三年九月一六日

幸田国広

執筆者・執筆箇所一覧（執筆順、所属は執筆時）

幸田国広（こうだ　くにひろ）
早稲田大学教育・総合科学学術院教授［総論・あとがき］

山口正澄（やまぐち　まさずみ）
東京都立小台橋高等学校［1_現代の国語］

遠藤祐也（えんどう　ゆうや）
山梨県立甲府東高等学校［2_現代の国語］

赤松幸紀（あかまつ　こうき）
筑波大学附属高等学校［3_現代の国語］

松井萌々子（まつい　ももこ）
明治大学付属明治高等学校・中学校［4_言語文化］

石井明子（いしい　あきこ）
東京都立新宿高等学校［5_言語文化］

谷頭和希（たにがしら　かずき）
森村学園中・高等部［6_論理国語］

下西美穂（しもにし　みほ）
東京都立戸山高等学校［7_論理国語］

塗田佳枝（ぬりた　よしえ）
筑波大学附属坂戸高等学校［8_文学国語］

金田富起子（かねだ　ふきこ）
早稲田大学大学院教育学研究科国語教育専攻修士課程修了［9_文学国語（執筆）］

市川涼（いちかわ　りょう）
東葉高等学校［9_文学国語（実践）］

杉本紀子（すぎもと　のりこ）
東京学芸大附属国際中等教育学校［10_古典探究］

[編著者紹介]

幸田国広（こうだ　くにひろ）
1967年、東京都生まれ。早稲田大学教育・総合科学学術院教授。博士（教育学）。国語教育史学会運営委員長。全国大学国語教育学会理事。主な著書に、『高等学校国語科の教科構造 戦後半世紀の展開』（溪水社）、『文学の教材研究〈読み〉のおもしろさを掘り起こす』（共著、教育出版）、『シリーズ国語授業づくり——高等学校国語科——新科目編成とこれからの授業づくり』（共編著、東洋館出版社）、『ことばの授業づくりのハンドブック 探究学習——授業実践史をふまえて』（編著、溪水社）、『国語教育は文学をどう扱ってきたのか』（大修館書店）など多数。

高校国語《こうこうこくご》〈比《くら》べ読《よ》みの力《ちから》〉を育《はぐく》む実践《じっせん》アイデア
——思考《しこう》ツールで比《くら》べる・重《かさ》ねる・関連付《かんれんづ》ける

NDC375／158p／26cm

初版第1刷——2023年12月1日

編著者————幸田国広《こうだくにひろ》
発行者————鈴木一行
発行所————株式会社 大修館書店
〒113-8541 東京都文京区湯島2-1-1
電話 03-3868-2651（販売部） 03-3868-2290（編集部）
振替 00190-7-40504
[出版情報] https://www.taishukan.co.jp

印刷所————精興社
製本所————牧製本

ISBN978-4-469-22282-1　Printed in Japan